本书获得西南大学"2035先导计划：乡村振兴中国道路"和西南大学双一流建设项目"中国与东盟国家分享脱贫经验平台建设研究"共同资助。
本书系国家社科基金青年项目"西南民族地区返贫致贫风险防范与常态化帮扶机制研究"（项目号21CSH040）的阶段性成果。

# 中国减贫
# 与乡村振兴西部案例

孙晗霖 王志章 主编

西南大学出版社
国家一级出版社 全国百佳图书出版单位

**图书在版编目(CIP)数据**

中国减贫与乡村振兴西部案例 / 孙晗霖,王志章主编.— 重庆:西南大学出版社,2023.6

ISBN 978-7-5697-1913-0

Ⅰ.①中… Ⅱ.①孙…②王… Ⅲ.①扶贫–研究–西北地区②扶贫–研究–西南地区 Ⅳ.①F127

中国国家版本馆CIP数据核字(2023)第127879号

# 中国减贫与乡村振兴西部案例

ZHONGGUO JIANPIN YU XIANGCUN ZHENXING XIBU ANLI

孙晗霖　　王志章　主编

选题策划　段小佳

责任编辑　张　琳　雷希露

特约编辑　朱司琪

责任校对　罗　勇

装帧设计　夊十堂_未氓

排　　版　王　兴

出版发行　西南大学出版社(原西南师范大学出版社)

　　　　　地　　址　重庆市北碚区天生路2号

　　　　　邮　　编　400715

　　　　　电　　话　023-68868624

印　　刷　重庆市圣立印刷有限公司

幅面尺寸　185 mm×260 mm

印　　张　20.5

字　　数　470千字

版　　次　2023年6月 第1版

印　　次　2023年6月 第1次印刷

书　　号　ISBN 978-7-5697-1913-0

定　　价　68.00元

# 前　言

　　贫困是人类社会的顽疾。反贫困始终是古今中外治国安邦的大事。一部中国史，就是一部中华民族同贫困做斗争的历史。从屈原"长太息以掩涕兮，哀民生之多艰"的感慨，到杜甫"安得广厦千万间，大庇天下寒士俱欢颜"的憧憬，再到孙中山"家给人足，四海之内无一夫不获其所"的夙愿，都反映了中华民族对摆脱贫困、丰衣足食的深切渴望。摆脱贫困，成了中国人民孜孜以求的梦想，也是实现中华民族伟大复兴中国梦的重要内容。

　　新中国成立后，百废待兴，贫困交织，中国共产党带领人民开展了轰轰烈烈的土地改革，废除地主阶级封建剥削的土地所有制，实行农民的土地所有制，使3亿多无地农民获得土地，消除了"无地"这一造成发展中国家农民贫困的最主要制度因素。改革开放后，以农村经营制度改革为先导，实行家庭经营为基础、统分结合的双层经营体制，极大地解放了农村生产力，农业总产值逐年递增，农民人均货币收入增长迅速。中国农村大多数人解决了温饱问题，部分农民开始走向富裕。但中国农村的贫困问题由制度约束转向了区域约束和能力约束，贫困人口主要集中在革命老区、民族地区、边疆地区和贫困地区。1982年，国家启动"三西"专项扶贫计划，从此拉开开发式扶贫的序幕。1986年，国务院扶贫开发领导小组成立，国家扶贫标准制定，重点扶持区域划定，开发式扶贫方针确立，专项扶贫资金、优惠政策等多措并举，开启有组织有计划大规模的国家扶贫行动。1994年以后，国家先后颁布实施"八七扶贫攻坚计划"和两个为期十年的农村扶贫开发纲要，两次提高扶贫标准，我国扶贫开发工作取得历史性进展，但截至2012年年底，中国还有1.28亿贫困人口，减贫任务异常繁重。

党的十八大开启新时代,以习近平同志为核心的党中央把精准扶贫精准脱贫作为全党工作的重中之重,狠抓改变中国命运的伟大决战,引领亿万人民打赢脱贫攻坚战,为此实施了一系列政策措施。2015年11月,中共中央召开扶贫开发工作会议,印发《中共中央 国务院关于打赢脱贫攻坚战的决定》,提出实行扶持对象、项目安排、资金使用、措施到户、因村派人、脱贫成效"六个精准",实行发展生产、易地搬迁、生态补偿、发展教育、社会保障兜底"五个一批",发出打赢脱贫攻坚战的总攻令。2017年,党的十九大把精准脱贫作为三大攻坚战之一进行全面部署,锚定全面建成小康社会目标,聚力攻克深度贫困堡垒,1978年至2018年底,我国农村贫困人口从7.7亿人减少到1660万人,贫困发生率降至1.7%。2018年,贫困地区农村居民人均可支配收入10371元,相当于全国农村平均水平的71%。中华民族千百年来吃不饱、穿不暖的问题得到历史性解决。在此基础上,中国共产党领导全国人民勠力同心,奋斗拼搏,攻坚克难,展开决战,到2020年,困扰中华民族几千年的绝对贫困问题得以历史性解决,累计减贫逾7亿人,成为世界减贫人口最多的国家,对全球减贫贡献率超过70%,提前10年完成联合国2030年可持续发展议程减贫目标。但这并非终点,而是新生活、新奋斗的起点,解决发展不平衡不充分问题、缩小城乡区域发展差距、实现人的全面发展和全体人民共同富裕仍然任重道远。

农,天下之大业也,脱贫攻坚战收官之际,也是乡村振兴全面铺开之时。民族要复兴,乡村必振兴。作为实现中华民族伟大复兴的一项重大任务,在打赢脱贫攻坚战、全面建成小康社会后,进一步巩固拓展脱贫攻坚成果,接续推动脱贫地区发展和乡村全面振兴,是"十四五"期间农村工作特别是西部地区农村工作的重点任务。在此时代背景下总结研究我国西部地区减贫和乡村振兴典型案例,对建设农业强国、推进西部农业现代化,讲好中国故事,传播好中国声音,意义重大。

党的二十大报告擘画全面建设社会主义现代化国家的宏伟蓝图,作出了以中国式现代化全面推进中华民族伟大复兴的战略部署。迈向百年新征程,广大哲学社会科学工作者要以高度的政治责任感和使命感立足祖国田野大地做学问,深入阐释中国减贫的时代价值和世界意义,系统总结各地持续减贫与乡村振兴的经验,探索实现共同富裕的理论逻辑和实践路径,形成世界现代文明的中国智慧结晶,用丰富的理论和实践成果回答好中国之问、世界之问、人民之问、时代之问,为世界贫困治理提供更多中国智慧、中国方案、中国力量。

西南大学顺应党和国家重大方略,以国家重大需求和关键技术突破为牵引,立足学校科研实力和特色,加强跨多学科交叉融合,强化科研的组织性和引导性,实施了"西南大学创新研究2035先导计划:乡村振兴中国道路",力争产出一批原创性成果。《中国减贫与乡村振兴西部案例》就是先导计划成果之一。在此背景下,由我领衔,依托国家职能部门在西南大学设立的"澜湄合作乡村振兴研究中心",联合多个学院的中青年骨干教师组建了"中国减贫与乡村振兴西部案例"研究团队,汇聚了西南大学研究"三农"问题的强大力量,集中研究探索西部地区在脱贫攻坚和乡村振兴实际工作中产生的典型案例,用鲜活的事实讲好中国故事,传播好中国声音,展示真实、立体、全面的中国。

众所周知,中国地域空间各异,经济社会发展水平各不相同,减贫与乡村振兴案例涉及范围广、领域宽、数量大,为避免个体主观差异、突显案例代表性,研究团队历经二十余次研讨论证,确定了"代表性、指导性、典型性、创新性、针对性"的原则,遴选出一批典型案例,突显西部特色、西部精神、西部智慧。所有案例均来自西部各省份乡村振兴局的推荐和研究团队实地调研,均入选省级以上优秀案例或被人民网、新华社等国家主流媒体报道,具有广泛的代表性和权威性。

全书汇编的37个减贫与乡村振兴典型案例来自重庆市、四川省、贵州省、云南省、西藏自治区、新疆维吾尔自治区、甘肃省、宁夏回族自治区、内蒙古自治区、陕西省10个省(自治区、直辖市),内容丰富,比较集中地反映了在脱贫攻坚与乡村振兴战略过程中凝结出的丰硕成果,涵盖了两大战略的方方面面,再现了西部地区基层单位在脱贫攻坚和乡村振兴实践中不断探索方法创新、制度创新的工作激情和智慧结晶。这些来自减贫和乡村振兴一线的优秀案例图文并茂、鲜活生动、颇具特色,突出做法、突出亮点,着重于提出问题、解决问题,通过主要做法与经验、成效与反响,进行探讨与评论,具有较强的可操作性、可复制性和示范引领作用。

本书从拟定思路到遴选案例耗时一年多,历经几轮思路推翻与重构,数易其稿,终将面世,但我深知这还远远不够。时代造就英雄,伟大来自平凡。伴随着乡村振兴战略的全面推进,中国广袤的农村大地上将涌现更多的动人事迹和先进案例。唯有投身到乡村振兴战略伟大的实践行动中,深入田间地头,走进寻常农家,把研究做在乡村的广阔舞台上,把论文写在祖国的广袤田野大地上,才能为加快实现全体人民共同富裕、全面建设社会主义现代化国家贡献更多智慧和力量。

收笔之际,谨向奋战在脱贫攻坚和乡村振兴一线的广大农民、农业工作者、驻村第一书记、基层政府工作人员以及关心支持"三农"事业的社会各界人士致以最崇高的敬意!由于才疏学浅,难免有不足之处,敬请学界同仁和广大读者朋友不吝指正;在研究中大量学习借鉴了学者和新闻媒体的报道,多注明出处,如有遗漏,敬请包涵,一并致以崇高的感谢!

王志章

2023年元旦于北碚

# 目 录

# 重庆

　　重庆,简称"渝",地处中国西南部,是中华人民共和国省级行政区、直辖市、国家中心城市、超大城市,国务院批复的国家重要的中心城市之一、长江上游地区经济中心,国家重要先进制造业中心、西部金融中心、西部国际综合交通枢纽和国际门户枢纽、西部大开发重要战略支点、"一带一路"和长江经济带重要联结点及内陆开放高地、成渝地区双城经济圈核心城市。至2021年末,辖38个区县,总面积8.24万平方千米,常住人口3212.43万人。

　　集大城市、大农村、大山区、大库区于一体的重庆,呈现出"大城市带大农村"的发展特点,区域发展不平衡现象突出,是全国脱贫攻坚的重要战场。2014—2020年间,重庆举全市之力踔厉奋发,把习近平总书记的殷殷嘱托和党中央的决策部署全面落实在重庆大地上,重庆市贫困人口人均纯收入由4697元增加到12303元,取得了14个国家级、4个市级扶贫开发工作重点区县全部摘帽,1919个贫困村全部出列,动态识别的190.6万贫困人口全部脱贫的可喜成果。

# 在脱贫攻坚底板上接续描摹乡村振兴美丽图景

**内容提要**：武隆区后坪苗族土家族乡坐落在渝东南大山深处，是重庆市原十八个深度贫困乡镇之一，在各级政府的大力扶持、社会各界的通力协助和村民群众的共同努力下，后坪乡成功摘掉了深度贫困乡的"帽子"，并推动巩固脱贫攻坚成果同乡村振兴的衔接工作走实走深。后坪乡成功打赢脱贫攻坚战并顺利进入乡村振兴轨道的秘诀在于，其始终坚持以人民为中心，借助对乡村社会的"善治"和产业发展，充分挖掘人民群众创造美好幸福生活的内生动能，并凭借自身独特的自然条件和深厚人文底蕴，走出了一条生态保护、文化传承同乡村振兴有机结合的发展道路，悠久的苗乡文化与丰富的生态资源成为乡村经济发展的重要支柱，其自身也在乡村发展中得到了很好的保护与传承。

## 一、基本情况

2009年9月，后坪苗族土家族乡（以下简称后坪乡）经重庆市人民政府批准成立。后坪乡地处武陵山、大娄山脉腹地，位于武隆、彭水、丰都三区县交界处，辖6个行政村，33个村民小组，截至2018年末全乡人口2245户7522人，乡内有苗族、土家族、彝族等10个少数民族2298人，其中苗族1778人，土家族498人，其他少数民族22人。后坪乡境内大部分为山区，属于典型的喀斯特地貌，全乡面积87.3平方千米，辖区平均海拔1200米，森林面积9万余亩，耕地面积1.7万亩，生态优良、风景秀美，自然资源十分优渥，拥有世界自然遗产后坪天坑群、亚洲第一长溶洞、较早的川东地区苏维埃政府、中国传统古村落等17个景区景点，是少数民族之乡、世界自然遗产之乡、红色政权之乡。

## 二、主要做法

### （一）多措并举，打好脱贫攻坚的"组合拳"

习近平总书记强调"脱贫摘帽不是终点，而是新生活、新奋斗的起点"。自脱贫攻坚施行以来,后坪乡坚持开发式扶贫理念,注重培育乡村和人民发展的内生动力,多举措稳步推进贫困治理和持续发展,有效解决了绝对贫困问题,为全面开启乡村振兴新征程奠定坚实基础。一是强化领导力,完善贫困治理组织体系。2017年,自确认后坪乡为深度贫困乡镇以来,各级政府精挑细选优秀干部驰援后坪乡,壮大乡领导班子和驻乡、驻村工作队伍,组织355名区级部门中的干部结对帮扶416户贫困户,实现了行政村、贫困户帮扶全覆盖,为后坪乡成功打赢脱贫攻坚战提供了有力组织和人员支持。后坪乡持续发掘党建引领脱贫攻坚的潜力,积极探索党建引领贫困治理的新路径,充分发挥党员干部在知识技能传播、领导谋划产业发展、致富带头示范和社会治理等方面的引领作用,引导积极向上的社会风气,帮助和带动村民摆脱贫困、增收致富。二是大力完善基础设施,解决群众的急难愁盼。后坪乡辖区内山势陡峭、沟谷纵横,农业生产和交通等基础设施曾十分落后,拥有一条直达后坪乡的公路成为村民数十年以来最大的期盼。为此,后坪乡和武隆区政府协调多方资源,全力打通武隆至后坪的地理阻隔,将后坪至武隆城区的车程从以往的103千米缩短至67千米,用时缩短了一半,村民出行更加便利,乡里面的好产品卖得出去,外面的商品也方便进来。此外,后坪乡不断完善农业生产配套设施,改善居民生活条件,实现了道路"村村通",水、电、网"户户通",切实提升人民幸福感,增强了群众对脱贫致富的信心和底气。三是综合运用多种减贫手段,整合形成长效减贫的"工具包"。后坪乡根据自身情况合理制定"多步走"的减贫计划并稳步推进,采取驻村帮扶、产业扶贫、教育扶贫、消费帮扶和医疗扶贫等多种手段有效应对严峻贫困形势,并积极探索法治扶贫、党建引领贫困治理等新路径,涵盖贫困群体的民生保障、就业机会获得和发展能力提升等多个维度,形成了全面消除绝对贫困的长效机制与强大合力,也为后续乡村振兴奠定了坚实基础。

### (二)践行"两山论",用好乡村振兴的"辩证法"

后坪乡积极贯彻落实习近平总书记"绿水青山就是金山银山"的重要论断。后坪乡借助本土独特的生态和文化资源,大力发展乡村旅游和山地特色农业,不断壮大集体经济,带领村民增收致富。坐落在高山上的后坪乡,峰峦高耸入云霄,白云萦绕其间,湍流激荡空谷,漫步在苗寨和乡间步道里,一幅幅绝美画面尽收眼底。然而在2019年以前,这些"美景"却叫当地人"苦不堪言",坡地陡峭,土壤稀薄,耕种效率低下,天堑切断了当地村民与外界的联系,也造就了这里独特的生产生活方式,逐渐积淀形成了独特的高山少数民族文化,当地人世代过着"靠天吃饭"和自给自足的日子。当武隆通往后坪的公路连通后,后坪乡发展的思路也变得更加清晰,群众和干部开阔了眼界,重新审视发展短板及优势,利用脱贫攻坚过程中丰富的资源和优越的政策支持,探索出一条农文旅融合发展的新道路。

一是巧打资源"牌",化美景为"钱景",变山区为景区。后坪乡积极招商引资,利用保持完好的少数民族传统民居建筑群落,由武隆区喀斯特旅游产业(集团)公司在保护苗寨原有特色基础上推动苗寨开发,推行"三变改革"模式,组建苗情专业合作社,以300万元现金入股合作社,44户农户以寨田土林房10年经营权折资530万元合股联营,形成"公司+合作社+农户"的经营模式,采取"固定分红+收益分红"方式共同打造天池苗寨,从而实现了"资源变资产、资金变股金、农民变股东",壮大了村集体经济,拓宽了农民增收渠道,寨民每年固定分红共计52万元。打造了餐饮、文娱、观光和深度体验等旅游项目十余个,将文化遗产和自然资源变成农民增收的"资本",同时也将生态保护、少数民族文化传承和人居环境治理等工作落到实处。

二是变短板为长处,化"偏僻"为"僻静"。农业生产效率低、成本高是后坪乡农业发展的一大劣势,于是在乡镇领导和群众的积极参与下,后坪乡一改"埋头"苦干的方式,把原本不利于农业规模化生产的制约因素转变为独特的生态优势,着力发展高品质茶叶、果蔬、蜂蜜和生态渔业等山地特色农业,为村民创造宝贵财富。同时,后坪乡在完善道路等基础设施基础上,不断完善和丰富乡村旅游配套设施,鼓励并支持村民发展农家乐和民宿,打造形成了集观光游览、农产品销售和文娱体验等于一体的产业布局,努力将"偏僻"的劣势转变为"僻静"的优势,协调推进生态、文化和产业的相互促进与共同振兴。

.图1　高空俯瞰后坪乡富有民族特色的天池苗寨

(图片来源:后坪乡政府)

### (三)"三治"融合构筑乡村振兴的"稳定器"

如果说产业兴旺是乡村振兴的"发动机",那么社会的有效治理则是乡村振兴的"悬挂系统",后坪乡通过建立健全党组织领导自治、法治和德治相结合的基层治理体系,探索三治融合新格局,有效化解矛盾纠纷,塑造淳朴乡风民风,增进群众共同富裕的向心力,为乡村振兴提供有效支撑和保障。一是以基层社会自治增强群众主动参与乡村经济社会发展的活力。完善基层组织建设,依托"三会"(村民委员会、监督委员会、村民代表大会)、"一社"(股份经济合作社)、"一站"(新时代文明实践站)、"一中心"(综治中心),进一步健全了自治组织体系。投资建设妇女之家、儿童之家,组建志愿者服务队并广泛开展法律援助、疫情防控、惠民政策宣传等活动。广泛吸纳乡村自治力量,积极发展本土人才和年轻干部党员,回引人才返乡创业,培育群众的社会参与意识和能力,发动群众共商共建集体经济发展和环境治理等事务。推进乡村自治常态化与制度化,明确红白理事会、群众议事会、环境治理会等自治组织的职责、考核办法及相关规程,建立村级重大事项"四议两公开"等民主管理制度,推进农村党务、村务和财务"三公开"。二是以法治为基层治理的基础支撑和有力保障。加强法治教育,发挥驻村工作队、党员志愿者等力量,组建普法宣讲团并开展送法进村社、到田间等活动;发挥法律顾问、法律服务工作者的专业优势,向有需要的民众无偿提供法律咨询服务。充分利用网络平台,提供线上服务、推送以案释法案例,不断增强群众法治意识。切实将矛盾化解在基层、化解在萌芽,建立"让一让"人民调解组织和"莎姐"工作室,依托"法治大院"推进"法治院坝"治理模式。创建平安乡村,充分发挥智慧乡村服务功能,日常开展治安巡逻,深入开展扫黑除恶专项斗争,每月至少开展1次涉恶势力拉网式排查。三是以德治弘扬社会正气,引领文明和谐的社会风尚。加强道德文明和精神文明建设,在学校和村社持续开展思想道德建设与"听党话、感党恩、跟党走"宣讲等活动。培育文明乡风,大力推进公序良俗建设,充分发挥乡贤、老党员的帮带引导作用,倡导"学""做"先进模范,营造人人向上的浓厚氛围。丰富文体活动,开展送文化下乡演出、惠民电影放映等活动,开放图书室、苏维埃政府史迹展览馆,满足广大群众对提升精神文化素养的需要。

## 三、主要成果

### (一)筑牢垒高防贫减贫"堤坝",极大改善民生福祉

脱贫攻坚施行以前,后坪乡人均收入水平很低,大量村民普遍深陷于贫困之中。脱贫攻坚有效消除了绝对贫困,并在巩固脱贫攻坚成果基础上进一步提升民生底线水平,曾经

的穷乡僻壤蜕变成了如今的"先行小康乡",成功实现了全乡416户1631人贫困人口全部脱贫,贫困发生率从21.9%降至0。2019年,全乡居民人均可支配收入13566元,其中贫困人口人均可支配收入10231.9元;2020年,贫困人口人均可支配收入达12957.63元,同比增长26.6%,是2014年的5.6倍;2021年,全乡实现国内地区生产总值3.04亿元,同比增长7%,人均可支配收入达16995元。

一是彻底解决乡村和村民个人发展的一系列"卡脖子"问题,完善了交通、生产和生活基础设施,畅通永续脱贫和乡村振兴的"血管"。脱贫攻坚期间,建成江后路、桐后路两条对外连接的大通道,大大缩短城乡间的交通用时,新建"四好"农村公路117千米;实现住房保障率、集中供水率、动力电村组覆盖率、光纤到村覆盖率、集中居民点数字电视覆盖率、4G网络信号村覆盖率"6个100%";创建宜居家园,增加人居环境治理投入,共改造C、D级危房210户,整治旧房260户,改善人居环境1253户,新建人饮水池30口,新修过滤池60口……极大地改善了人民生活质量。

二是基本公共服务水平显著提升,不断增强群众的幸福感和获得感。后坪乡首创"法治扶贫",并充分动员各类社会力量针对性解决弱势群体的急难愁盼,通过开展社会服务活动对留守妇女、儿童和老人加强援助支持,利用社会保障、信贷扶贫、就业帮扶和消费帮扶等手段全面消除贫困,持续加大医疗和教育救助力度,显著改善民生,同时兴建广场、展览馆、阅览室等文化体育设施并积极组织文体活动,进一步丰富群众的精神生活。

### (二)农文旅"三产"协同推进,乡民共享发展的"大蛋糕"

后坪乡以乡村旅游和高山优质生态农业为突破口,加紧产业发展配套设施建设和产业布局优化,制定了7大提升行动,共规划脱贫攻坚项目81个,规划资金5.12亿元,已全部完工。积极谋划并推进构建"三万五园"产业布局,发展沧后公路沿线万亩特色经果林、全乡范围内万群中华蜂养殖、"人头山—红山湖—龙神坳"沿线万亩生态茶叶"三个一万"产业;烤烟种植示范园、高山蔬菜示范园、中药材种植示范园、食用笋竹示范园、生态渔业示范园"五个产业园"。围绕"三万五园"产业布局,后坪乡扎实推进产业建设和升级,坚持以乡村旅游和生态农业为主要支柱,通过天池苗寨、高山民族风情小镇、红山湖生态休闲园和红山湖—宝塔石林—苏维埃红色文化公园等乡村文旅项目建设,依托茶叶、笋竹和中药材种植与加工,将大量特色农副产品转化为旅游商品,初步实现了一、二产业有效联动和农文旅"三产"联动。为优化农业产业布局,将高坪的茶叶、文凤的竹笋、双联的渔业、白鹤的大米、中岭的山羊和白石的林果作为重点发展对象,到2021年全乡已发展高山笋竹1000亩、中药材10000亩、中华蜂8000群、高山林果2000亩、高山蔬菜2000亩、生态渔业200亩(生态渔业园2个)、生态大米600亩、出栏板角山羊6000只,实现全乡茶叶在地面积12000亩

（有机茶叶已达 8200 亩），单茶产业年产值 1500 万元以上，建成天池苗寨等乡村旅游示范点 4 个，形成差异化和品牌化的产业布局。产业的兴旺也进一步拓宽了村民的"致富路"，乡村产业经济发展蒸蒸日上，产业能手、致富带头人不断涌现，乡村品牌也越推越广，许多村民通过中华蜂养殖和发展生态农业实现了脱贫致富，有的村民则搭上乡村旅游的"便车"，通过就地务工、效益分红，或开农家乐、民宿当"老板"，过上了富足生活。

图2　举办"唱支村歌给党听"庆祝建党101周年活动

（图片来源：后坪乡政府）

### （三）乡村风貌日新月异，全面振兴的势头正起

后坪乡发生了翻天覆地的变化，生态环境、民风民俗和村民精神面貌等方面的改善有目共睹。后坪乡深入贯彻绿色发展理念，在生态环境保护上做了大量工作，退耕还林和荒山造林 5000 余亩，实施森林质量提升工程 4000 余亩；对 2 个污水处理厂进行扩容，新增污水管网 2000 余米，新建户用厕所 708 个、公厕 2 座，全面实施生活垃圾清运；建立河长制、湖长制，开展常态化河流湖泊保护工作；实施国土整治 230 公顷、水土保持工程 50 公顷……此外，全乡积极推进易地扶贫搬迁和人居环境建设，共完成易地扶贫搬迁 110 户 464 人，改造农户人居环境 1253 户，建成 1 个精品村、5 个示范村和 7 个示范点，2019 年天池苗寨被评选为重庆市"最美乡村"。健康向好的生态环境构成了人民幸福生活和乡村振兴的基础条件，有效的社会治理和产业蓬勃发展相互配合，则带来了社会风气和人心之变。后坪乡通过长期实践，探索出"三治"融合的新路径，创新了基层社会治理机制，通过

对各种社会治理手段的综合运用,培育了文明乡风和优良家风,有效维护公序良俗,引导群众形成向上向善、互帮互助和同心同德的价值取向与道德观念。同时,借助产业和集体经济发展,将经济效益不断转化为群众的幸福生活,助力村民摆脱贫困并逐步走向共同富裕,随之而来的是,农民的"精气神"发生了明显变化,"村民们的钱包鼓了起来,乡里的私家车比前几年明显多了不少,村民桌子上的饭菜比餐馆里卖的还丰富哩,在村里走走转转,能够轻易发现每个人的脸上挂着笑容",基层干部如是说,越来越多的村民自主能动地寻求发展,激起乡村振兴的澎湃热情。

## 四、经验总结与讨论

### (一)坚持以人民为中心,发掘脱贫致富和全面振兴的"原动力"

乡村振兴的根本在于人民的振兴,乡村振兴也必须依靠人民的力量,因而如何提升乡村群众的整体素质能力,发挥人民群众对推进乡村经济社会发展的根本性作用,成为乡村振兴的关键。2012年以来,后坪乡坚持以人民为中心的发展思想,形成了一套关于如何发动群众、依靠群众和造福群众的经验体系。一是始终以改善民生作为乡村建设的出发点和落脚点,站在人民的立场、采取人民的方式深入推进贫困治理,不断提升民生保障水平,满足人民群众对美好生活的迫切需要,为乡村全面振兴贡献源源不断的"行动力"。二是重视人力资本培育,坚持"扶贫先扶智",大力开展职业技能培训和就业帮扶,在尊重个人的主观选择基础上,及时"拉一把""推一把"困难群体,帮助其成功跳出"贫困陷阱";提倡自力更生、鼓励勤劳致富,通过以工代赈、以奖代补等多种形式向村民提供增收渠道,避免福利依赖;保障个人基本权利,动员群众广泛参与乡村经济发展和社会建设的各项事务,提升人民在脱贫攻坚和乡村振兴中的参与度,提高人民群众对乡村建设的认同感,发挥和利用好集体智慧、集体力量。三是坚持开发扶贫,大力推动基础设施建设和招商引资,消除个人和乡村发展的各类制约因素,为个体发展和社会建设提供便利,并提高经济发展对贫困和弱势群体的辐射范围与力度,引进和培育益农、益贫企业与社会组织,增强乡村社会的"造血"能力,实现乡村及个人的自主长远发展。四是充分依靠群众,以经济建设和对乡村的"善治"推动共同富裕,通过发展产业项目将群众紧密联系在一起,建设"一荣俱荣"的乡村命运共同体,实现村民团结互助、互相监督和共同进步,有效消除社会排斥与消极社会分化。

### (二)锚定正确方向,渐进推动乡村振兴

乡村振兴是一个长远目标,其复杂性也决定了它不可能一蹴而就,需要对这样一个宏大目标进行合理拆解和步骤划分,坚持渐进发展理念,化整为零,逐个击破过程中的困难与阻碍。后坪乡充分认识到乡村振兴的复杂性与长期性,因而高度重视顶层设计和乡村建设的整体性,在党的坚强领导和政府主导下,充分动员社会力量参与后坪乡的建设,统筹协调各项工作向前推进,选用"精兵强将"逐步组建起年富力强的领导班子,形成了较为完备的组织体系,为贯彻路线方针和落实政策规划等提供了有力保障。一是加强基础性工作,厘清乡村发展的底层逻辑,以消除阻碍乡村经济社会发展的"客观因素"为首要目标,大力投资水、路、电、网等基础设施建设,为提升生活质量和后续招商引资、发展产业等创造有利条件。二是明确产业发展方向,坚持"扬长避短"的发展思路,充分利用城市居民对生态农产品、乡村美景和乡村文化等的好奇与向往,通过挖掘自身独特的资源禀赋,将乡村经济的"泉涌"准确地引入市场经济的"江河"中,实现本土资源同市场需求有效对接与良性互动。三是持续攻坚,逐步优化产业结构,增强产业体系的"抗击打"能力。后坪乡以乡村旅游为核心,"以点带面"地促进种植、养殖和加工等产业全面发展,坚持"一村一品",打造规模化、特色化和品牌化的产业。产业有了"主心骨",乡村经济才能"枝繁叶茂",后坪乡将继续在强健旅游经济"主干"的基础上,做大做强高山特色农业经济,并促进三产联动,最终实现乡村产业兴旺。

### (三)守正创新,实现传承保护与开发利用相互促进

城市化与现代化进程快速演进,深刻改变了中国的社会与文化结构,同时也赋予了乡村振兴战略必要性与现实可行性,一百余年的现代化发展并不会去除中国社会的"乡土本色",反而使乡村农业传统、文化积淀和自然资源等在转型的过程中得到重新关注与审视。深入推动乡村振兴,必须科学处理传统与现代、保护与开发、传承与创新等的关系,乡村始终是中华民族的"根"之所在,承载着几千年社会变迁的历史积淀,因而"民族要复兴,乡村必振兴",且乡村要振兴,必须坚持"乡村"在乡村建设中的主体地位,坚持守正与创新相统一,在保护乡土资源的基础上进行合理开发和利用,在经济效益转化过程中实现对乡土资源的更好传承,才能保证乡村建设的"大船"行稳致远。后坪乡实践探索出了一条农文旅融合的绿色发展道路。一方面,深入挖掘少数民族文化和红色文化的经济潜力,将其转化为乡村旅游的"卖点",充分提取和整合苗寨建筑、苗族美食、苗舞苗歌和红色事迹等要素,开发集观光、体验和研学等于一体的系列文旅项目,在取得丰硕经济效益的同时很好地实现了文化传承和传播。另一方面,将传统农耕文化与农业发展有机结合,大力发展高山生

态农业，在提升产品品质、对接市场需求的同时，有效规避了高山农业在生产条件上的短板，利用少数民族农耕文化赋予农产品更高的附加值，实现了产业升级和生态保护的双重目标。例如全乡共发展有机茶叶8200亩，通过改进制茶工艺和引进产业链条，并结合茶文化开展一系列研学和体验活动，打响了后坪茶叶"原生态""高品质"的口碑，使茶产业为乡村带来巨大的经济效益。

作者：程博，西南大学国家治理学院社会学专业硕士研究生，研究方向为社会政策、乡村振兴；兰剑，西南大学国家治理学院副教授，西南大学"一带一路"反贫困研究中心副主任，研究方向为农村减贫与乡村治理。

# 教育帮扶组合拳助力家庭脱困：
# 重组家庭的脱贫历程

**内容提要**：乡村全面振兴的首要任务是要巩固拓展好脱贫攻坚成果。治贫要先治愚，扶贫必先扶智，作为"五个一批"脱贫工程的重要路径之一，教育帮扶对打赢脱贫攻坚战发挥了非常重要的作用。在巩固拓展脱贫攻坚成果同乡村振兴有效衔接的新时期，同样要进一步完善教育帮扶的政策体系，发挥教育帮扶助力巩固脱贫成果的作用。本文以重庆市原深度贫困乡平安乡脱贫户T某的家庭为例，对其脱贫历程进行梳理和总结，该家庭先前因学致贫，各级部门围绕教育帮扶为其提供了一系列帮扶措施后帮助其顺利实现脱贫。新时期要进一步发挥教育帮扶的作用：一是要激发脱贫地区内生动力，重视农村代际人才培育与人力资本提升；二是贯彻新发展理念，以优化产业结构促进贫困人口教育资本提升；三是构建多方联合培养机制，以教育发展巩固脱贫攻坚成果。

平安乡位于重庆市奉节县，辖区内自然资源丰富，生态环境优美，森林覆盖率高达63%。崇山峻岭之中交通不便，信息不畅，成为困住经济发展的绊脚石，平安乡曾是重庆市18个深度贫困乡之一。位于平安乡的N村，地处奉节、云阳、巫溪三个国家级贫困县的交界处，在没有开展脱贫攻坚之前，因基础设施建设滞后，村民需要借道云阳县和巫溪县的公路绕行65千米，或步行20千米的崎岖山路才能到达乡政府所在地。后经过脱贫攻坚多年的努力，极大地改善了对内对外交通设施，推进了产业发展，精准帮扶贫困户，使得该村顺利实现脱贫。

## 一、案例概况

平安乡N村有一户家庭（户主为T某，女性），一直生活在村庄里，第一任丈夫因病去世，留下两个年幼的子女，并且负债累累。孤儿寡母的日子过得颇为艰难，几经考虑后，T某再组了新的家庭，婚后不久又生下一个小儿子，虽然夫妻两人已经很努力地经营生活,但日子仍然过得十分艰难。丈夫因文化程度不高,只能跟着村民到处漂泊,以打零工为生,收入很不稳定。T某在家带3个孩子,辛苦劳作也只能勉强维持日常生活。N村交通极其不便,很难将经济作物运输到场镇售卖,就连化肥种子都不方便购买,在家种植农作物难以获得足够的收入。起初农村普遍贫穷,大家的居住条件和生活水平不相上下,时过境迁,部分不需要照顾老人和小孩的家庭集体外出务工后生活状况明显好转,回乡修建新房。而这时T某家经济状况却停滞不前,逐渐落后于其他家庭。

2010年,T某的女儿到了上中学的年纪。彼时连通平安乡场镇和N村的关门山大桥还未修建,学生求学山高路远,只能选择在学校住宿,但每月伙食费和路费加起来高达500元。2011年,T某的大儿子也开始上中学,姐弟俩每月的生活费上千元。T某念及留守儿童长期缺乏父母的教育和关爱容易产生行为和心理问题,或遭遇安全问题,诸如学习落后、心理失衡、行为失范、被侵犯等,[①]故放弃务工念头,仍留守家中照看孩子。丈夫外出务工所获收入十分有限,家中经济每况愈下。2013年底,精准扶贫战略实施,各地开展农村贫困户建档立卡工作,T某一家经自行申请,村民大会民主评议,乡镇府审核,被纳入建档立卡户,当地围绕教育帮扶给予了T某一家系列帮扶支持,家庭脱贫致富的序幕由此拉开。

## 二、主要做法

### (一)物质与精神帮扶"双管齐下",齐心攻克贫困家庭教育难题

教育是立国之本、强国之基。教育部明确提出,要把教育作为扶贫开发的根本大计,确保贫困家庭的子女能够接受公平有质量的教育。教育帮扶政策对义务教育和高中阶段家庭困难学生提供生活费补助,为高等教育阶段家庭困难学生提供助学贷款和助学金。同时,制定农村义务教育学生营养改善计划,加强营养干预,提高学生营养水平。T某家子女多,养育和教育成本高,导致家庭陷入困境,通过民主评议,使T某一家成为建档立卡户,对其有针对性地提供教育帮扶。一是按照教育帮扶政策,给予T某的子女相应的教育帮扶补助金,如"两免一补"、经济困难家庭助学金、大学生生源地贷款等。二是加强精神帮扶,助力更新发展观念,在全社会营造"读书致富"的思想观念,要求支持子女学习而不是外出务工、支持子女平等入学而不是重男轻女。三是定期开展针对贫困学子的走访家访活动,了解学生成长中的身心需求,通过精神激励和物质奖励引导学生积极向上、健康成长。四是建立贫困学子成长档案,根据档案为学生制定详细的升学计划和就业指导。

① 辜胜阻、易善策、李华:《城镇化进程中农村留守儿童问题及对策》,《教育研究》2011年第9期。

## (二)补齐住房安全保障短板,实现贫困家庭"居者有其屋"

住房保障是脱贫攻坚"两不愁三保障"的重要目标之一。针对住房安全保障,T某家庭所在的奉节县制定了系列措施保障农村住房安全。第一,制定农村危房改造管理实施办法。由县住建委组织测量队对全县农村住房进行安全等级鉴定,依据实施办法进行相应等级的合理改造,对特别困难无力修建房屋的群众,采取由村、乡镇(街道)统一组织分散建设的模式,帮扶贫困群众进行危房改造。第二,对易地扶贫搬迁的农户实行集中拆除和修建的方案。第三,危房改造与村庄整治,人居环境改善,历史文化和少数民族文化保护等相结合。N村在2018年申请推进建设美丽宜居村庄项目,实行村庄"五改":改立面、改厕所、改院坝、改猪圈、改厨房。T某家原本的土木结构房屋年久失修,已经被县住建委鉴定为D级危房,但因经济困难,无力修建住房。按照相关规定,可由村、乡统一组织分散修建。2018年,T某家作为建档立卡户被优先列入危房改造的名单,由政府组织施工队对其房屋进行拆除重建,修建起了标准的混砖结构小平房(见图1)。而后又参与五改项目改造家庭厕所,住房安全得到保障。

图1　T某一家经住房帮扶后的新居外貌
(图片来源:作者拍摄)

## (三)合理布局产业发展体系,产业帮扶助推贫困家庭教育观念转变

平安乡被确认为市级深度贫困乡镇后,全乡围绕产业布局实现精准脱贫。第一,变山地为宝地,打造特色产业。N村紧邻溪流,海拔高,昼夜温差大,利于农作物有机质的积累。

曾经阻碍人们奔向小康的山头如今成为致富增收的好帮手,山羊、脆李等产品因品质优良而深受消费者喜爱。第二,紧跟三社融合发展脚步,培育新型农村集体经济。供销社引导规范合作社发展,信用社为合作社解决融资难、融资贵难题;供销社为合作社提供产前、产中、产后服务。平安乡以三社融合方式发展辣椒产业,以"企业＋散户"模式种植辣椒,解决农民不知道种什么、种完如何销售的问题。第三,以基础设施建设带动产业提升,开展产业路建设项目。在此过程中能用人工的尽量不用机械,能用当地群众的尽量不用专业队伍。严格执行劳务报酬标准,发放劳务报酬,提高村民收入。第四,积极发展扶贫项目,带动贫困户、监测户就业。在平安乡辖区内,根据各村和社区地理位置和自然条件,利用扶贫项目资金发展养殖、种植业,凭借红色资源和山地风光发展乡村旅游业。得益于各产业发展,农民在交易过程中拓宽眼界,逐渐意识到教育的重要性,贫困家庭对子女教育的经费和时间投入呈增长趋势。

### (四)"天堑变通途",交通建设打通学生求学之路

N村与平安乡场镇之间隔着一条河流,虽然此地景色秀美,有着独特的喀斯特地貌,但正是因为地形和地质原因,交通不便成为困扰此地发展的绊脚石。学生上学路途遥远,需要翻山越岭。在关门山大桥建成前需要借道云阳县和巫溪县的公路绕行65千米,或步行20千米的崎岖山路才能到校,单程时间长达四个小时。为打破"上学要翻山、到校要出县"的交通阻隔,平安乡借助重庆市建设"四好农村公路"的春风,实现乡村公路改造提升与脱贫攻坚、乡村振兴有效衔接,而后又投资5000万元修建连通平安乡场镇与N村的关门山大桥。资料显示,脱贫攻坚期间全乡交通建设总投入1.6亿元,公路总里程441.7千米;全乡建成油化路176千米,硬化路79.7千米,泥结路186千米,人行便道397千米;撤并村道路通达率100%,通场率100%。交通建设完工后,"村村通"班车和家用摩托车都能在通往场镇的公路间穿梭,学生可自由选择到校交通工具,从家到学校的时间由原来的四个小时缩短至半个小时。

## 三、初步成效

### (一)子女学业如期完成,事业蒸蒸日上

通过教育帮扶,T某家的两个孩子顺利从大学毕业并且找到了适合自己的工作。家里目前只有一个小儿子在上高三,得益于"脱贫不脱政策"的延续,仍然享受到了一些教育帮扶政策。T某的女儿当初在帮扶责任人和村干部的建议下选择了幼师专业,大学毕业后在重庆一所幼儿园任教,现在已经结婚生子。大儿子学习成绩优异,在各方建议下选择了计

算机类专业,2021年从重庆邮电大学毕业,通过校园招聘进入华为成都分公司,年薪20万～30万元。这一切都得益于中小学、大学等各个阶段的国家教育帮扶政策,以及脱贫攻坚时期帮扶责任人的帮扶,这些政策和帮助确保T某家的子女能够接受较高教育,能够顺利学习知识和技能,最终达成了通过教育帮扶和教育发展实现长效脱贫的目的。

## (二)住房条件改善,极大提升了生活获得感、幸福感和安全感

截至2020年底,N村脱贫户和一般户危房改造工程全部竣工,已实现易地扶贫搬迁10户,安置人口33人,其中深度贫困人口13人共4户;完成"五改"工程33户,包括改立面、改厕所、改院坝、改猪圈、改厨房。T某家改造后的新房已全面建成并装修完毕,全家离开原来的土木结构房屋,搬进三室一厅的混砖结构新房。与此同

图2 基层干部实地走访了解T某一家的生活情况
(图片来源:作者拍摄)

时,得益于"五改"工程的实施,其厕所、猪圈、厨房等也完成了改造。原本的厕所猪圈二合一,每到夏天蚊虫飞舞,卫生条件堪忧。厕所改造后,安装了抽水箱和热水器,夏天"如厕难"和冬天"洗澡冷"的问题一并得到解决。目前新房子虽不十分宽敞,但是家具齐全,生活便利,安全系数高,T某一家十分喜悦(见图2)。新的居住环境极大地提高了人民群众的获得感、幸福感和安全感。

## (三)顺利实现就业,有效保障家庭收入来源

2020年,T某丈夫因疫情赋闲在家,外出务工收入减少。此时子女上学还需要一定数额的生活费和学费,经济负担尚未减轻。T某决定报名参加中式烹饪技能培训,培训结束后不久便收到了村委会的应聘邀请,工作内容是负责N村便民服务中心工作人员的一日三餐。原来,村干部经商议,决定聘请T某为便民服务中心工作人员备餐,一方面可以弥补T某丈夫无法外出务工的经济损失,确保脱贫家庭收入过线;另一方面能够充分展示T某参加烹饪培训的成效,也能提高便民服务中心工作人员的三餐质量。如今T某一家5口人中4人皆已就业,家庭年收入在30万元以上,远超脱贫标准,迈入较高水平的小康家庭行列。除此之外,N村整合村庄人力资源,通过对村民的日常了解和村民小组推荐,为脱贫不

稳定户提供护林员和清洁工等公益性岗位,以工代赈解决一些脱贫家庭收入低、生活水平仍不高等问题。据悉,护林员每月薪资700元左右,有一些公益性岗位的月薪甚至达到1500元以上。公益性岗位有效帮助脱贫户充分就业,确保脱贫户家庭年收入能超过贫困线。

### (四)特色产业兴起,偿清子女助学贷款和家庭债务

关门山景色秀丽,盘山公路景象独特,无数游客前来打卡,大桥和道路都成了"网红"。2019年以来,平安乡党委、政府正在积极规划打造川东游击队小镇AAAA级景区、川东游击队浮雕群、彭咏梧纪念馆等。巫开高速也将修建平安乡连接道,让旅游大巴能够开进平安乡,让更多乡亲吃上"旅游饭"。全乡围绕产业布局实现精准脱贫,构建以"乡村旅游业,脆李、蔬菜、豆腐柴3个特色种植业,粮食猪、山羊、中华蜂3个特色养殖业"为主要内容的"133"产业体系。N村海拔高,人烟稀少,光照条件好,与长坪、向子两个高山村发展独活等中药材3000多亩,成为名副其实的"药材村"。T某在村干部指导下与药材公司签订协议,药材成熟后按照约定的价格回收,年收入3000元左右。除此之外,T某还受益于乡政府"133"产业体系布局,申请了产业补助和小额信贷,一年养殖山羊30余头,年收入2万元左右,现已还清子女助学贷款和家庭欠款。

## 四、经验启示

### (一)激发脱贫地区内生动力,重视农村代际人才培育与人力资本提升

内生动力是微观行动个体在核心价值信念的引领下,自发参与旨在实现可持续脱贫和发展目标的一切活动的心理倾向和行为能力。①习近平总书记提出"治贫先治愚"的贫困治理理念,即转变贫困人口消极待扶的思想观念,引导其形成自力更生、艰苦奋斗、积极进取的生活态度,摆脱精神贫困。目前教育上贫困的家庭的劣势叠加效应突出,家庭贫困程度往往与受到的教育程度成反比。教育帮扶是持久有效的帮扶,应重视农村地区教育,优化教育资源分配,关注贫困家庭儿童的发展际遇,进一步强化教育帮扶的功能,从物质和精神方面增加教育帮扶投入。以学校教育和家庭教导为基础,社会关爱为补充,培养农村知识型人才和技能型人才,为农村未来发展积累优质人力资源,斩断代际贫困传递的"锁链"。对于一般性农户,应建立适应农户发展需求的教育培训体系。通过职业培训、技能培训、种植养殖技术指导、电脑培训班、手机App教程演示等多种形式,提高农户受教育

① 傅若云、傅安国:《脱贫内生动力:一个中国化的心理学概念》,《中国社会科学报》2020-02-14(3)。

程度和各方面知识素质,提高相对贫困户的行为能力与就业创业技能,帮助其更好适应社会转型、市场变迁,增强稳定脱贫与实现乡村振兴的信心与内在动力,通过提升人力资本鼓励贫困户主动脱贫,以防止落入"福利主义"养懒汉的陷阱。

### (二)贯彻新发展理念,以优化产业结构促进贫困人口教育资本提升

贫困不仅仅表现为经济发展水平低下,贫困地区的教育落后、贫困人口的受教育水平低既是贫困的主要表现,也是贫困的重要原因。提高农村贫困人口经济收益,增加教育投资在家庭支出中的比重,以提升农村贫困学子的教育质量与教育程度显得尤为必要。提高农村贫困人口教育资本,需要聚焦发展二字,坚定不移贯彻创新、协调、绿色、开放、共享的新发展理念,实现农村产业结构的优化升级。第一,打造特色农产品,增加地区品牌效应。以绿色有机高品质为卖点,培养稳定客源,实现产品的长效发展。第二,延长产业链,提高农产品附加值,以农产品加工带动地区第二产业发展,增加本地贫困户就业岗位,带动贫困户脱贫。第三,根据地区资源禀赋,积极发展第三产业。以历史故事、红色资源、名家名人、自然风光等自身条件为地区发展赋予新动能。第四,共享发展成果,各村镇间建立信息共享平台,及时扩散产业发展政策和用人需求信息,提高地区间信息资源共享水平,让发展成果惠及更多贫困人口。同时依靠信息共享解决产业发展同质化问题,实现产业长效发展,将脱贫人口推入上升发展的良性循环之中。第五,紧跟时代潮流,创新发展思维。培育新时代"新农人",通过社交媒体宣传扩大口碑效应;鼓励乡村精英回乡创业,以点带面辐射周边村民脱贫致富。在产业结构的不断优化升级中,提升农村贫困人口教育支付能力。以产业发展促进教育发展,以教育发展巩固产业发展,开创产业发展与教育扶持齐头并进的新局面。

### (三)构建多方联合培养机制,以教育发展巩固脱贫攻坚成果

密切关注脱贫人口的生活状况,防止脱贫人口返贫成为巩固拓展脱贫攻坚成果同乡村振兴有效衔接过渡期乃至整个全面推进乡村振兴阶段的工作重点。教育是人力资本生产和积累的重要途径,对实现贫困地区经济社会可持续发展具有重要意义。[①]发挥教育的反贫困功能,需要建立家庭、学校、政府、社会等多维一体的联合培养机制,为贫困学生创建个性化培养方案。一是建立全国联通的贫困学子数据库,精准录入贫困学子个人信息。应用人工智能系统实现教育帮扶的全面预判、全过程追踪管理以及全员帮扶的精准化,实现政府教育扶贫资源的高效率配置。二是加速实现基本公共服务均等化,提升贫困地区

---

① 左停、刘文婧:《教育与减贫的现实障碍、基本保障与发展促进——相对贫困治理目标下教育扶贫战略的思考》,《中国农业大学学报》(社会科学版)2020年第6期。

教育质量。应加强贫困地区基础设施建设和学校软硬件设施建设,增加对教育的财政转移支付,提升落后地区教师的薪资水平,通过校际结对帮扶等方式鼓励优质师资向农村贫困地区倾斜,同时充分发挥高校定向培养师范生的作用;制定贫困学生帮扶计划,通过开展集体活动、赠送学习用品、日常精神激励等措施提升学生学习意愿和生活志气,防止贫困学生成为校园"边缘人"。三是构建教育帮扶成效评价体系。以指标数据和学生具体情况为依据,有计划地补齐学生短板,提高学生综合素质。同时建立贫困家庭教育帮扶反馈机制,依据反馈及时调整帮扶措施,在家校沟通中最大限度地发挥家庭养育和学校教育功能。四是广泛开展宣传指导工作。向社会宣传正确的教育理念,形成家庭内良好助学风气,通过亲友间代付和精神激励为学生创造良好向学环境。鼓励政府与社会各界联合为贫困学子提供假期实习、职业规划、面试培训、心理辅导等,增强学生面对未来发展的能力和信心。

作者:张宇,西南大学国家治理学院社会学专业硕士研究生,研究方向为社会政策与乡村振兴;兰剑,西南大学国家治理学院副教授,西南大学"一带一路"反贫困研究中心副主任,研究方向为农村减贫与乡村治理。

# 西山坪村：以农旅融合发展促进乡村产业振兴

**内容提要**：在党建引领下，西山坪村依托村内富饶的自然资源、较好的农业基础以及优越的地理位置等，通过盘活资源、完善规划、挖掘特色、招商引资、品牌打造、强化服务等方式大力发展采摘、赏花、垂钓、露营、团建等特色旅游项目，打造农旅融合"产业群"，积极推动农旅融合发展，探索出了新发展阶段以农旅融合发展促进乡村产业振兴的西山坪村模式和西山坪经验。

## 一、基本情况

### (一)西山坪村概况

西山坪村地处缙云山山脉，位于重庆市北碚区东阳街道西北部，因从缙云山眺望地形为一个平台而得名，距北碚城区13千米，与合川区土场镇、草街街道相邻，与北碚缙云山、北温泉、金刚碑古镇等名胜景区及北碚城区隔江相望。全村面积7.48平方千米，自然资源较为丰富，有耕地4909亩，林地5059亩，水域252亩，林地覆盖率45.20%。截至2021年11月，全村户籍人口898户，2199人，18至60周岁人口中就业人数共计938人，其中区内从业人员616人，区外从业人员322人。常住人口1010人，其中初中及以下学历894人，高中或相当学历93人，大专及以上学历23人。已脱贫户6户16人，低保户39户64人。参加城乡居民医疗保险人数1379人。解决困难群体就业的公益性岗位5个。村"两委"班子共7人，其中专职干部5人，交叉任职5人，村党总支现有党员84名。

图1 西山坪村鸟瞰图
(图片来源:西山坪村村委会)

## (二)西山坪村农旅产业发展基础

一是农业种植养殖基础较好。西山坪村以农业种植养殖为主,实施标准化农业基地建设8个,种植沃柑1200亩、西瓜1000亩、蔬菜600亩、杨梅500亩;村内有30余个山坪塘进行水产养殖,有小型养猪场5个,年生猪出栏量1000余头。二是农旅融合初具规模。全村现有业主31个,流转土地1600余亩,覆盖农事体验、果蔬采摘、休闲垂钓等乡村旅游项目,现有果蔬采摘基地10个,农家乐8个,AAA级旅游景区1个,带动周边村民就业200余人。三是村级集体经济初见成效。成立村集体公司1个,经济合作联合社1个,2092名村民入股,主要开展果蔬采摘、打造粮油蔬菜基地、建设农业基地、盘活闲置资源、助推农产品销售、实施工程项目等业务,2021年集体经济创收21.68万元。西山坪村以农旅融合为抓手,发展了果蔬采摘、研学等相关产业,荣获全国乡村旅游重点村、中国(重庆)气候类旅游目的地、北碚区乡村振兴示范村等称号。

**图2　AAA级旅游景区苓茏苑**

（图片来源:西山坪村村委会）

## 二、主要做法与成效

### （一）强化党建引领,夯实农业基础

一是鼓励村民开荒种地。因农业投产周期长、生产成本高、经营风险大等现实问题,村民参与意愿不强,通过谈规划、讲理念、说案例等方式,调动村民"想致富""要致富""谋致富"的积极性,再通过免费发放种子、开展技术培训等方式,鼓励村民进行农业种植。二是吸引村民返乡创业。由党组织牵头,建立微信群,持续宣传农业政策,展示家乡面貌,定期召开乡贤会,邀请在外村民参与,并为村民返乡创业提供优惠政策和技术支持,唤起村民"乡愁"、增强村民返乡信心。三是发挥村集体带头作用。通过委托流转的方式,由村公司统一经营管理农户自愿流转的分散土地,对土地进行适度改造,形成大面积、较为集中的地块,按照"村公司＋社集体＋农户"的模式,村公司带头经营、社集体协助管理、农户以土地入股,三方按照约定比例分配利润。此外,积极申请宜机化改造、土壤改良、科技示范基地、粮油基地等项目,提高农业种植机械化水平。

## (二)完善产业规划,推动农旅融合

一是进行产业发展规划。对村内现有产业基础进行梳理,并根据村内气候土壤条件、种植传统等,以社为单位,分片制定轮种计划,引导村民进行规模化种植,实现一年四季有花开、一年四季有果摘。二是完善产业链条。由村公司牵头,积极争取上级资金,推动老村委会房屋改造,建设西山坪物流配送中心,配备冻库、农产品初加工等专业设施设备,实现统一收购、统一加工、统一销售。三是积极招商引资。一方面,梳理汇总闲置土地资源,与实力雄厚的企业建立联系,吸引发达地区资金来乡建设,成为其原材料生产地、加工工厂或旅游景区等,为乡村带来切实的、较为稳定的经济发展道路,奠定产业基础。另一方面,扶持有技术、有实力的业主。与金融机构形成合力,通过提供低利率贷款等方式,解决企业融资难题;通过政府补助等方式,对灌溉设施、交通道路等提供针对性帮扶,缓解业主资金压力。四是持续推进农旅融合。依托村内良好的区位条件和资源禀赋,深刻挖掘能够吸引人、留住人的差异化旅游项目,引导游客到村消费,助力村民增收致富,切实增强村民对村内发展的信心,激发村民返乡创业的干劲。

图3 清如许民宿

(图片来源:西山坪村村委会)

## (三)盘活资源,探索产业发展新模式

一是盘活资源,壮大集体经济。依托土流网等平台招商引资,实现土地流转1600余亩,村集体经济每年增收20余万元,村民人均年增收2000多元。二是巩固农业基础,打造

推广西山坪特色品牌。西山坪的西瓜、红心猕猴桃、"447"锦橙等多种生态绿色农副产品家喻户晓,聘请专业团队设计制作西山坪农产品包装,打造品牌,提升产品附加值。三是坚持企业(业主)带动工作思路,大力推进"党组织+村集体公司+社集体+农户+业主"模式。推出"西山坪旅游"微信公众号和抖音官方号,联系西南大学、区供销合作社、区融媒体中心直播团队,借助建行"善融商务"、邮政"邮乐小店"等平台进行宣传和销售。培养本土直播人才,将新鲜果蔬上架进行直播销售。目前全村有31家企业(业主)入驻,AAA级旅游景区苓茏苑完成提档升级,西山印象基本建成并将对外开放,西山坪基本形成果蔬采摘、农事体验、家庭农场、休闲垂钓等乡村旅游产业,实现"一年四季有花开、一年四季有果摘"。

图4　村"两委"组织召开产业发展座谈会
(图片来源:西山坪村村委会)

### (四)着眼特色,打造农旅融合"产业群"

一是引导规模化种植。西山坪村结合当地情况,制定种植计划,并免费提供种子。2021年,西山坪村共种植西瓜300亩,产量11万斤,萝卜60亩,产量40万斤,销售收入逾70万元。二是发展特色采摘。村"两委"积极申报发展壮大集体经济试点项目,利用村集体撂荒的茶山地55余亩,根据其土壤、气候、水源等区位因素,选择性地种植了蜂糖李、软籽石榴、沃柑等水果品种,打造西山坪精品果园,并以52万元的价格进行出租,现已收取租金10.4万元。三是谋划垂钓产业。根据村内丰富的山坪塘资源,精选出14个垂钓点,并绘制垂钓地图,通过差异养殖、统一售价、规范服务等方式,带动村内垂钓产业发展,拓宽村民收入来源。四是建设标准化农业基地。积极对接,共申请农业项目财政补助资金、股权化改革项目资金485万元,参与8个标准化农业基地建设,每年固定分红12万元。实施宜机化改造土地521亩,申请土壤改良、科技示范基地、粮油基地等项目资金241万元,打造粮油、蔬菜基地。

图5　与重庆市工商联第四支部、重庆市湖南商会党支部结对共建

（图片来源:西山坪村村委会）

### (五)打造自主品牌,实现多元化销售

一是开展直播带货。以村党组织书记、驻村第一书记、驻村第二书记为主要人物"标志",创建"三个书记"直播间,拍摄短视频60余条,带动西瓜、百香果、葡萄等农产品销售约5万斤,村民增收近30万元。二是发展果蔬采摘。凭借西山坪位于城郊的地理优势,发展乡村特色旅游,打造果蔬采摘基地10个,借助重庆卫视、西南大学、北碚区融媒体中心等平台,加强宣传推广,有效带动了农产品销售。三是打造西山坪品牌。设计西山坪LOGO和农产品特色包装,注册"西山峡瓜"商标,打造西山坪品牌,提升农产品附加值。四是建设物流配送中心。申请资金220万元,建设西山坪农产品物流配送中心,依托直播带货、区供销社的产供销体系、区游客集散中心、邮政"邮乐小店"、建设银行"普惠金融"等渠道到村基地,实现农产品统一包装、集中销售。项目投产后,预计年销售量可达160万斤左右,村集体收入18万元,其中包装盒利润3万元,产品销售利润15万元,预计带动30余个村民就地就近就业。

在党建的引领下,西山坪村大力开展招商引资,现有业主48个,流转土地1600亩,流转费约65万元。依托村内丰富的自然资源以及地理区位优势,着力发展采摘、赏花、垂钓、露营、团建等特色旅游项目,现有AAA级旅游景区1个、特色采摘园6个、农家乐5个、综合性旅游基地2个。通过吸引业主流转土地、堰塘、房屋、宅基地,盘活了闲置资源,村民不仅能得到流转费,还可以兼顾家门口就业和照顾家人。业主到村后,得到村"两委"的热情服务,能快速入驻。在经营过程中,党员干部帮助协调矛盾,解决困难,业主能够一门心思地抓发展,谋出路。目前种植猕猴桃约300亩,西瓜约200亩,沃柑500余亩,花木600亩。

## 三、经验启示

### (一)组织引领,打造发展"主心骨"

为实现统一运作,西山坪村采取"党组织＋村集体公司＋农户＋业主"模式,登记注册"重庆西山坪旅游开发有限公司",由村党总支书记任法人代表、村"两委"成员任管理经营人员,全村2195人为股东。搭建学习平台,提升村干部的能力,持续推进集体经济的发展,让有经济头脑、有实干精神的能人来发展村级集体经济,当好发展农村经济的"领头人"和"经纪人",带动全村经济发展。

### (二)因地制宜,找准发展"落脚点"

促进村级集体经济的发展,关键是要从实际出发,找准发展定位,因地制宜。对此,村"两委"通过实地走访,摸清村内产业"底数",并到天府镇、三圣镇等地拜访乡村振兴"突出户""巧思匠",学习其发展思路,不断与自身实际相结合,开展采摘果蔬、打造精品果园、打造粮油蔬菜基地、建设农业基地、助推农产品销售、实施工程项目等业务。逐渐形成一条"以农旅融合为牵引,资源租赁和工程建设同步发展"的多元化发展路径。

### (三)统一思想,形成发展"向心力"

村"两委"多次组织召开村民大会、村民代表大会,到各社开院坝"谈心会",通过宣传依靠集体发展致富的先进模范,破除唯单打独干才能富的思想,树立村强民富的理念。因农业投产周期长、生产成本高、经营风险大等现实问题,村民参与意愿不强,村"两委"通过谈规划、讲理念、说案例等方式,调动村民"想致富""要致富""谋致富"的积极性,为村级集体经济发展奠定强劲有力基础。

### (四)自主造血,释放发展"新动能"

单纯依靠土地流转,收益并不稳定。如果业主经营不善,分红便难以保障,甚至租金也难以收回。要想真正可持续发展,就必须不断发掘自主业务,让稳定的收入成为发展的"底气"。西山坪村在积极推动闲置土地资源流转的同时,通过争取项目资金建设自有果园、组建专业队伍承建工程项目、建立统一包装集散等方式,不断拓展业务链条,为村集体创造稳定收入来源。

### (五)以人为本,培养发展"主力军"

一是创新培养机制,打造本土型人才。依托专业院校、科研单位、职业教育以及技能培训等方式,在蔬菜种植、苗木栽培、经营模式、科技知识、宣传营销等方面展开培训,加大对"土专家""田秀才"等实用型人才的培养力度,加强其实用性技术的运用能力,培养一批"爱农村、懂技术、会经营"的乡村人才队伍。二是强化政策保障,让人才想下乡、能下乡。一方面,要创新人才晋升机制,通过服务期满转编、提供村务服务经历编内转岗等方式,提高人才来村就业任职的积极性;另一方面,提高乡村基层干部福利待遇。通过提高补贴、薪酬、社会保障等方式,让干部做得安心、做得放心,提升基层岗位稳定性。三是促进柔性引才。一方面,挖掘对本乡本土感情真挚、情况熟悉的贤能志士,借助其对故土的强烈情感,发挥其强劲的组织号召能力、资源调配能力、工作推动能力,为产业培育、政策宣讲等方面注入强大动力。另一方面,与社会力量建立动态机制。鼓励优秀企业家、专家学者在空余时间到乡村实地讲学、投资兴业,为农村带来新思想、新活力。

### (六)搭建服务平台,解决发展后顾之忧

一是摸清家底,提供信息发布服务。对全村土地、堰塘、房屋、宅基地指标等资源进行梳理汇总,收集区位、面积、单价、土地属性等关键信息,建立台账;整理资源基本情况,制作招商手册,在恋土网、土流网、58同城等第三方平台发布,通过互联网扩大信息发布范围。二是定期走访,提供企业进场服务。硬件方面,帮助业主对接相关部门,开通水、电、气。软件方面,帮助业主咨询公司、个体户办理所需资料清单,和业主现场一起提交办理申请,加快证照办理。制定业主联系分工表,村"两委"干部定期走访业主,了解业主经营现状、发展困难,积极处理村民与业主间的纠纷。开展党员分类管理,确定8名党员位职产业振兴岗,为企业提供劳动力招聘、农业技术咨询和培训、农业政策宣传、产业发展补贴申请等具体帮助,让广大业主切实感受党组织的关心、党员的热情。三是加强交流合作,提供配套服务。与重庆市工商联党支部、重庆市湖南商会党支部等党组织开展结对共建,与

重庆大学文旅所、重庆振村科技有限公司达成合作协议,通过多方位搭建交流平台,吸引更多企业家到村考察。与北碚电力公司、北碚区林业局、北碚区黄桷派出所建立常态化联系机制,着力解决业主发展遇到的问题。

作者:张海霞,西南大学国家治理学院社会学专业硕士研究生,研究方向为公共关系与文化治理;张海燕,西南大学国家治理学院教授,西南大学文化产业研究院执行院长,西南大学公共文化研究中心研究员,研究方向为公共政策与文化治理。

# 素心村:小蜡梅开出乡村振兴大产业

**内容提要**:素心村是重庆的蜡梅栽培中心区之一,通过不断扩大蜡梅种植面积,持续研发出蜡梅系列产品,产品远销世界各地。同时素心村依托特色文化资源,大力建设本村的乡村旅游景点,每年定期举办蜡梅文化节,吸引世界各地游客前来游玩。与此同时构建乡村旅游的交通网络,不断完善辖区内配套设施的建设,开发辖区内的特色民宿和特色餐饮,凸显当地的特色文化资源,以满足游客的多元化需求。素心村通过蜡梅这一地方特色资源,不断带动第一、二、三产业融合发展,用小蜡梅"开出了"乡村振兴大产业。

## 一、基本情况

### (一)静观古镇

静观镇位于重庆市九大主城区之一的北碚区,在嘉陵江东岸,地处金刀峡旅游热线要冲,拥有500多年的蜡梅栽培史,其与河南鄢陵、湖北保康是中国远近闻名的三大蜡梅基地。静观镇是我国蜡梅种植面积最大、品种资源最丰富、花径最大、花香最浓、花色最艳、花朵最密的蜡梅栽培区[1],是川派盆景的发源地[2],也是首批被授予十大"中国花木之乡"的地区之一,更是在2011年成为全国唯一获得"中国蜡梅之乡"称号的乡镇,2012年获得"静观蜡梅"农产品地理标志登记保护。据2015年相关统计,重庆市静观镇蜡梅种植面积666.67公顷,其中鲜切花533.33公顷,苗木133.33公顷,蜡梅品种62个,蜡梅相关企业324家,蜡梅种植农户1368家,蜡梅从业人员3246人,每公顷年收益180000元,年产值1.2亿元。[3]

---

① 赵冰、张启翔:《鄢陵和静观蜡梅品种资源的比较分析》,《北方园艺》2007年第4期。
② 张明睿、谭文勇:《主体需求导向下的近郊乡村旅游规划路径研究——以重庆市北碚区静观镇为例》,《活力城乡 美好人居——2019中国城市规划年会论文集》,中国建筑工业出版社,2019年版。
③ 邵金彩、杨灿芳、关正等:《重庆市静观镇蜡梅产业现状与发展策略》,《北京林业大学学报》2015年增刊第1期。

## （二）素心村

素心村,是静观镇中的一个村庄,也是重庆蜡梅栽培的中心区,紧邻两江新区水土高新技术产业园,位于静观花木生态旅游区(国家AAA级)核心区。全村占地5.07平方千米,辖16个村民小组,共908户,2789人。村内种植蜡梅1000余亩,建有蜡梅种质资源圃120余亩,收集蜡梅品种153个,因种植上千亩素心蜡梅而远近闻名。(见图1)

图1 素心村

（图片来源：素心村村委会）

# 二、主要做法与经验

## （一）大力发展蜡梅产业

素心村大力推进农文旅融合发展,着力培育蜡梅全产业链,打造嘉陵江以东片区郊野观光体验"大观园"、成渝地区乡村旅游目的地。

### 1.精深加工,开启蜡梅"新玩儿法"

素心蜡梅是蜡梅中的极品,其在百花凋零的霜雪寒天傲然开放,花被纯黄,其心洁白,浓香馥郁,适合在庭院栽植,又适作古桩盆景和插花与造型艺术,是冬季观赏的主要花木。

蜡梅全身都是宝,从应用形式上看,首先,可直接制作成蜡梅鲜切花,其具有花枝优美、花大、色艳、香味浓郁、保鲜时间较长、开花适时等优点,深受海内外人士的喜爱。从 2002年开始,重庆生态农业管委会对蜡梅切枝和保鲜技术进行研究,经过精心包装和处理后的蜡梅已开始向海外批量出货。[①]蜡梅切枝瓶插寿命长达20天,而且花期正好处于鲜花需求量最大的圣诞节和春节期间,因此是极有前途的木本切花植物。[②]截至2021年,蜡梅鲜切花年产量达260万束,远销北京、上海、广州等大城市,产值约2000万元,每到花开季节,在重庆随处可见农民带着整篓整篓的鲜花去各市场信卖。

其次,素心村为了进一步打开蜡梅的市场,大力推动蜡梅产业发展"接二连三",在延伸产业链、增加产品附加值上也下了很大的功夫,研发出蜡梅精油、蜡梅香水、蜡梅护肤品、蜡梅花茶等特色文创产品,深受市场欢迎。蜡梅花茶是很好的清凉茶品,气味清香,解暑生津,润肺祛痰。其中"素心蜡梅茶"由素心村村委联合重庆市爱兴农业开发有限公司共同开发,该茶已成功上市,在重庆各大商店都有出售。这些特色文创产品市场广阔,已远销全国各地,极大地带动了蜡梅的繁殖和发展。截至2021年,素心村年产蜡梅干花30吨,蜡梅精油10升,产值达700万元;开发蜡梅香水、蜡梅面膜、蜡梅手工皂等深加工产品50余种,在上海、成都等多地设立产品体验店,并在淘宝、天猫开设旗舰店,年产值达2100万元。

**图2 素心湖畔**
(图片来源:素心村村委会)

---

① 何定萍、喻竺、胡应铭等:《重庆的蜡梅资源及其产业化开发利用》,《西南园艺》2005年第4期。
② 芦建国、荣娟:《鄢陵蜡梅品种资源调查及其产业开发利用》,《中国野生植物资源》2012年第3期。

**2.以蜡梅为媒,发展特色旅游**

悠久的花卉历史、怡人的风景、浓厚的风土人情,使素心村开发了以蜡梅为主要特色的乡村旅游。首先,素心村紧紧围绕特色优势主导产业——花木,构建"一园一带一区两院落三项目"的格局。"一园"即中国静观蜡梅博览园,是首个集蜡梅花、温泉于一体的专题公园,园内种植蜡梅近万株,有温泉浴足池17个。"一带"即5千米长的碚金路沿线花木产业带,花木产品体系成熟、景观连点成线、亮点纷呈,参与性和体验性俱佳。"一区"是指湖岛景观休闲区,拥有热情奔放的向日葵花海和引人入胜的素心湖梅花岛露营基地。"两院落"是黄家湾、李家湾两个人居环境治理特色院落。"三项目"分别为鲜切花插花文化体验项目、自主创意蜡梅花香精油提炼体验项目和特色民宿沉浸式体验项目,每年吸引大量游客前来体验打卡。这一产业格局的落地,有效地带动了当地农村经济的发展,产生了较好的社会和经济效益。此外,依托素心村特色文化资源,村内还建设了蜡梅博览园、梅花岛、湖边三墅、花木文化创意工坊、生态鱼池等特色旅游资源,凸显地域文化特色。

素心村一直秉承"梅香如故,素心如初"的理念,持续推广蜡梅文化、花木文化,每年定期成功地举办了蜡梅文化艺术节、向日葵花海节、粉黛花海节、果蔬采摘节等文化节庆,截至2021年已成功举办十八届蜡梅文化节,并推出梅林泡泉、素心温泉、蜡梅文创集市、蜡梅认养等体验项目和活动,村内还开发了龙泉山庄、涵香居、浅语花园、素乡苑多家特色民宿以及永和小厨、涵香居等多家特色农家美食体验餐馆,从特色餐饮、休闲娱乐、亲子互动等方面满足游客需求,可同时接待1500人用餐,容纳400余人住宿,综合带动效应明显。素心村休闲农业主体活跃,业态丰富,从业人员业务素质良好,未发生生产安全责任事故。全村共有休闲农业经营主体35个,其中农家乐12个,休闲农庄11个,乡村民宿5个,夜间项目7个,让游客深深体会到当地特色民俗文化的魅力。

同时,素心村成立了村集体公司——重庆素源农业综合开发有限公司,采取"村委会+公司+农户"的管理模式,投入资金发展乡村产业项目,村集体、公司、农户按照约定的比例进行持股,在项目存续期内实行年度定额分红。公司牵头组建素心乡村振兴企业发展联盟,集结本土实力业主返乡兴业,引导业主实施项目升级和追加投入,为本村和周边区域农户创造近千个就业机会。

## (二)持续更新文明治理方式

**1.不断完善服务设施**

首先,在基础设施方面,打造乡村旅游交通网络,辖区内开设了3条公交及旅游线路与重庆主城核心区紧密相连,城乡公交站点5处,最近一处距地铁国博线换乘站仅2千米,城乡互动交通便捷。根据游览需求，设置村内游览线路4条，20余处景点可优化组合线路，每个景点均可车行到达。其次，建有游步道5.5千米，健身跑道10千米，环湖景观路2.5千米，亲水休闲步道2910米，既服务游客也造福村民。同时，全村通过自来水管网升级改造，实现统一供水，配有专人管护，饮水安全率达100%。素心村还实施光亮素心工程，目前村内主干道均建有太阳能路灯照明设施。移动网络覆盖全村，综治网格化双中心可监控30余个重要节点，村级广播室建设完成，现已实现村域应急广播全覆盖。此外，全村建有3个污水集中处理池，10余个垃圾站点，40余个垃圾箱体，配备30余人的环保志愿队，实施全天清洁打扫，时刻保持村容村貌整洁，未发生环境污染和生态破坏事件。

在配套设施方面，素心村建有1000平方米的游客接待中心，4个停车场，可同时容纳停车300余辆。同时，村内建有20余处游憩设施，17条重点路段和18个重点路口均设有标识标牌，建有3座旅游公厕，标识醒目，环境干净卫生，以便更好地为游客出行提供便利。

### 2.基层治理持续优化

在制度机制方面，素心村深入运用清单制，制定了权力清单、自治清单、协助清单、证明清单等多张清单，乡村治理效率和服务能力大幅提高。此外，村委会制定了农村人居环境整治积分制评比制度、乡村振兴企业联盟发展制度和垃圾分类管理制度。

在"村规民约"方面，全体村民共同制定村规民约，共同遵守、共同维护，共同打造文明家园。2019—2021年，全村无群体性上访、恶性治安案件等情况发生。

在志愿服务方面，全村建有50余人的志愿者队伍，分别为纠纷调解志愿者队伍、法治宣传志愿者队伍和清洁维护志愿者队伍，深入开展"枫桥经验"素心实践，促进乡风文明、邻里和谐。

在文化阵地方面，建成素心村乡情陈列馆，馆内对素心村的历史由来、村情村貌、传统文化、产业发展、乡贤人才、未来规划等作了详细介绍，配备专门讲解员。

在普法宣传方面，素心村新建素心民法典学习馆，是重庆市首个乡村民法典学习馆，作为区域乡村法律明白人培训基地，拥有多名专业背景的志愿者讲解员，承办了"2021年重庆市宪法进农村"活动。

在人才引进方面，素心村与西南大学和各科研机构深入合作，引入各种科研人才和管理人才。

## 三、初步成效

党的十八大以来，素心村始终坚持"绿水青山就是金山银山"的发展理念，遵循"生态产业化、产业生态化"的工作思路，挖掘、保护、利用绿色生态资源，持续推进"绿化、美化、香化、净化"工程,形成了"路成网、河相通、树成林"的格局,全村蜡梅产业接二连三地发展壮大,效益不断凸显,先后获评全国绿色小康村、全国生态文化村、全国一村一品示范村、中国美丽休闲乡村、成渝地区双城经济圈宜居乡村先导村等30余项称号。

在素心村,休闲农业从业人数1861人,农民1728人,返乡创业人员123人,带动农户数551户。乡村休闲旅游已成为乡村经济发展的重要支柱产业。带动周边区域的农户种植蜡梅面积达1.5万余亩,种植区域年产达17万株,年产鲜切花达260万束,远销北京、上海、广州等大城市,产值约2000万元。村内年平均接待游客50万人次,拉动旅游消费600余万元,就业致富带动效益明显。2021年,村集体经济经营性收入达到387万元,远高于全区平均水平49万元,全村农民人均纯收入达到23600元。

目前,素心村拥有"国家地理标志"1个(素心蜡梅)(见图3),研学基地1个(蜡梅花基地),专家大院3个(蜡梅科技专家大院、花卉专家大院、嘉陵江名优鱼专家大院),非物质文化艺术传承人2位(种类为插花、蟠扎)。目前素心村是中国乡村美育计划实践基地、西南大学美术学院写生基地、重庆市摄影家协会创作基地、中小学教育实践基地。

图3　素心蜡梅

(图片来源:素心村村委会)

## 四、经验启示

### (一)找准优势,打造特色产品产业链

加大"蜡梅"系列产品的研发和推广力度,培育蜡梅全产业链,推动蜡梅第二产业的发展。通过自主研发和与高校合作等多种方式,研发出蜡梅精油、蜡梅香水、蜡梅护肤品、蜡梅花茶等特色文创产品,深受海内外人士的喜爱,远销世界各地,成为素心村的一大经济收入。

立足自身特色,加快蜡梅观光旅游规划和建设力度,推动蜡梅第三产业的发展,素心村构建"一园一带一区两院落三项目"的产业格局,每年定期举办蜡梅文化节等,同时村内还建设了蜡梅博览园、梅花岛、湖边三墅、花木文化创意工坊、生态鱼池等特色旅游资源,凸显地域文化特色,吸引广大游客前来游玩。

### (二)完善乡村旅游的要件体系

素心村为了更好地服务游客和造福村民,不断建设辖区内相关道路及配套基础设施,开通辖区与主城区的公交及旅游路线。改扩建从各交通干道通往旅游景点的道路,持续完善乡村旅游的交通网络,做到每个景点均可车行到达,同时规划和建设好停车场、游客接待中心、游憩设施和外部旅游交通标识等相关配套设施。此外,村内实施全天清洁打扫,以保持辖区内环境的干净整洁。

依托素心特色文化资源,素心村建设了龙泉山庄、素乡苑等多家特色民宿以及永和小厨、涵香居等多家特色农家美食体验餐馆,凸显地域文化特色。从特色餐饮、休闲娱乐、亲子互动等方面全方位满足游客多层次需求。

### (三)政府扶持蜡梅产业的发展

首先加强宣传引导。一是对外宣传,当地政府通过大众传媒大力宣传素心村蜡梅产业的发展情况及素心村优越的地理位置和自然条件,提高其知名度,以吸引游客、商家前来游玩和投资。二是对内宣传,当地政府向本地农民宣导素心村的优势、蜡梅产业发展情况以及政府对蜡梅种植的扶持政策,激发其种花的积极性。

其次是政府的政策扶持。当地政府对花农和花卉公司给予的多方面政策优惠包括:(1)在农产品特产税上给予补贴;(2)对花木生产基地和精品园区的基础设施建设给予补贴;(3)依托高校及科研所加强对花卉从业人员的分级培训,提高他们的科技水平和业务素质;(4)转变政府职能,增强对花农、花木公司的服务。[①]

---

[①] 徐孝勇、张秀青、谭崇静:《重庆市静观花卉产业经济发展模式研究》,《西南农业大学学报》(社会科学版)2004年第3期。

## （四）创新体制机制

素心村通过制定并运用清单、村规民约等，使乡村治理效率和服务能力大幅提高，组建了50余人的志愿者队伍，深入开展"枫桥经验"素心实践，促进乡风文明、邻里和谐。同时规划并建设了素心村乡情陈列馆和素心村民法典学习馆，加强人们对素心村的深入了解。

素心村重视对村民的思想意识教育，激发其种花的积极性，引导农民合理利用与开发乡村休闲旅游资源。同时也加强院校合作。加大与西南大学、重庆大学等高等院校的合作力度，加强对乡村旅游从业人员的培训。

作者：韩晓会，西南大学国家治理学院公共管理专业硕士研究生，研究方向为公共政策与文化治理；张海燕，西南大学国家治理学院教授，西南大学文化产业研究院执行院长，西南大学公共文化研究中心研究员，研究方向为公共政策与文化治理。

# 四川

　　四川,简称川或蜀,省会成都。位于中国西南内陆地区,地处长江上游,与重庆、贵州、云南、西藏、青海、甘肃和陕西等7省(自治区、直辖市)接壤,素有"天府之国"的美誉。为中国道教发源地之一,古蜀文明发祥地。四川盐业文化、酒文化源远流长;三国文化、红色文化、巴人文化精彩纷呈。四川省总面积48.6万平方千米,辖21个地级行政区,其中18个地级市、3个自治州。

　　作为中国扶贫任务最重的省份之一,四川把脱贫攻坚作为头等大事,打赢了一场艰苦卓绝、可歌可泣的脱贫攻坚四川战役。2020年四川贫困家庭人均纯收入达9480元,625万建档立卡贫困人口全部脱贫、11501个贫困村全部退出、88个贫困县全部摘帽,区域性整体贫困得到解决,绝对贫困全面消除。尤其是曾经"一步跨千年"的凉山彝区和涉藏地区,实现了从贫穷落后到全面小康的新的历史性跨越,群众生活发生了翻天覆地的变化。

# "川"越贫困，"蜀"写传奇

## ——四川省达州市宣汉县实施巴山大峡谷旅游扶贫案例

**内容提要**："绿水青山就是金山银山"。在旅游大发展的时代背景下，旅游产业正日渐成为贫困地区扶贫脱贫的重要支柱和建设美丽中国的助推器。2015年3月以来，四川省宣汉县根据"开发助力扶贫，大力发展旅游业"的脱贫理念，将文化旅游开发和脱贫攻坚工作联系起来，积极建设巴山大峡谷文旅扶贫综合开发项目，成功探索出包含劳动务工带动脱贫、资源入股带动脱贫、就近就业带动脱贫、特色产业带动脱贫、经合组织带动脱贫、文旅融合带动脱贫、"广厦行动"带动脱贫的"七大脱贫模式"，走出了促进山区产业发展和脱贫增收的新道路。

## 一、基本情况

宣汉县位于渝川陕鄂接合部，县域面积4271平方千米，总人口132万，其中土家族人口近7万。全县70%以上区域为丘陵山地，山高路陡，沟壑纵横，地形崎岖，自然灾害频发。"年年五谷丰，就是路不通；有货卖不出，致富一场空"，这脍炙人口的顺口溜描绘出了宣汉县长期以来极度落后的交通面貌。宣汉县作为我国扶贫开发工作重点县和少数民族聚居县，贫困人口众多。2014年，宣汉县共有211个建档立卡贫困村，贫困人口约20.58万人，贫困发生率高达18.9%，是当时四川省贫困人口占比最高的县。其中，最偏远、最落后、最贫穷的要数位于宣汉县东北方向的区域——巴山大峡谷片区，该片区有建档立卡贫困村102个、贫困人口9.1万人，约占全县贫困总人口数的45%，"住草棚、穿破衣、啃洋芋"就是当地群众生活状况的真实写照。与此同时，这里也是全县景观最秀丽、生态最完好的地方，该片区有着优美独特的自然风光和绵延100余千米的喀斯特V形大峡谷景观，132处褶皱地貌形成了天然褶皱博物馆，"雄、险、奇、秀、幽"齐聚于此。除了秀丽的自然风光，该区域还是巴文化发源地的核心区，历史文化底蕴极为深厚。"守着金山银山过穷日子"是巴山大峡谷片区群众共同的现实困境。如何破解这"美丽的贫困",也是宣汉县委、县政府要解决的首要难题。

2015年3月,宣汉县委、县政府通过深度研判,集全县之力,大力发展旅游业,倾力打造巴山大峡谷文旅扶贫景区,将旅游开发作为脱贫攻坚的主要抓手,充分利用巴山大峡谷优美的原生态自然风景,布局实施巴山大峡谷等一批旅游扶贫项目,有力支撑宣汉县脱贫奔康,破解了"美丽贫困"困局,创造了"幸福代码"。如今的巴山大峡谷景区,在全国范围内已成为带动贫困地区脱贫力度最大的项目之一,实际促进9万多人、102个贫困乡村脱贫增收,有效地带动了片区农村居民人均可支配收入增长2100元,对重庆、陕西等地的周边25个乡镇也产生了辐射效应,实现了50余万人的脱贫致富。宣汉县的交通情况也从"通行靠走"变为"抬脚上车",乡镇及贫困村通水泥路率达到了100%,通组入户率约85%,极大地改善了贫困乡村群众出行的交通条件。到2019年底,全县的贫困发生率大幅下降,生活在贫困标准以下的人口占全县人口的比重为0.44%,贫困人口减少到约0.47万人,最终在2020年2月摘掉了贫困县的"帽子",实现了从"四川省贫困人口最多的县"到"四川省减贫人口最多的县"的伟大成就,走出了一条贫困山区"既要金山银山又要绿水青山"的扶贫新路子,折射出了百万宣汉人民改变贫困落后面貌的不等不靠、艰苦奋斗、百折不挠的"宣汉精神"。

## 二、实施过程

在习近平总书记的扶贫开发战略思想和对长江经济带"共抓大保护、不搞大开发"重要精神的指示下,宣汉县根据县域发展的实际情况和实现脱贫攻坚的总体目标,在资源开发的过程中注重生态环境保护,在整体扶贫的过程中注重精准扶贫,发挥乡村振兴战略在全县开发扶贫过程中的统率作用,积极规划巴山大峡谷文旅扶贫综合开发项目的实施与建设,最终完成了从"贫困人口数量最多"到"减贫人口数量最多"的佳绩。其实施过程如下:

### (一)深挖资源

巴山大峡谷得天独厚的自然风光蕴含着丰富的生态旅游资源,优美独特的巴山风光和绵延数里的喀斯特大峡谷景观形成了"上观岭脊峰丛、中赏峡谷万壑、底览凝湖丽质"的壮丽景色(见图1)。峡谷内植被丰富,有着80%的森林覆盖率和近2000米的海拔高差,最高处的罗盘村海拔约2458米,适合避暑;最低处的桃溪谷海拔约452米,适合漂流探幽;更重要的是该片区内还具备北纬30度线上少有的山地运动条件,适宜建南方天然滑雪场。

与此同时,巴山大峡谷是巴人祖源地,巴人后裔——土家族人在此繁衍生息,此地是土家族生活的核心区域,有着"穿巴人服、唱巴山歌、跳巴人舞"等具有民族特色的习俗,让具有五千多年灿烂历史的巴文化在这里得到了完整的延续,具备优良的开发条件。从地理位置来看,巴山大峡谷处于由重庆、陕西西安和四川成都及其周边地区组成的"西三角经济圈"核心地带,包(头)海(口)高铁西渝段也将在这里建设高铁站,一旦建成,景区到成都500千米的距离仅需1.5小时;景区到重庆350千米的距离仅需1小时;景区到西安320千米的距离仅需1小时。更重要的是,景区周围的成都、西安、重庆这三个大都市和南充、安康等8个地级市拥有7000多万常住人口,市场容量广阔、消费能力强大,为有效实施巴山大峡谷文化旅游扶贫综合开发项目提供了很好的机遇。

图1　巴山大峡谷

(图片来源:四川省乡村振兴局)

## (二)明确战略定位

宣汉县委、县政府依据"巴文化"主题定位以及"中国巴山大峡谷"的品牌战略,对巴山大峡谷景区实施分期建设的景区规划,主要包括四大区域,即溪口湖生态观光区、桃溪谷休闲体验区、罗盘顶养生养心区、巴人谷民俗休闲区,竭力把该景区建设成为四川、重庆、湖北、陕西接合部的"龙头景区"。巴山大峡谷文化旅游扶贫综合开发项目的实施分为两个阶段。第一阶段,主要目标是在2016年至2018年规划建设罗盘顶养生养心区和桃溪谷休闲体验区,打造以巴文化为主题的"风情小镇",加强土溪口水库的建设,并预计在2018年对外开放景区。第二阶段,主要目标是在2019年至2020年建设巴人谷民俗休闲区和溪口湖生态观光区,打造中国"巴人秘寨——鸡唱坪""中国最美苦村——黄莲村"等具有地方文化习俗特色的景区,把巴山大峡谷建设成为国家AAAAA级旅游景区,积极构建以旅游业带动和促进县域经济社会协调发展的新格局。

### (三)统筹快速推进

巴山大峡谷文旅扶贫综合开发项目的贯彻落实,势必要求推进基础设施和配套设施并驾齐驱。一是基础设施建设。景区内内环线道路已全面通行,并在2018年8月实现全面油化;快速通道已基本完工,部分道路也已经验收通过并用于实际通行;隧洞、桥梁建设正在加快建设。二是景区景点建设。在景区内部已基本建成以巴文化为主题的风情小镇游客中心;商业街建设也在

图2　红豆杉栈道
（图片来源:四川省乡村振兴局）

加快推进;桑树坪出入口的巴人山寨、游客接待中心、商业街主体工程已经完成;罗盘顶养身养心区的栈道和游步道建设基本结束(见图2);灵官庙、关楼主体工程也在加快推进;桃溪谷休闲体验区、大象洞相关项目已全面进场施工。三是招商引资。景区内已引进渡口风情街等项目11个,总投资达22.3亿元,并聘请上海景域驴妈妈集团有限公司加强景区运营管理。

## 三、主要做法与经验

宣汉县作为国家扶贫开发工作重点县和全国革命老区县,经济发展差距大、脱贫攻坚任务重,但自然资源得天独厚,旅游资源十分丰富。2015年3月以来,宣汉县坚持旅游扶贫与生态保护相结合,以旅游开发为重要抓手促进县域整体的脱贫攻坚工作,将景区开发建设和脱贫增收计划结合起来,布局实施巴山大峡谷等一批旅游扶贫项目,有力地支撑了宣汉脱真贫、奔小康,扶贫成效已经凸显。其主要做法和经验如下:

## (一)劳动务工带动脱贫

劳动务工是促进贫困劳动力摆脱贫困状态的有效方式。在建设景区的过程中,利用现代信息技术建立了巴山大峡谷片区贫困劳动力的资源数据库,一旦景区内建设工程有相应的用工需求,便可以优先吸纳位于该片区的贫困劳动力参与景区内部建设,做到通过一个人的劳动最终带动全家一起脱贫,有效推动贫困人口通过务工实现脱贫致富。在景区开工建设阶段,景区内工地数量最多达到100余个,并通过资源数据库吸纳了2000余名家庭生活困难的群众到景区劳动,使这些贫困群众的人均年收入增加了2.5万元以上,成功有效地带动了该片区部分百姓脱贫。

## (二)资源入股带动脱贫

推行景区群众资源入股分红机制,拉动片区居民脱贫。巴山大峡谷文旅扶贫综合开发项目在全国范围内实施了制度完善的资源入股带动脱贫的新模式,依托宣汉县出台的相关优惠政策,积极引导该片区的群众在景区的建设运营阶段以贫困群众土地、农田等资源入股,景区相应地按照一定标准进行补偿。具体来看,在巴山大峡谷景区投入运营之前,景区按照田600元/亩·年、地400元/亩·年、林地230元/亩·年的标准进行补偿,这也使得所涉及的6500余名贫困群众获得了300元以上的人均年固定收益;在景区建设完成并投入运营之后,景区将拿出门票收入的十分之一,按照"下要保底"与"上不封顶"原则进行分红,其中,4%用于林地补偿分红,4%补给景区原住民,2%作为村集体经济收入;在景区上市之后则实行按照股票份额的比例来分红。

## (三)就近就业带动脱贫

通过技能培训和就近就业提升贫困群众自身的技能水平,是实现稳定脱贫的有效路径。巴山大峡谷景区建设完成并投入运营之后,宣汉县委、县政府积极搭建贫困地区的"家门口务工"平台,引导有能力、善于学习以及具备相关技能的贫困群众实现就业。同时,宣汉县也对该片区贫困群众的年龄构成和工作能力进行了分析整理,结合县域内企业用人要求以及岗位需求,有针对性地对其开展相关的职业技能培训,旨在提高其综合能力,帮助贫困群众实现在家门口就能轻松就业,把贫困群众变成有专业技能的产业工人,以带动他们脱贫致富。

## (四)特色产业带动脱贫

充分发挥旅游业的拉动力、融合力,实行"旅游+"行动,依托该片区的"五朵金花"即牛养殖产业、食用菌产业、果树产业、茶叶种植产业、中药材种植产业,积极探索生态观光、民俗文化、休闲娱乐等农业产业和乡村旅游融合发展新形势,推进农旅工作的一体化。充分利用巴山大峡谷独特的土味产品,积极组织该片区的贫困群众参与到"年产万桶土蜂蜜、千吨老腊肉"等特色旅游商品项目中去,对于那些想在巴山大峡谷景区摆摊售卖物品的群众给予适当鼓励和支持,同时对景区内的摆摊设点做好规划安排,保证景区内部的有序运行;依托巴山大峡谷独特的巴文化和土家族传统习俗文化打造别具一格的商业文化街,传播优秀的习俗文化,吸引游客前来游玩。与此同时,深刻把握现代信息技术快速发展趋势,充分利用电商网络打通农村土特产售卖渠道,让贫困群众在旅游配套产业中受益。

## (五)经合组织带动脱贫

宣汉县充分发挥市场主体在脱贫攻坚中的带动作用,出台了相应的创业优惠政策,充分挖掘"三种人才"即农业科技专业人员、返乡的农民工、工商业业主在景区中的创业能力,依托能人+贫困户、能人+公司+贫困户、经合组织+贫困户等组合方式,重视能人和经合组织的培育,最终实现了贫困地区群众收入水平的增加。以个体自愿和程序合法原则为根本遵循,将贫困群众土地、山林等生产资料作为出资投入到相关企业中去,同时,企业的经营业主积极吸纳贫困户入企就业,拓宽贫困群众增收渠道,促进其收入水平稳步提高。

## (六)文旅融合带动脱贫

将巴山大峡谷的土家族的特色文化民俗与旅游业相结合,为贫困人口创造了更多的增收机会。广泛开展与巴文化相关的宣传培训活动,利用本地的民间艺人和文化习俗传承人传承和发扬巴文化,同时鼓励支持贫困地区人们参与巴文化的传承活动,如搭建巴文化文艺表演舞台、拍摄有关巴文化的大型情景节目、推出更多的文化旅游产品等,让贫困户参与巴文化的民俗文化表演、展示土家风采(见图3),为其创造更多的就业机会和增收渠道。

图3 宣汉县渡口土家族乡展示土家风采
(图片来源:四川省乡村振兴局)

## （七）"广厦行动"带动脱贫

"广厦行动"以住房改造为重点,解决贫困群众住房困难的问题。主要做法是推进易地扶贫搬迁工作,使居住在环境恶劣以及地质灾害频发的地区的贫困群众,按照群众自愿的原则,在宣汉县政府的统一组织下,搬迁到适合居住、生活条件较好的地区;同时,宣汉县也注重对农村危房的改造工作,对于质量不合格的房屋或者被鉴定为具有危险构件的房屋给予改造,旨在改善贫困户的居住条件,确保贫困群众的住房安全得到保障。"广厦行动"有效地改善了贫困地区群众的生活居住环境,提高了群众的生活水平,使得贫困地区落后的整体面貌得到极大改善。

# 四、初步成效

巴山大峡谷文旅扶贫综合开发项目的实施,有力带动该片区乃至全县经济快速发展、均衡发展,推动革命老区加快振兴,在2020年实现整县脱贫摘帽工作中发挥了重要的"牵头"作用,扶贫效益十分明显。初步成效如下:

## （一）改善当地条件

巴山大峡谷文旅扶贫综合开发项目的实施,有效地改善了该地区的交通出行条件(见图4),打通了贫困地区脱贫致富的"最后一千米",从根本上保障了贫困群众实现脱贫增收。在巴山大峡谷景区的建设过程中,景区内修建的公路成功把坐落于偏远山区的各个村落连接起来,在景区内建成的快速通道也成功连接了川陕高速公路,将从该片

图4　新改建的农村公路

(图片来源:四川省乡村振兴局)

区到宣汉县县城所需的时间从以前的2.5小时缩短到现在的1小时。在项目建设的过程中,新建(改建)道路350余千米,实现了村村通硬化路;依托"广厦行动",有效地完成了危房改造和易地搬迁工作,成功实施易地搬迁达5100余户、成功改造农村危房达1200余户,保障了贫困群众的住房安全。巴山大峡谷文旅扶贫综合开发项目也注重贫困地区的饮水安全问题,对于水、电、信息网络、教育资源以及就医等公共服务设施坚持高质量的配套标准,保障贫困群众的基本民生。

## （二）创新"旅游+"模式

巴山大峡谷文旅扶贫综合开发项目不断开创依托旅游开发助力脱贫的新模式,成功让青山变金山。一是"旅游+农业"模式。依托牛养殖产业、食用菌产业、果树产业、茶叶种植产业、中药材种植产业等特色产业,积极促进农村产业与旅游观光的融合发展,打造茶叶等万亩特色产业示范带,实现景区周围农业的整体化发展,帮助贫困户脱贫致富。二是"旅游+电商"模式。有效利用互联网信息技术,依托"农村淘宝"等项目,大力发展本土电商和农村电商产业,破除农村物流产业发展的障碍。在巴山大峡谷景区建成乡镇农村淘宝站10个,发展农村淘宝合伙人200余个,成功将土特农产品、手工产品销售出去,带动800余户贫困群众稳定就业增收。三是"旅游+易地搬迁"模式。积极推进易地扶贫搬迁与旅游扶贫有效结合,引进投资公司规划建设搬迁政策住房和旅游扩建用房,坚持所有权和经营权"两权分离",采取公司经营和自主经营两种方式拓宽搬迁群众的增收渠道,稳定其生活来源。

## （三）拉动县域整体脱贫

巴山大峡谷文旅扶贫综合开发项目实际带动了9万多人、102个贫困乡村脱贫增收,对重庆、陕西等地的25个乡镇辐射效应显著,实现了50余万人的脱贫致富。项目的有效实施成功让宣汉县摘掉了贫困县的"帽子",实现了从"四川省贫困人口最多的县"到"四川省减贫人口最多的县"的伟大成就。2020年巴山大峡谷景区已成为川渝陕的龙头景区和旅游首选地,成为国家旅游扶贫效果显著的展示区,极大地提高了达州市和宣汉县的知名度和曝光量。该片区依托旅游开发的总收入突破20亿元以上,增加贫困人口就业1.7万人,旅游开发已经成为县域经济发展新的增长极和重要引擎。与此同时,宣汉县还以推动巴山大峡谷景区创建国家5A级景区为统领,从优化交通网络、打响旅游品牌、加大宣传营销力度等方面入手,打造"龙头景区",发挥景区的龙头效应,开通通往洋烈水乡、峨城竹海、马渡关石林、香炉山等景区的旅游线路,带动全县形成了"一区四圈"的旅游发展新格局。

# 五、探讨评论

"穷区变景区,景区变富区""昔日土坨坨,今朝香饽饽",巴山大峡谷正经历着前所未有的巨变。巴山大峡谷文旅扶贫综合开发项目的建设,有效地带动了辖区内群众同步脱贫奔康,促使当地贫困群众从"我穷、我难、我不行"的心理状态转变为"我能、我行、我成功"的精神状态,由单向性"输血"转变为帮助贫困地区"造血""生血",为宣汉县在2020年实现县域全面脱贫的目标奠定了重要基础,为贯彻落实"绿水青山就是金山银山"的理念提出了可推广的模式。其推广意义如下:

### (一)旅游扶贫经济效益最高

旅游扶贫有助于实现从贫困地区的单向性"输血"状态转变为帮助贫困地区"造血"状态,从根本上消除贫困。随着人们对自然认识不断深入,从前追求满足温饱需求的生活方式已经渐渐被追求美好生活需求所替代,旅游业的发展前景广阔。通过旅游开发来推动扶贫相比于发展工农业,具有投资数额少、市场风险小,经济回报丰厚的优势,这也吸引了许多劳动力、返乡人员在景区周围兴办餐饮服务、交通服务,有效提升当地贫困群众、失业或者无业人员的收入水平。巴山大峡谷文旅扶贫综合开发项目始终坚持在对贫困群众扶贫过程中加强对贫困户自身的扶智、扶志,激发贫困户的内生动力,积极构建文旅业与脱贫共建共享机制,保证贫困群众技能优先培训、分红优先保障、脱贫优先奖励,在供给景区需求中搭建脱贫大舞台;通过招商引资,引进社会资本和能够进入景区的项目,完善基础设施配套建设,利用项目增强贫困人群的自身造血功能,加快脱贫致富的步伐。

### (二)旅游扶贫带动力度最大

旅游开发促进贫困地区实现脱贫的核心在于旅游业的辐射带动效应。发展旅游产业有利于打破以往其他产业"单枪匹马"的发展局面,实现各产业的整体发展、协调联动发展。巴山大峡谷文旅扶贫综合开发项目紧紧围绕着食、住、行、游四要素,重视完善相应的基础设施建设,积极构建片区发展所需的服务网络体系,最终实现该片区农业的有效调整、工业的顺利转产、商贸内在活力的有效激发以及传统产业的重大突破,极大地促进了农业、工业、商贸业、传统产业与旅游业的融合发展。"带状农业、特色走廊"成为农业围绕旅游调整而形成的亮丽的风景线;"土家刺绣、樊哙腊肉"等成为商家为吸引游客而推出的特色产品;以天麻、杜仲为主的中药材在省、市、县形成旅游商品生产销售网络。食、住、行、游四要素在旅游产业的带动下,形成了统一配套服务网络。被称为"中国苦村"的黄莲村,在巴山大峡谷景区的带动下,也不断改变落后的面貌,成功变"苦村"为"甜村",带领村民走上了致富之路。

### (三)旅游扶贫外向性最强

旅游扶贫可以有效促进地区经济发展从封闭状态转变为开放状态。随着该片区的交通出行条件不断改善,外来信息和人员也不断涌入山区,彻底打破了山区的闭塞状态。旅游扶贫的外向性在于通过旅游业促进山区开放,利用山区开放进一步促进山区开发。巴山大峡谷文旅扶贫综合开发项目就是将巴山大峡谷旅游综合开发作为名片,引客进入、引资进入、引技进入,牢牢把握市场的需求,让市场在扶贫资源配置中发挥作用,促进县域整体发展。宣汉县县政府大力支持贫困户参与发展特色旅游产品,依托土蜂蜜、老腊肉等本地特色商品来提高贫困群众的收入水平;同时引进有实力的证券公司对巴山大峡谷旅游开发公司进行包装指导,对景区运行进行成本效益分析,按市场规律进行资本效益核算,使景区效益实现最大化;引进知名的投资公司,负责指导规划景区的发展建设,并按国际智慧型景区标准对景区进行运营管理,确保景区从建设到经营均按市场模式运行。

### (四)旅游扶贫生态效益最好

旅游扶贫有利于地区从破坏性发展转变为高质量、可持续的发展。随着经济社会的快速发展,人们的环境保护意识也在逐渐提高,越来越认识到环境对于人类生活发展的重要性。巴山大峡谷文旅扶贫综合开发项目坚持落实在开发的过程中要注重保护自然环境的生态理念,在峡谷区域全面实行休林禁伐,始终保持青山绿水的原始风貌。利用旅游业带动脱贫的模式消耗的自然资源较少,有利于保护环境和可持续发展。因此,在尊重自然、保护自然的前提下,实现社会经济发展与环境保护的协调发展,对改善贫困地区的生活环境和提高贫困群众的生活水平至关重要。

作者:夏万琪,西南大学国家治理学院行政管理专业学生,研究方向为乡村振兴;孙晗霖,西南大学国家治理学院副教授,中国西部非公经济发展与扶贫反哺协同创新中心研究员,西南大学"一带一路"反贫困研究中心研究员,西南大学公共文化研究中心研究员,研究方向为乡村治理、农村反贫困与可持续发展。

# 用普通话讲述凉山新故事

## ——四川省凉山州"学前学会普通话"行动脱贫典型案例

**内容提要:**凉山彝族自治州作为全国"三区三州"深度贫困地区之一,在自然、社会、历史等多重因素影响下,经济社会发展不平衡、不充分,教育事业发展尤为滞后,民族地区群众平均受教育年限低,且习惯使用本民族语言交流,全州学前儿童听不懂、不会说普通话的占一半以上,导致适龄少年儿童厌学、失学、辍学问题突出,学前教育成为凉山脱贫攻坚"短板中的短板"。为了攻克语言难关、阻断贫困代际传递,凉山州启动"学前学会普通话"行动试点,坚持在实施中完善、在实践中总结,探索形成了符合凉山具体实际的"一二三四五六"工作法,全面实现了广大学前儿童"听懂、会说、敢说、会用普通话"的目标,为凉山少年儿童插上了腾飞翅膀,促进了脱贫攻坚与移风易俗,形成了可借鉴的经验模式,堪称教育扶贫的典范。

## 一、基本情况

位于四川省西南部的凉山彝族自治州,是习近平总书记一直牵挂的地方,是彝海结盟的红色土地,是"三区三州"国家深度贫困区之一。受到自然、社会、历史等因素制约,当地生产力水平低下与社会发展进程滞后、特殊社会问题与落后发展基础、物质贫困与精神贫困等问题叠加交织,11个民族聚居县均为深度贫困县,属于贫中之贫、困中之困、坚中之坚。在脱贫攻坚战打响之前,凉山州教育发展严重滞后,彝族孩子的语言关,是一个大难题。用彝语交流是大凉山彝族群众千百年来的习惯,又由于大凉山地势崎岖、交通闭塞、经济落后,很多人终生未走出过大山,连一句普通话也听不懂。随着义务教育的普及,部分彝族儿童因不会说普通话而产生自卑、压抑的情绪,继而选择逃学、辍学、务农或打工的"教育困境"日益凸显,一代又一代人就这样"输在了起跑线上"。此外,不会说普通话也成了限制凉山州青年劳动力外出务工和融入社会的巨大阻碍,"离得开'山头'进不了'城头'"的窘迫现实使当地劳动力在交通如此便利的今天,仍然被大山困住,无法拓展收入来源渠道,导致贫困代际传递。教育已成为凉山州脱贫攻坚"短板中的短板",攻克农村孩子"语言关"问题迫在眉睫。以习近平总书记为代表的党中央深情牵挂凉山人民,尤其关注凉山州的脱贫攻坚工作。2018年习近平总书记不辞路遥,来到大凉山深处考察,特别指出"教育必须跟上,决不能再让孩子输在起跑线上"。汪洋同志在凉山调研时讲道:"要抓好村幼儿教育试点,为凉山下一代植入持久的基因,切断贫困代际传递。"赵乐际同志在凉山调研时强调:"要把孩子教育培养好,教会他们学好普通话。"

为认真贯彻习近平总书记的重要指示精神和汪洋、赵乐际等中央领导的指示要求,国务院扶贫办、教育部和省委省政府于2018年5月在凉山启动了"学前学会普通话"行动试点,创新实施"一村一幼"计划,从上到下层层联动、探索推进,省州县累计投入学前教育资金15.74亿元,开办3117个村级幼教点,招收12.61万名幼儿,选聘7976名学前教育辅导员,实现了11个深度贫困县及其他6县市3895个幼儿园(点)全覆盖,累计惠及幼儿41.97万人。"学前学普"行动使凉山广大学前儿童实现了从"听不懂、不会说"到"听懂、会说、敢说、会用"的根本性转变,为凉山打赢脱贫攻坚战注入了强劲动力,荣获"全国脱贫攻坚组织创新奖"。从无到有,从弱到强,拔节成长,凉山的学前教育发生了翻天覆地的变化。从"土坯房校舍"到如今的"靓丽校园"(见图1),从"没书读、上学难"到如今的"一村一幼、一乡一园""办好人民满意的教育",桑田碧海,旧貌换新颜。

**图1　凉山州孩子们在新校舍前做操**

(图片来源:四川省乡村振兴局)

## 二、主要做法与经验

试点行动启动以来,凉山坚持问题导向和目标导向,依照《凉山州"学前学会普通话"行动总体实施方案(2018—2020年)》,坚持在实施中完善、在实践中总结,探索形成了符合凉山具体实际的"一二三四五六"工作法,确保"学前学普"行动有力、有效推进。

### (一)聚焦一个目标

为破解语言障碍导致的学习障碍、阻断贫困的代际传递,凉山州脱贫攻坚行动以教育问题为切入点,聚焦学前儿童的普通话学习,将"听懂、会说、敢说、会用普通话"作为"学前学普"试点行动的总体目标,在总体目标指导下制定详细计划,分步分类推进,期望通过各方三年时间的协同努力,使具有正常学习能力的学前儿童(主要是3—6岁儿童,也包括7岁未接受义务教育的儿童)达到能够使用国家通用语言进行交流的水平。

### (二)建立两级机构

"学前学普"行动启动后,凉山州建立了州级与县级两级管理机构。州委、州政府成立了"学前学会普通话"行动工作领导小组,组长由州长担任,副组长由分管州领导担任,成员单位由州级相关部门组成,进行专门的组织领导与业务指导。各县(市)党委政府建立了配备专职人员的相应机构,细化任务,落实当地的"学前学普"行动。两级管理机构职责明晰、分工协作,为"学前学普"行动提供了坚实的组织保障。

### (三)抓好三支队伍

要办好学前教育,队伍建设是关键,凉山州抓好三支队伍,为"学前学普"行动打下良好基础。首先,抓好辅导员队伍建设。辅导员队伍是"学前学普"行动的"主力军",凉山州选聘大中专毕业生担任"学前学普"辅导员(见图2),并利用寒暑假、周末对辅导员进行集中培训或轮训,提升辅导员的专业能力与综合素养。其次,抓好管理队伍建设。州、县学普办均配备专职人员,负责试点行动的组织协调、监督指导。最后,抓好技术保障队伍建设。相关技术公司如北京华言、北京三好等组建专项团队长期驻扎凉山州首府西昌,选派学前教育专家指导项目实施,配备专职人员,负责试点行动的组织协调、监督指导。

图2　幼教和辅导员教孩子们学习普通话
（图片来源：四川省乡村振兴局）

### （四）建立四项机制

"学前学普"行动在实践与探索中，逐步建立起沟通、考核、评估、督查四项机制，保障行动高质量、高效率开展。第一，建立交流沟通机制。当地相关部门将工作信息与执行情况逐级汇报，每月定期举办联席会议，构建了畅通的信息沟通制度。第二，建立考核机制。各县（市）党委政府"学前学普"工作由州目督办进行严格考核，各县（市）学普办工作由上级单位暨州学普办定期考核，幼教点辅导员和幼儿教师的教学工作由技术保障单位与各县（市）学普办共同评价考核。第三，建立评估机制。一方面是中央评估机制，由国务院扶贫办、教育部对"学前学普"开展效果评估，另一方面是当地自查评估机制，由省、州语工委共同制定标准、共同考核。第四，建立督查机制。采取多样化的督查方式，将州脱贫攻坚抓落实督导组开展的专项督查、州学普办开展的常态化业务指导督查与成员单位参与的定期综合督查相结合，严格开展过程督导检查工作。

### （五）坚持五项原则

凉山州在行动过程中始终坚持五项原则，科学、全面、精准地推进"学前学普"行动。第一，坚持政府主导，社会参与。作为投入主体，政府积极发挥主导作用，引导帮扶单位、企业等社会力量参与到行动中来,形成合力,完善"学前学普"行动工作机制。第二,坚持全面覆盖,分步推进。该行动分两个阶段,从试点逐渐覆盖全州所有不会说普通话的学前儿童。第一阶段在11个深度贫困县与安宁河谷民族乡镇进行"一村一幼"先行试点,通过1年时间的经验总结,第二阶段在全州范围全面推广。第三,坚持实事求是,分类实施。"学前学普"行动实行分类定标、分类指导,将幼儿园(幼教点)分为支持型与管理型两类。前者原本总体办学效益较高,以学龄前儿童全部达到"听懂、会说、敢说、会用"的水平为目标,技术保障单位不过多介入,以支持为主;后者原本总体办学效益不高,以学龄前儿童基本达到"听懂、会说、敢说、会用"的水平为目标,技术保障单位以指导、管理为主①。第四,坚持统筹资源,加强监管。凉山州统筹现有办学资源及其他可利用资源,在保障基本条件基础上实施,不铺大摊子,不搞大而全;加强资金监管,工作进度、资金投入使用等情况公开公示,保证阳光透明。第五,坚持遵循规律,务求实效。"学前学普"行动始终尊重儿童健康成长和语言学习客观规律,防止揠苗助长、脱离实际。

### (六)突出六个重点

凉山州边实施、边不断完善,总结出了六大"学前学普"行动重点。一是完善设施设备。幼儿园和幼教点在州县财政的大力支持下,已经实现通电、通水、通网的"三通",教学设施设备也渐趋齐全。二是加强师资培训。北京华言、北京三好两家技术保障单位和省内部分高校投入自身资源,对辅导员进行全面培训。三是强化督查管理。《学前学普办督查考核细则》《凉山州"学前学会普通话"考核细则》等7项制度文件出台,为幼教点和辅导员管理、督查、考核提供了准确依据,切实保障儿童在校时间和教育质量。四是开展效果比对。坚持真实性、过程性、发展性原则,制定《凉山州"学前学会普通话"行动效果比对方案》,对不同类型幼教点不同年龄段儿童的学习做定期记录,涵盖文字、语言、视频等载体形式,加强比对样本轨迹跟踪,呈现儿童的全过程性成长,分析研究实施效果,形成纪实资料库。五是搭建管理平台。政府主导建立凉山州"学前学普"信息管理平台并开发"学普"App,以实现数据录入统计、相关信息采集和发布、幼教点辅导员和幼儿园教师管理、教育教学资源库共享四项基本功能。六是加大宣传发动。采取线上与线下相结合的方式,线上开通宣传网站与微信公众号,线下制作张贴彝汉双语宣传标语,印发"学前学普"行动纪实集和双语宣传年历、宣传画册,自主编印《索玛花儿开,朵朵放光彩》辅导员教育征文案例集等。

① 符平:《学前学会普通话案例简要报告》[EB/OL].(2021-05-31)[2022-11-28].http://www.banyuetan.org/fpdxal/detail/20210531/1000200033138961622447086226965699_1.html.

# 三、初步成效

## (一)全面实现了行动目标

"学前学普"行动全面实现了"听懂、会说、敢说、会用"的总体目标,在园幼儿能用普通话与人交流,会使用拼音拼写简单汉字,全州学前儿童普通话经第三方抽查合格率达99.03%,学普小学生学习成绩明显提高,成绩差、厌学、辍学等语言不通导致的问题随着普通话的学习而得到有效解决。昭觉县2019—2020学年一年级学生期末语文、数学成绩分别较上一学年提高了9.14分、11.18分。全州毛入园率达84%,较2015年提高了28.6个百分点。该行动在使家长送孩子入园积极性空前高涨的同时也带动了控辍保学工作,6.2万名失学、辍学学生重返课堂。在凉山州,家长送小孩子学普通话、送大孩子重返课堂蔚然成风,"学前学普"行动开始打破"贫困积累循环效应"的魔咒,山里的孩子们燃起了求学的激情与梦想。

## (二)全面促进了脱贫攻坚

教育是脱贫攻坚的重要一环,"学前学普"行动不仅有利于从根本上阻断贫困代际传递,还为扩大劳务就业带来了看得见的好处。首先,学前儿童入园有效化解了家长照看小孩与发展生产的矛盾,解放了生产力,以妇女为主的种养经济等快速发展,劳务就业不断扩大。其次,"学前学普"行动为8000多名辅导员以及儿童营养餐等相关行业从业人员提供

图3　凉山州美姑县驻村第一书记走访脱贫群众
(图片来源:四川省乡村振兴局)

了就近就地就业岗位,对一大批符合条件的贫困户子女优先安排就业,这些人员的就业问题得到解决。"学前学普"行动带来了切实的实惠和好处,凉山州广大群众的幸福感、满意度得到明显提升(见图3)。随着教育改革和脱贫攻坚在这片土地上如火如荼地展开,如今的凉山教育已然旧貌换新颜,优美的校园、雄厚的师资、先进的教育设施……从县城到乡村,这样的景象已随处可见。

## （三）全面推动了移风易俗

"学前学普"行动是移风易俗的示范工程。凉山州的学前儿童在学会普通话的基础上，培育了良好的习惯，懂得了感恩与回报。通过"小手拉大手"活动，孩子们反过来教家长说普通话，多数彝族家庭开始使用普通话交流，形成了学普说普的新风尚，凉山州全州的国家通用语言文字应用能力提升，夯实了铸牢中华民族共同体意识的社会基础。文明新风吹散陈规陋习，凉山州举办"移风易俗倡树文明新风"主题教育实践活动、"树新风助脱贫"巾帼行动等活动，号召"三建四改五洗"和"四好"村、"四好"文明家庭创建，人民群众喜闻乐见、踊跃参与，精神面貌焕然一新，全州呈现出欣欣向荣的新景象。

## （四）全面形成了经验模式

"学前学普"行动是一项创新性工作，凉山坚持边探索实践、边总结完善，形成了行之有效的方法举措。凉山州在"学前学普"行动试点基础上总结做法，不断扩大试点的工作成果，将试点经验进一步提炼升华为"政府主导、多元主体共建共治"的模式。凉山州"学前学普"行动形成了一套可复制、可借鉴、可推广的经验模式，为学前幼儿学好普通话提供了方案参考，为其他非普通话母语环境民族地区的国家通用语言文字推广工作提供了学习榜样，成为通过"推普用普"助力脱贫攻坚与乡村振兴的学习典范。

## （五）全面营造了学普氛围

"学前学普"行动不仅提升了学前儿童普通话水平，还营造了学普用普的社会风尚。小学老师们普遍反映，孩子们学会了普通话，养成了好习惯，城乡教育资源和学习条件差距大幅缩小，促进了教育起点公平，学校教学成绩也有了明显提高。家长们对"学前学普"行动热情高涨，纷纷表示，孩子们以前的胆怯羞涩消失了，变得热情大方、彬彬有礼，读书才艺样样在行，感谢党和政府的好政策。中央电视台、新华社、《人民日报》等媒体对凉山州"学前学普"行动的做法成效、社会反响等进行了深入报道，校园内外"说普通话像呼吸一样自然"，全州学普用普氛围浓厚、蔚然成风。

# 四、探讨评论

## （一）加强领导、压实责任是推动行动有力实施的重要保障

"学前学普"行动启动后，国务院原扶贫办政策法规司、教育部发展规划司、四川省脱贫攻坚领导小组办公室联合成立"学前学会普通话"行动工作协调小组，根据凉山实际制

定方案举措,广泛动员社会各界力量积极参与到"学前学普"行动的各项工作中,多方筹措项目运作资金,为行动的顺利进行提供了有力支撑。行动开展以来,国家级和省级领导多次深入凉山,对"学前学普"行动进行考察调研和实地指导,对工作中存在的困难与问题进行协调与解决,有力推进了行动开展。四川省委、省政府将此次行动纳入省支持凉山脱贫攻坚和教育事业发展的重要内容,落实教育扶贫资金保障项目。凉山州委、州政府切实履行主体责任,建立健全县、市、州、省、国家逐级沟通汇报工作机制,定期或不定期召开联席会议或合署办公会议,各级有关部门通过定期会议听取工作汇报、研究解决存在问题,再由各县(市)党委、政府具体组织实施,推动行动试点扎实深入开展。

### (二)统筹各方、整合资源是推动行动有效实施的重要手段

凉山州通过对村委会活动室、富余校舍、闲置村小进行协调统筹,采取租用民房、新建校舍等方式,建立村级教学点,最大限度地利用教育资源;将大中专毕业生就近就地招聘到幼教点担任学前教育辅导员,并协调技术保障单位抽调专业人员进行驻点和巡查,使师资力量不足的问题得到基本解决。此次行动的顾问团由学前教育专家、州内外一线幼儿教育专家和语言文字研究机构专家共同组成,为行动提供了有效的智力支持和服务保障。"学前学普"行动充分整合各方力量、统筹社会资源,汇聚起强大合力。

### (三)因地制宜、分类推进是推动行动精准实施的重要方式

"学前学普"行动按照"先行试点、总结优化、全面推广"的原则,在充分考虑不同类型幼教点的基本状况的基础上,分类定标、分类指导、分步实施。中国乡村发展志愿服务促进会结合凉山实际,委托北京华言公司、北京三好公司作为技术保障单位,按照3年试点期内每培养一名合格幼儿补助1000元的标准筹措和支付技术保障工作费用,研发了适合凉山的教学方法和教辅材料,量身制定了科学有效、实用管用的实施方案,并开展幼儿教师和辅导员培训,巡点开展现场督导工作。2018年以来,两家技术保障单位共开展630场线上线下培训活动,培训辅导员159万人次,组织督导员400多名,现场督促指导11万人次,累计发放332万余套各类教辅材料。

### (四)资金投入、技术保障是推动行动深入实施的重要支撑

凉山州不断加大财政投入,做好幼儿园、幼教点资金、技术保障与"三通"工作,确保"学前学普"行动顺利实施。目前为止,电视机、饮水设施、播放器等基础设备已经普及到所有的幼儿园、幼教点,电脑等教学设备也逐步配置到位,更加丰富的幼儿图书、教学玩具

以及午睡床等在有条件的幼教点均进行了配置;73%的幼教点实现电信联网,80%的幼教点实现电信4G网络覆盖;85%的幼教点实现移动通网,93%的幼教点实现移动4G网络覆盖。在中国电信的帮助下,"学前学会普通话"行动信息管理平台和辅导员App、学普小程序已建立并上线运行,现代科学技术的运用提升了"学前学普"行动效率与学普资源可及性。同时,凉山州注重提高"一村一幼"辅导员待遇标准,落实绩效奖励资金600万元,完善优化辅导员考核细则,体现优绩优酬,提高辅导员工作积极性;依法足额为辅导员缴纳养老保险、医疗保险、失业保险和工伤保险,切实保障好辅导员待遇,让辅导员更加安心地投入教育教学,促进教学质量进一步提高。

作者:邓语鑫,西南大学国家治理学院文化产业管理专业学生,研究方向为公共文化服务、乡村文化治理;孙晗霖,西南大学国家治理学院副教授,中国西部非公经济发展与扶贫反哺协同创新中心研究员,西南大学"一带一路"反贫困研究中心研究员,西南大学公共文化研究中心研究员,研究方向为乡村治理、农村反贫困与可持续发展。

# 小农户如何融入大生产?

## ——崇州市首创"农业共营制",破解现代农业发展难题

**内容提要**:"种地还能评职称?",或许大部分人都会感到难以置信,但在四川省崇州市,农民资格等级评定制度已推行11年,只要符合评定标准,即可按初、中、高级的顺序逐级晋升,农民已然在当地成为一个受尊重、有奔头的职业。这只是崇州市"农业共营制"改革中的一个切面。实际上,崇州市首创的"农业共营制"不仅借职称评定破解了无人种地的难题,还采取了一系列有效措施——以土地适度规模经营破解农业无人经营难题、以服务社会化破解生产无人服务难题、以农业赋能延链破解产业无人振兴难题,真正做到了共治、共建、共荣、共赢、共享,走出了一条小农户融入大生产的现代农业发展之路。

## 一、基本情况

四川省崇州市地处成都平原的核心腹地,降水丰沛、热量充足、土壤肥沃,不仅拥有得天独厚的自然条件,还是都江堰水利工程的精华灌溉区,自古以来就有"天府粮仓"之美誉。在社会转型与市场化的浪潮中,曾经美丽富饶的崇州也不可避免地走向衰落。由于大量青壮年劳动力向城市转移,人才匮乏问题成了首要的难题,从事农业劳动的多为60岁以上的老人。农户在购买生产资料时,不具备价格谈判权,生产成本居高不下;在对接市场时,又只能作为市场价格的被动接受者,生产收益不确定性强、抗风险能力弱。在"大国小农"的基本国情农情下,以小农户为基本单元的制度安排在发展现代农业、实现农业可持续发展等方面与现代农业发展需求之间的矛盾日益突出。[1]崇州作为四川省粮食主要产区,地位举足轻重,农业供给侧结构性改革势在必行。那么,该怎样破解现存矛盾,实现现代化可持续发展呢?

---

[1] 吕一清、张东生:《如何有机衔接小农户与现代农业——基于新中国成立以来农户分化的现实思考》,《现代经济探讨》2020年第11期。

对此，崇州市进行了农业经营机制的新探索：从集中耕地大户流转到有序引导工商资本下乡，从大力推广订单农业到鼓励发展农民专业合作社，1998—2011年十余年间不懈破题寻解，还是未能形成稳定的生产经营体系，农户积极性低、企业效益差等问题仍旧存在。转机出现在2010年5月，崇州市隆兴镇黎坝村15组的30个农户合议以101.27亩土地承包经营权折资入股，自主成立了杨柳农村土地承包经营权股份合作社，崇州市第一个土地股份合作社由此诞生。与早期崇州的破题探索不同，杨柳土地股份合作社由30户农民自愿参与，培养农业职业经理人并引入农业综合服务体系，进行规模经营，首创"农业共营制"。良制益农，助农增收。制度的创新有效破解了农业谁来经营、农村谁来种地、生产谁来服务、产业谁来振兴的难题，发展了粮食适度规模经营，推进了农业发展方式转变，带领崇州市走出了一条小农户融入大生产的现代农业发展之路。

2014年，华南农业大学经济管理学院院长罗必良、中国农业科学院农经所《农业经济问题》杂志社社长李玉勤初步总结了崇州市"农业共营制"的经营机制，指出崇州市已形成了"集体所有、家庭承包、多元经营、管住用途"的新型农业经营体系。[1]2017年，"培养农业职业经理人"写入中央1号文件，"农业共营制"入选中央改革办《改革案例选编》。2018年，"农业共营制"入选《四川改革四十年案例》，2022年写入四川省委1号文件。罗必良教授认为，从传统农业转向现代农业是全球"小农"共同面临的难题，崇州市农业共营制彰显了"中国智慧"和"中国经验"，是具有历史性意义的制度创新。[2]四川省崇州市的农业共营制探索对中国减贫与乡村振兴具有普适性和示范性，2015年以来已在全国范围内推广应用。

## 二、主要做法与经验

在农业经营机制改革中，崇州市不断创新、顺势而为，探索形成了"农业职业经理人 + 土地股份合作社 + 农业综合服务"三位一体的"农业共营制"新型农业经营体系，逐个击破农业生产发展难题，确保乡村振兴工作落地见效、行稳致远。

---

① 罗必良、李玉勤：《农业经营制度：制度底线、性质辨识与创新空间——基于"农村家庭经营制度研讨会"的思考》，《农业经济问题》2014年第1期。
② 罗必良、钟文晶、谢琳：《发现"共营制"的制度基因——从"农业共营制"到"崇州共营制"的转型升级》，《乡村振兴》2021年第10期。

## （一）"指挥所"破解农业"谁来经营"难题

推行农业共营制，土地股份合作社是统领一切行动的"指挥所"。土地股份合作社的故事，要从2010年的黎坝村说起。那时的黎坝村和普通的乡村没有什么不同，土地经营以一家一户为单位。由于效益低下，大量青壮年劳动力选择进城务工，谋求更好的发展。眼看大片良田撂荒，崇州市尝试引导

图1 崇州市杨柳土地股份合作社
（图片来源：四川省成都市崇州市农业农村局）

农民以土地承包经营权入股，黎坝村的30户农民成为"第一个吃螃蟹的人"，自愿将101.27亩土地承包经营权折算为股份数，成立崇州市第一个农村土地股份合作社（见图1），迈出成功探索的第一步。在这之后，土地股份合作社在崇州域内遍地开花。合作社由理事会和监事会组成，对土地进行集约经营，围绕"种什么""怎样种""如何种""谁监督"对一整年的农事安排做出总体规划。理事会召集社员，通过民主投票决定农作物种植种类；公开选聘的农业职业经理人与合作社协商制定专业具体的农业生产方案、生产成本预算、作物产量指标，形成固定文稿；理事会再次召集社员开会，会上汇报文稿、听取意见、敲定实行方案；监事会全程监督，保证合作社合理支出财务，保证生产活动严格贯彻落实。（见图2）

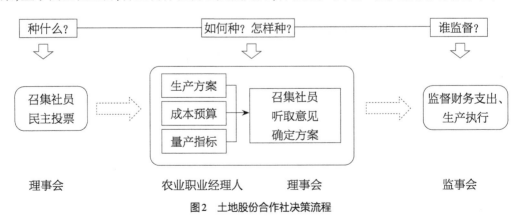

图2 土地股份合作社决策流程

土地股份合作社始终秉承"以农民为中心"的理念,发挥农民作用、尊重农民意愿、突出农民需求。为了确保农民说了算,由入股农民公开民主选举理事会、监事会,产生理事长、监事长,农民可直接参与各项决策;为了保证农民乐意干,合作社坚持"入社自愿、退社自由,利益共享、风险共担"原则,不断完善各项规章制度,在程序上保证透明公正;为了保障农民共富裕,合作社坚持"经营收益多方共享、分配方式灵活多样"原则,利益分配方式由农业职业经理人与农民共同商议确定,使农民把生产收益的话语权牢牢掌握在手里。

### (二)"排头兵"破解农村"谁来种地"难题

得益于土地股份合作社的成立,农业职业经理人成为种地的"排头兵"。作为农业职业经理人,既要以丰富的农业知识组织开展农业生产、降低土地经营成本,又要具备经营管理能力,对产、供、销全方位把控。为此,崇州市建立了完善的人才选育机制(见图3),坚持"从农民中来,到农民中去",面向毕业生、种养能手、返乡农民工、外出经商者等有志于从事农业经营管理的人员招募。只要满足年龄在45岁以下、具备初中以上学历的条件,所有人都可以自愿报名参加培训。学员将参加120学时的理论学习和实践,在修满300学分后可获得农业职业经理人资格证书,通过公开方式竞聘上岗。教学师资由专家学者、农技推广人员组成,进行生产经营、专业技能、社会服务三大主题专项培训,不断提升学员综合素质,形成"农业职业经理人+新型职业农民"的专业化生产、经营、管理团队。

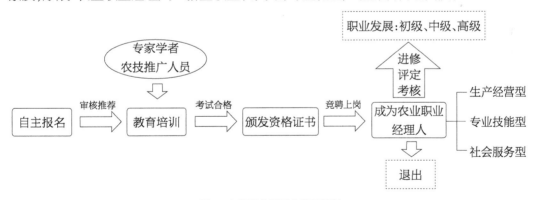

图3　农业职业经理人培养机制

同时,崇州市还为农业职业经理人建立了相应的"三级贯通"晋升、激励机制,通过积累经验、不断进修、评定考核来获得相应等级证书。符合条件的农业职业经理人可从初级向中级、高级不断晋升,级别越高,对应的福利待遇越好。为充分尊重农业职业经理人的意愿、保证农业职业经理人的活力,崇州市对准入和退出设立了动态管理机制,鼓励职业经理人自由流动。优惠政策方面,农业职业经理人享受粮食规模种植补贴、城镇职工养老保险补贴、信用贷款贴息扶持等。截至2014年8月,崇州市农业职业经理人的引入、培训、晋升等"全生命周期"扶持政策体系已经健全,崇州市成为全国首批新型职业农民培育工程示范县。

### (三)"联合剑"破解生产"谁来服务"难题

"独柯不成树,独树不成林",仅仅依靠农业职业经理人,尚无法形成合力,农业服务社会化才是击破难题的"联合剑"。通过农业服务社会化,多个主体共同联合,崇州市建成了农业综合服务体系,解决了资金、技术、生产、销售问题,成为农业共营制背后的强大支撑。秉承"政府引导、公司主体、整合资源、市场运作、技物配套、一站服务"的思路,崇州市引入社会力量群策群力,形成了稳定的服务社会化多主体联合发展模式(见图4)。

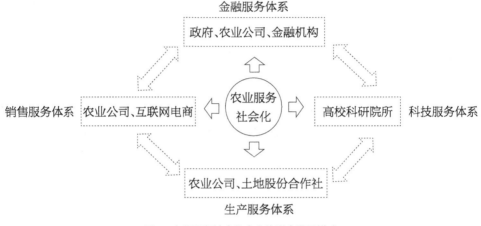

图4 农业服务社会化多主体联合发展模式

发展资金从何而来?崇州市建设农村金融综合服务平台"农贷通"深化银政企三方合作,整合银政保担企资源,建立农村金融"数据库",实现土地承包经营权、宅基地使用权等9大类农村产权抵押融资,解决企业融资难困境,共计向企业发放各类农村产权抵(质)押贷款29.97亿元。优质农产品从何而来?崇州市与中国农科院等"五院三校"联合建成天府好粮油"321"产业社区、四川农业大学农业科技服务科创中心、中化农村社会化服务科创中心等科技转化平台13个,建成长江上游优质粮油中试熟化基地,筛选出"川种优3877"水稻等59个优质品种、20项农业科技成果在全省推广。生产服务从何而来?崇州市牵头营建四川农村社会化服务总部崇州中心(见图5)、中化集团MAP"空天地"一体化智慧农业系统,服务于川渝地区14个市州100万亩优质粮油基地。同时,聚焦"全程机械化+综合农事",搭建"农机智慧云仓"平台,线上线下结合实现农情监测、农机调度、机手培训一体化发展,成为全国首批基本实现主要农作物生产全程机械化示范市。销售渠道从何而来？崇州市与京东农场、苏宁易购等电商合作搭建"天府好米联盟"平台,培育"崇耕"公共品牌和"小亭米""稻虾藕遇""天健君"等特色粮油品牌,推进崇州大米上京东、卖苏宁、进红旗(超市),其中隆兴大米以其上乘的品质被评为国家农产品地理标志。多方配合齐发力,为"农业共营制"提供了强大的资源依靠。

图5　四川农村社会化服务总部崇州中心

(图片来源:四川省成都市崇州市农业农村局)

### (四)"新引擎"破解"谁来振兴"难题

农业要共营,村庄也要共营,农业赋能延链是引领乡村振兴产业融合的"新引擎"。崇州市的共营制从农业"单一生产"向农商文旅"全链融合"拓展,开发农业多种功能,持续整合现有资源发挥优势,形成振兴合力。一是围绕农业打造特色旅游产品,在市内开展"整田、护林、理水、改院"改造,建成高标准农田39.87万亩,实现"稻田变湿地、农田变景观、田园变公园、产品变旅品";二是建设现代农业产业园,推进2个十万亩粮油产业园、16个万亩粮经复合园建设,实现现代农业产业园建设从"片区示范"到"全域覆盖";三是推进优质粮油产业全链条融合、全过程服务,采取"科技＋服务""农机＋服务""互联网＋服务""农资＋服务""产品＋电商"等方式,开展良种推广、机播机收、统防统治、烘干仓储、加工营销、数字农业等专业化服务;四是建立"集体经济组织＋市场化主体"运营机制,以现代企业管理制度组织各类新型农业经营主体,形成"保底分红、利润分成"的利益联结机制,让每一个参与的农民都享有现代农业产业园建设、产业链延伸增值的收益,实现从"生产共营"到"群众共富"。

## 三、初步成效

日积月聚,则水到渠成。崇州市"农业共营制"不断破解发展难题,最终创造性地构建出集约化、专业化、组织化、社会化相结合的新型农业经营体系,成为乡村走向共同富裕的成功实践。

### (一)生产过程"共营共治",粮食安全得到巩固加强

"农业共营制"通过土地股份合作经营方式,促进了粮食适度规模经营,有效遏制了耕地"非农化""非粮化",防止出现"撂荒地",提高了粮食安全保障水平。崇州市十万亩粮食高产稳产高效综合示范基地内,已形成规模经营率92%、社会化服务覆盖率96%、农业综合机械化率92.9%、农业信息化水平90.5%的粮油高质量发展局势。2021年,全市粮食水稻、小麦单产分别达544千克、312千克,比2010年分别增产20.8千克、62.5千克,呈现出逐年提高的趋势且高于同期成都市平均水平。连续五年实现种粮面积和粮食产量"双增长",打造出"天府粮仓",真正做到了"把饭碗牢牢端在自己手中"。作为全国粮食生产功能试点县、新增千亿斤粮食生产能力建设县、四川省油菜基地县、成都平原粮食主产区,崇州市的典型示范作用不可忽视。

### (二)经营主体"共营共建",新型经营主体得到发展

"农业共营制"在提高农业生产经营效率的同时,开展新型职业农民、新型农业经营主体培育工作,重点培育农业职业经理人,推动农业专业化服务组织发展壮大,新型农业主体成为种田主力军。2021年,全市农业产业化市级以上龙头企业由2010年的12家发展到26家,农民专业合作社由2010年的216家发展到747家,家庭农场从无到1030家,新型农业经营主体带动农户面达98%以上;农业社会化服务组织由2010年的40个发展到160个,服务新型农业经营主体和小农户率分别达100%、98%。新型职业农民实现从无到有的突破,全市培育新型职业农民1.12万人,其中农业职业经理人2761人。在崇州,农民也逐渐成为有吸引力的职业,45岁以下的农业职业经理人占比达到53.4%,大专以上学历的职业农民占比达到21.4%。

### (三)经营体系"共营共荣",农业现代化建设加快

"农业共营制"以粮食适度规模经营为前提,通过土地股份化、田型标准化、生产机械化、农民职业化、管理智能化、服务专业化,推动农业高质量发展步入快车道。2021年,全

市农业机械总动力由2010年的33.65万千瓦增加到42.19万千瓦,农机化率由2010年的36%提高到93.9%,高标准农田占比由2010年的15%提高到68%,农业信息化水平由2010年的12%提高到90.5%,优质粮油标准化占比由2010年的15%提高到96%,产品初加工、品牌农产品销售占比均突破90%。除此之外,崇州市还成功投运环川农大研发基地科创社区、中化MAP粮油全产业链科技成果展示基地,国家级现代农业产业园也建成并投入使用(见图6)。2016年,崇州市成为西南地区全国唯一的主要农作物全程机械化示范县,2020年成为国家农业综合标准化示范市。

图6　崇州市天府粮仓国家现代农业产业园10万亩粮食高产稳产高效综合示范基地
(图片来源:四川省成都市崇州市农业农村局)

### (四)经营目标"共营共赢",新业态新经济蓬勃发展

"农业共营制"以"大农业"为本底、"合作社"为载体、"小农户"为细胞,建成天府国际慢城等4个4A级景区、幸福里等8个3A级林盘景区,道明竹编、怀远藤编入选国家级非物质文化遗产。其中,街子镇成为天府旅游名镇,竹艺村成为第一批天府旅游名村,五星村入选全国乡村旅游重点村。崇州市的乡村旅游产品供给日趋丰富,一批以集体经济组织为引领的休闲农业公园、林盘景区共同推动农商文旅融合发展,让游客从"半日游"变为"过夜游",从"来一次"变为"经常来"。2021年,崇州全年共接待游客2003.12万人次,其中乡村旅游游客1562.43万人次,同比增长41.52%。全市休闲农业和乡村旅游收入由2010年的7.65亿元增至67.4亿元。截至2021年,崇州市已成为四川省休闲农业重点市、全国农村产业融合发展示范市、国家全域旅游示范区。

### (五)经营收益"共营共享",农民实现持续增收

"农业共营制"构建了有效的利益分配机制,农民土地经营权通过折资入股获得农村产权收入,农业职业经理人通过创业增收,专业化服务组织通过服务增收,产业融合发展分享全产业链发展带来的收益。2021年,首先推行"农业共营制"的崇州市杨柳土地股份合作社的村民实现了277万元的综合性收入,入社农民每亩分红782元,跻身国家级农民专业合作社示范社。同时,全市农村居民人均可支配收入28322元,2010—2021年平均增长14.6%;人均消费支出17656元,2010—2021年平均增长10.3%;城乡居民人均可支配收入比由2010年的2.01∶1缩小到1.59∶1,当年全国城乡居民人均可支配收入比值为2.50。2022年,崇州市水稻种植31.82万亩,产量约17.5万吨,稳定持续的增产增收,保障了农民种粮收益。

## 四、经验启示

"农业共营制"是农业生产经营体制的重大革新,其核心是在土地股份合作社的基础上借鉴现代企业制度,引入农业职业经理人,推动粮食生产全产业链服务,保障粮食生产及安全,形成了现代农业生产体系、经营体系和产业体系,是具有普适性和可推广性的助农良制。

### (一)盘活土地经营权,实现土地适度规模经营

土地是农民的"命根子",要在小农经济长期存在的情况下实现规模经济,进而实现农业现代化,必须与小农户合作,推动土地流转。经营过程中,也要注意"适度",经营规模过大将影响产出质量,增大风险,不利于粮食增产、农民增收。"农业共营制"通过土地股份合作社流转土地经营权,破解了我国小农户分散生产的问题,推动了粮食生产连片和规模化生产,保障了农地农用、良田粮用,实现效益最大化。既守住了耕地红线、巩固了粮食生产的基础地位,又为建立现代农业生产体系奠定了基础。

### (二)协调各方利益,充分调动生产经营积极性

实践表明,"农业共营制"建立在农户、土地股份合作社、农业职业经理人三大主体协同合作的基础之上。崇州市土地股份合作社的利益分配分为保底分红和全年总收益分红,全年经营无论盈亏,农户都会获得保底分红。如果合作社盈利,收益部分将按照1∶2∶7的比例进行分红,10%作为公积金,20%作为农业职业经理人雇佣费,剩余70%分红给农

户。因此,在具体执行过程中,"农业共营制"需要建立利益联结机制,实现土地入股保底分红、利润二次分红,让入社农户分享全产业链增值收益,让农业职业经理人获得激励,实现持续增收、共同富裕。

### (三)培育专业人才,激活乡村振兴内生力量

农业职业经理人是农业生产与经营的纽带,他们从农田里来,熟悉当地农业生产状况和生产方法,在经过系统的培训之后,掌握了生产经营、专业技能、社会服务等知识,又回到农田里去,有效破解了农村人才匮乏、农业后继无人的问题。通过完善职业农民选育、管理、激励、社会保障等多方面机制,让农业职业经理人成为一个有奔头、吸引人的职业,从而吸纳大量大中专毕业生、农民工回归农村,成为新型职业农民,为现代农业经营体系的建设添砖加瓦。

### (四)优化农业生产要素配置,形成融合发展格局

农业产业链涵盖农业研发、生产、加工、消费各个环节,在拓展产业链过程中有利于降低成本、提升农产品附加值、丰富产业构成、增强对市场的适应能力。"农业共营制"通过构建农业科技、生产社会化、产业发展融资、品牌培育、产品营销服务体系,促进了农业生产要素优化配置,健全了产业链条,推动农业、工业、服务业三个产业深度融合发展,建立起高质高效的现代农业产业体系。

作者:杨雅捷,西南大学国家治理学院文化产业管理专业学生,研究方向为公共政策与区域发展、乡村文化治理;孙晗霖,西南大学国家治理学院副教授,中国西部非公经济发展与扶贫反哺协同创新中心研究员,西南大学"一带一路"反贫困研究中心研究员,西南大学公共文化研究中心研究员,研究方向为乡村治理、农村反贫困与可持续发展。

# 贵州

贵州，简称"黔"或"贵"，省会贵阳，地处中国内陆西南地区。是中国西南地区交通枢纽，长江经济带重要组成部分。全国首个国家级大数据综合试验区，世界知名山地旅游目的地和山地旅游大省，国家生态文明试验区，内陆开放型经济试验区。北接四川和重庆，东毗湖南，南邻广西，西连云南。截至2021年，贵州省共有6个地级市、3个自治州，常住人口3852万人。

贵州曾是全国脱贫攻坚战主战场，贫困人口多、贫困面大、贫困程度深。在深山旮旯间，一方水土养不活一方人。党的十八大以来，贵州省举全省之力向绝对贫困发起总攻，66个贫困县全部脱贫摘帽，923万贫困人口全部脱贫，192万人搬出大山，减贫人数、易地扶贫搬迁人数均为全国之最，贵州脱贫攻坚实现历史性全胜，书写了中国减贫奇迹的贵州精彩篇章。

# 巩固拓展脱贫成果　　全面推进乡村振兴

## ——贵州省黔南州三都水族自治县的探索与经验

**内容提要**：三都曾是贵州省深度贫困县之一，为坚决打赢脱贫攻坚战，三都县带领广大水乡群众战贫困、兴产业、谋发展，终于斩断了千百年来的贫困根源。脱贫摘帽后，三都始终坚持把巩固拓展脱贫攻坚成果同乡村振兴有效衔接作为首要任务：以"四抓四强"为抓手，牢牢守住防止规模性返贫底线；创新推行"1133"模式，破解易地扶贫搬迁就业难题；以"四动四实"为载体，促进村集体经济提质增效；以党建引领基层治理，探索乡村振兴新路径。三都聚焦"五大振兴"，奋力谱写了三都水族自治县新时代乡村振兴的新篇章。

## 一、基本情况

三都是全国唯一的水族自治县，位于贵州省黔南布依族苗族自治州东南部，全县总面积2400平方千米，总人口40万人，其中的水族人口占全国的63%。作为水族群众的大本营、聚集区和水族人民的经济社会文化中心，三都曾经却是贵州省16个深度贫困县之一。"山多、路小、人穷"曾是三都最真实的写照，基础设施不足、产业基础薄弱是制约三都经济发展的重要因素。为坚决打赢脱贫攻坚，三都秉持着"自信自强、苦干快赶"的三都精神，带领广大水乡群众攻坚克难，奋力突围，终于撕掉了千百年来绝对贫困的标签。2020年3月3日，三都水族自治县正式脱贫出列，这比既定时间提早了一年。脱贫摘帽后，三都坚持把巩固拓展脱贫攻坚成果同乡村振兴有效衔接作为首要任务，紧扣"守底线、抓发展、促振兴"目标，严格落实"四个不摘"要求，确保各项工作有序稳妥推进。

## 二、主要经验与做法

### (一)以"四抓四强"为抓手,牢牢守住防止规模性返贫底线

一是抓入户走访,强线索排查。组织网格员对全县所有农户开展全面走访排查,对存在风险的及时建立台账并纳入评议,严格按照程序纳入监测帮扶。二是抓数据比对,强预警监测。每月定期开展行业部门信息比对共享,及时核实线索,对符合要求的按程序及时纳入监测,严防规模性返贫致贫。三是抓常态帮扶,强风险化解。严格执行部门联席会议制度,每季度至少召开1次部门联席会。发现新识别监测对象,及时召开部门联席会,共商监测帮扶工作,做到精准监测、应纳尽纳、分类施策、精准帮扶,实现动态清零。四是抓保险协作,强风险抵御。每年投入200万元资金为已脱贫户、监测户及非贫重点人群购买防贫保险项目,撬动社会资本共担返贫风险,确保群众不因病、因灾、因学等致贫返贫。

### (二)创新推行"1133"模式,破解易地扶贫搬迁就业难题

"搬得出、稳得住、能致富"是易地扶贫搬迁群众的共同心愿,三都坚持把移民群众就业问题作为移民后扶的"关键钥匙",创新推行"1133"模式,破解搬迁家庭劳动力就业难题,写好易地扶贫搬迁"后半篇文章"。一是建强"一个专班"。为保证移民后扶工作整体有序推进,三都构建了"县级—镇级—社区"三级专班齐抓共管的组织领导体系,破解搬迁群众就业服务职责不明晰、协调联动机制不畅难题。二是用好"一本台账"。通过整合"劳动力信息、企业用工需求、特殊困难人员"清单,精准建立"就业信息台账",以内外协同方式破解就业信息不对称、人岗不匹配等问题。同时,通过"一户一策、一人一策"的方式制定劳动力信息清单,完善各就业帮扶环节,形成长效、精准的就业帮扶机制。三是抓实"三项服务"。抓实技能培训、岗位推送、创业帮扶"三项服务",精准破解搬迁群众劳动技能较弱、供需信息无法及时有效传递等问题。四是实施"三项行动"。通过培育扶贫车间、就业创业孵化基地等实施就业扶贫载体建设行动,通过招商引资做好劳动密集型产业引进行动,依托民族文化资源发展旅游产业带动就业行动,破解安置点就近就业岗位少、就业难等问题。三都水族自治县"1133"模式的推行,真正让搬迁群众成为在家门口上班的"工薪族",实现"挣钱、顾家"两不误,真正圆了安居乐业幸福梦(见图1)。

图1 扶贫车间里的"指尖经济",让群众实现家门口就近就业

(图片来源:作者拍摄)

### (三)以"四动四实"为载体,促进村集体经济提质增效

一是政治责任推"动",做"实"政策支持。组织18个县直部门出台助推农村集体经济发展壮大"1 + N"扶持措施和惠农政策,在项目、资金、技术、人才、市场等要素上给予合作社支持,有效解决政策扶持落地问题,全力支持合作社发展壮大。二是考核评价驱"动",做"实"目标管理。通过制定科学的经营目标管理考核机制,压紧压实集体经济发展责任,逐级签署发展目标责任书,落实目标管理制度,促进村级股份制经济合作社实体化运营深入发展。三是创新模式发"动",做"实"内生机制。为促进村集体经济提质增效,三都推行村集体经济示范带动项目,选择基础较好、产业较强的乡村先行开展村集体经济收益分配试点工作,辐射带动村级股份制经济合作社实体化运营。与此同时,为着力激励群众参与村集体经济建设、发展壮大集体经济内生动力,鼓励乡贤能人领创合作社项目、引导群众利用田地、林地等资源参与到合作社中,从而使群众获益、领办者获酬、村集体经济获得发展。四是效益意识带"动",做"实"经济运行。牢固树立"带富"和"收益"是合作社发展生命线的意识,引导合作社算好产业发展经济账。通过聚合村级内外资源,尝试拓宽合作社经营范围,探索由单一种养业向农产品加工与贸易、现代乡村服务业等业态拓展,推进乡村产业实现多元化发展。

### (四)以党建引领基层治理,探索乡村振兴新路径

坚持党建引领,以"寨管委""组管委"等为载体,创新"五个三"模式,切实做好基层治理工作。一是聚焦"三个优化"强化党建引领。充分发挥党组织对基层社会治理的领导核

心作用,以完善组织设置、人员选配、制度设计,促进基层治理发挥实效。二是搭建"三个平台"提升自治能力。以群众为主体,搭建组织、议事和参与平台,激发村民参与自治的热情,推动共商共治共建共享格局。三是建好"三个阵地"夯实法治基础。健全基层公共法律服务体系建设,建设宣传阵地、服务阵地、培训阵地,切实提升基层社会治理水平。四是突出"三个感化"构筑德治高地。以突出核心价值感化、突出模范榜样感化、突出乡土文化感化为主抓手,构建乡村德治高地。五是发展"三类经济"彰显治理效能。以农村产业革命为抓手,积极发展庭院经济、指尖经济和山水经济,打造农文旅产业示范区。

## 三、初步成效

### (一)乡村产业振兴续写新篇章

自2019年以来,三都始终坚持以高质量发展统揽推动"三农"工作,全力推进以茶叶、蔬菜为主导,水果、食用菌、中药材、生态畜牧渔业等同步发展的山地特色农业产业。作为"中国水晶葡萄之乡"的三都,水晶葡萄的发展是其山地特色农业产业的典型,以水晶葡萄为主的优势水果产业亦是带动农民增收致富的重要产业。水晶葡萄主产区位于三都县普安镇前进村,前进村按照脱贫攻坚和乡村振兴战略部署,围绕"山"字做文章,紧扣普安镇"生态、高效、旅游、观光"的工作思路,在荒山坡上发展生态农业,做大做强水晶葡萄产业,实现水晶葡萄特色规模化发展,不仅实现了水晶葡萄特色规模化发展,而且拓展了其在生态、文化、旅游等方面的多重功能价值,走上了农旅一体化发展道路。如今,三都水晶葡萄的种植面积达13.6万亩。三都用水晶葡萄产业发展书写了"老产业焕发出新活力"的生动实践,谱写了"山有多高,葡萄就有多高"的中国奇迹(见图2)。

**图2 普安镇前进村漫山遍野的葡萄林**
(图片来源:作者拍摄)

除着力推进水晶葡萄产业的发展外,三都还聚焦主导产业,加大投入力度,全力提升规模化、标准化水平。重点支持新增茶叶种植1万亩、茶园提质增效2万亩,早春辣椒种植6万亩,支持农产品精深加工发展。此外,三都全力提升农产品品牌化、市场化水平。以创建国家农产品质量安全县为载体,积极组织"两品一标"认证,加快构建覆盖生产、流通、销售全环节的农产品质量追溯体系。积极组织开展农产品展销活动,建立茶青交易市场,促进线下销售。深化"广东企业+三都资源""广东市场+三都产品""广东总部+三都基地"的产业合作模式,已成为珠三角地区"果盘子"和"菜篮子"的重要基地。

## (二)乡村人才振兴点燃新引擎

为聚焦重点领域人才队伍建设,三都实施"梧桐引凤""雁归水乡"计划,采取"引才、育才、用才、留才"等举措健全人才"成长链",打造乡村振兴主力军。水族马尾绣是三都一张亮丽的名片,为做好马尾绣的传承工作,三都水族自治县以"锦绣计划"为抓手,把"时代乡贤""能工巧匠""致富能手"纳入人才库管理,培育出一批技艺水平高、带富能力强的新时代乡贤人才。此外,三都还制定了《三都水族自治县重点人才五年倍增行动计划》等文件,通过贵州人才博览会引进高层次人才和急需紧缺专业人才,并开通"绿色通道",鼓励引导三都籍在外人才返乡干事创业,同时围绕乡村振兴战略组织专家讲学,开展乡村教师、村医等培训工作。

## (三)乡村文化振兴取得新成效

加快公共文化服务建设是助力乡村文化振兴的重要抓手。一是推进文化场馆免费开放服务。三都县坚持常态化推进"三馆一站"免费开放服务,县文化馆、图书馆、博物馆及镇街文化站严格按照服务标准确保每个场馆每周开放时间不低于48小时。二是推进文体惠民工程建设。举办了元旦节、春节、三八节、五一节等节日相关的文体活动16场;开展第一届中国水族双歌比赛、铜鼓大赛、龙舟大赛、第八届猛牛争霸赛、黄桃节系列文体活动等8场;开展全民阅读推广活动、世界读书日活动、全国助残日志愿服务活动、书法绘画摄影联展等15场,惠及群众10万余人次。三是推进文化馆总分馆制建设。为满足群众多样化文化需求,三都对全县8个分馆(普安镇、周覃镇、九阡镇、大河镇、中和镇、都江镇、三合街道、凤羽街道)、39个村级(社区)基层服务点展开调研辅导工作,按照"因地制宜、区域特色"的原则,以"一分馆一特色"为建设思路,根据当地的民族文化特色进行规划配置资源,形成各具特色的主题分馆和多个主题的服务中心点。

## (四)乡村生态振兴实现新突破

为牢牢守住发展和生态两条底线,三都通过实施育林、护林和用林"三大工程",探索出了一条绿色生态带动经济高质量发展的生态振兴之路。一是实施"育林"工程。三都抢抓国家推动储备林项目建设发展机遇,通过对现有林改培、中幼林抚育、珍贵树种补植等方式,优化森林树种结构,提升森林整体质量,推动国储林建设项目取得新成效。完成项目实施面积1.93万亩,其中,现有林改培1.45万亩,中幼林抚育0.48万亩,完成任务率48%,全州排名第2位。二是实施"护林"工程,筑牢生态屏障。三都扎实推进公益林建设,同时有序推进生态护林员选(续)聘工作,加强生态公益林管护队伍建设。三是实施"林下"工程,高质量推进林下经济发展。依托生态资源禀赋,以国储林项目建设为契机,探索出了"林药""林菌"等"国储林+N"的林下经济发展模式。

## (五)乡村组织振兴把握新方向

三都立足"乡村振兴夯实基础县"的定位,把组织振兴同各项工作同部署、同落实,压紧压实组织振兴责任。一是实施"强基堡垒"工程,加强村"两委"干部队伍建设。按照"六个一批"的方式,对全县827名村干部进行履职能力培训全覆盖,

图3 借助直播平台助力黔茶出山的直播现场
(图片来源:作者拍摄)

推荐村党组织书记参加州级以上专题培训55人,县内外出跟岗学习14人,学历提升93人。二是实施"帮扶提升"工程,选派干部驻村。选派507名干部到105个村(社区)开展全覆盖帮扶,以1名驻村书记、2名(以上)驻村干部,若干名下沉帮扶干部组成"1+2+N"的驻村帮扶体系,为乡村振兴注入强大干部力量。三是助力"联农带农",增强村集体经济发展活力。制定印发《三都水族自治县推动农村集体经济组织实体化运营工作方案》等文件,以目标管理考核等方式,压紧压实村集体经济发展责任,构建"1+8+N"运营服务体系,提升

集体经济组织集团化水平,增强集体经济组织的市场竞争力。围绕发现"三都之美"、助力黔货出山,扎实推进互联网党建试点打造,网络直播带货帮助销售农特产品2000多万元(见图3)。全县村集体经济组织经营性收入1188.77万元,净收益461.4万元,成功打造村集体经济组织示范村13个。

## 四、经验启示

### (一)党建引领是根本

三都牢固树立"发展抓党建,抓好党建促发展"的工作理念,以高质量党建引领乡村振兴。通过强化监测帮扶、持续夯实特色产业发展、狠抓稳岗就业、稳住移民后续扶持,促进群众增收致富。真正把党的组织优势、政治优势转化为乡村振兴的行动优势,让群众有旗帜引领,有主心骨可依。

### (二)产业发展是基础

三都始终坚持以高质量发展统揽"三农"工作全局,根据地域优势,着力打造现代山地高效农业产业体系。根据"坝区示范引领、山区系统补充"的发展思路,全力推进以茶叶、蔬菜为主导,水果、食用菌、中药材、生态畜牧渔业等同步发展的山地特色农业产业。同时,三都依托其底蕴深厚的民族资源,发挥得天独厚的生态优势,并立足产业发展实际,倾力打造省级特色田园乡村·乡村振兴集成示范点,推动农旅融合深入发展。

### (三)人才建设是关键

三都牢固树立人才资源是乡村振兴第一资源的工作思想,围绕"引、用、育、留"加快推进乡村人才建设,全力构建人才工作大格局。首先,加强干部队伍建设,构建干部选拔、培育、管理、使用"四位一体"培养机制;其次,实施"梧桐引凤""雁归水乡"等计划,引进关键领域的科技人才和高层次人才;最后,发掘优秀乡土人才,培养新乡贤,共同为乡村振兴注入强大活力。

### (四)内生动力是优势

三都水族自治县在巩固拓展脱贫攻坚成果同乡村振兴的有效衔接工作推进中,除充分把握政府、企业、社会组织等外部条件的帮扶外,还注重从县域内部寻找发展的动力和源泉。依托得天独厚的生态环境,厚植农业基础,全力推进山地特色农业产业发展。与此同时,注意动员村庄内部力量,提升村民自主发展能力,培育村庄内部生长能力,充分发挥内生动力优势实现了农业增效、农民增收和农村增绿的可持续发展。

作者:李玥,贵州财经大学工商管理学院旅游管理专业硕士研究生;王超,贵州财经大学工商管理学院教授,博士生导师,省管专家,中国旅游教育人物杰出青年教师,贵州省金师教学名师,贵州省学术先锋,研究方向为农业农村发展、旅游可持续生计。

# 以三产融合缔造乡村产业振兴新动能

## ——贵州省贵阳市花溪区批林村三产融合的经验启示

**内容提要**：三产融合作为乡村产业发展的重要推动力，可以为乡村产业振兴提供新动能，为乡村振兴"铺石垫路"。本文以贵州省贵阳市花溪区批林村为例，发现批林村目前在三产融合方面已经形成了一定特色，包括打"电农融合"牌，为乡村产业振兴添加"动力源"；出"工农融合"拳，为乡村产业振兴打造"黄金台"；下"文旅融合"棋，为乡村产业振兴添入"燃火柴"。并形成了做好组织保障，强化发展要素，强化优势要素引导，创新融合发展方式，加强后续保障机制五个经验做法。

## 一、基本情况

批林村（见图1）原为"皮陵"，在《元史·本纪》中便有所记载："至元二十九年春，正月丙午，从葛蛮军安抚使宋子贤请，诏谕未附平伐、大瓮眼、紫江、皮陵、潭溪、九堡等处诸洞苗蛮。"村寨位于贵州省花溪区高坡苗乡，于2012年纳入第一批传统村落名录，村寨由林道寨和批摆寨合并而成，全村下辖6个村

图1　批林村村貌
（图片来源：高坡苗乡文化站）

民小组、6个自然寨，截至2020年7月，批林村共有人口1370人，总户数265户，民族构成为汉族和苗族，其中苗族人口1231人，占比约90%，是典型的苗族聚居村落。批林村中居住

的苗族隶属于高坡苗族,在元代时期被称为"猫蛮",在明朝时期为"贵州苗"或者"东苗",清代为"背牌苗""炕骨苗"等,这些称呼主要源于高坡苗族的服饰特征和丧葬习俗,后续对高坡苗族的称呼有高坡苗、高山苗、背牌苗等。批林村居民早于元朝时期便在此居住,因此奠定了批林村丰富的文化遗产,主要包括古树、祭祀桩、古井、批摆晓谕牌等物质文化遗产,射背牌、苗族银饰制作工艺、苗族芦笙制作工艺三个省级非物质文化遗产以及苗族飞歌、苗族情歌、苗族民歌、芦笙舞、杀牛祭祖、斗鸟、铲疙篓、木板鸡毛毽、赶马窝等传统文化活动。

批林村曾是贵阳市花溪区脱贫攻坚的主战场,地理位置偏僻、可进入性不强一直是村寨面临的现实难题。自开展精准扶贫以来,批林村在政府政策帮扶、驻村第一书记引导以及企业产业帮扶下,紧密聚焦"两不愁三保障"基本要求。在此期间,村寨大力推进基础设施建设,实施"寨改""房改""电改""水改""路改"等改造工程,基础设施建设水平大幅提升(见图2),实现"道路组组通""自来水户户通""网络户户通",有效保障了住房安全和饮水安全问题。其次,全面提升公共服务水平。村寨增设有"新时代文明实践站""民族文化广场""电商服务站""垃圾收集点""金融服务点""壹心书屋"等便民设施,更好地满足了居民生活所需。同时通过提出《批林村2015—2025年发展规划》明确三产融合发展战略,以三产融合推动村内产业经济发展,包括将其发展目标定位为打造高坡乡的"生态农业产业园"和"苗族文化旅游村",以农业为依托,通过发展电商农业、农产品加工业、民族文化旅游业等产业融合项目,推动批林村产业兴旺和村民增收。

图2　批林村居民房　左为2013年,右为2020年
(图片来源:左图高坡苗乡文化站,右图作者拍摄)

因此,本文从以下三个依据出发选择批林村作为案例地:一是具有开展三产融合的良好条件。批林村作为第一批传统村落和少数民族聚居村落,村内苗族文化特征明显,具有丰富的传统文化资源,同时村寨作为农业延续型传统村落,山体自然风貌保护良好,具有优质的水质条件和空气条件,森林覆盖率高,具有较为优质的自然资源。二是批林村具有

三产融合发展的典型性,即在三产融合方面已经做了系列探索并取得相应成效,明显提升了村寨产业发展水平和经济发展水平。三是批林村具有成功脱贫的代表性,全村贫困户于2019年12月如期清零脱贫,2020年全村人均纯收入突破5000元大关,较2012年的2287元增长120%,在一系列举措下,批林村在基础设施建设、公共服务设施、乡村治理、生产生活水平等方面都得到了明显提升。

## 二、融合特点

一是打"电农融合"牌,为乡村产业振兴添加"动力源"。首先,把握好当地农业生产的关键环节。批林村的村委干部和驻村工作人员对批林村各方面基本情况进行了深入的调研和考察,发现当地非常适合种植红米、小慈姑和柿子等农产品,于是开始引导和组织村民对这些农产品进行种植。在种植之前,批林村村委干部请了专业的技术人员对村民进行培训,内容包括生态农产品与普通农产品的区别,生态农产品的种植方式以及一些现代化的农业生产技术等,从而规范了农产品的种植流程和质量标准。其次,采取现代化手段促进当地农产品的销售。在批林村村两委的带领下,由当地村民经营管理的"批林电商服务站"发展了起来,批林村电商服务站与京东、淘宝、拼多多等多个电商销售平台建立了合作关系,为当地农产品提供了有效的销售渠道。在电商服务平台的支持下,当地居民增加了农产品收入,提高了幸福感和获得感。最后,批林村充分利用当地农业资源,发展起了现代农事体验旅游活动。为了把批林村的特色推广出去,克服地理位置偏远的问题,高坡乡农村电商运营服务中心精心策划,采取"互联网+微信营销"的模式积极组织农事体验活动,例如"1元采摘野生柿子体验活动"等,吸引了许多市区居民前来参与,不仅为村民销售农产品创造了市场机会,还通过游客的口口相传为批林村产品进行了宣传和推广,对于打造批林村特色农产品自有品牌起到了重要作用。

二是出"工农融合"拳,为乡村产业振兴打造"黄金台"。首先,依托村内农业资源,发展实业助力脱贫。在村两委的带领下,当地居民开始了大球盖菇的种植,2019年春季两轮大球盖菇给种植户带来了亩产3000斤的收成,并带动批林村10多户低收入困难群众种植45亩香葱,首轮收益达9万元,后续还将持续开展肉兔养殖、水产养殖业。其次,成立批林村种植养殖专业合作社(见图3)。在"7+2同心扶贫工

图3 批林村种植养殖专业合作社
(图片来源:作者拍摄)

程"的带动下,批林村以"商会＋项目公司＋农民专业合作社＋农户"的形式成立了草地鸡养殖合作社,大力发展草地鸡养殖产业,在此过程中对不懂养殖的村民进行了专门的技术指导和培训,同时对想要进行养殖却没有资金条件的村民提供了资金支持。最后,批林村还与附近的加工企业进行了业务合作。批林村以当地的农业资源、土地资源和劳动力资源等入股加工企业,在村内建立起了几个小型的农产品加工基地,把当地的一些农产品加工成零食、半成品等,实现产品多元化发展的同时也推动了当地第二产业的发展,促进了农民就业和增收。

三是下好"文旅融合"棋,为乡村产业振兴添入"燃火柴"。首先,利用苗族节庆文化发展节庆旅游。批林村是传统的高坡苗族聚居地,苗族文化源远流长,每逢苗年、"四月八"、吃新节、赶秋节等节日,当地都会举行斗牛比赛、山歌对唱和芦笙会等节庆活动,以独特的民族风俗文化吸引了许多游客前来体验。游客在此不仅可以感受到苗族传统文化的丰富多彩,还能品尝到许多高坡苗族的传统美食,露营、烧烤、蔬菜采摘等旅游项目为批林村旅游业的发展增添了特色和吸引力。其次,利用苗族传统技艺打造研学旅游。批林村的苗族射背牌、苗族银饰加工技艺、苗族芦笙制作技艺,现已认定为省级非物质文化遗产项目,特别是芦笙制作技术更是久负盛名,"芦笙响,五谷长""芦笙一响,脚板就痒"便是对批林村芦笙重要性的生动描述。因此,批林村着力紧抓文化遗产优势,开展苗族文化研学旅游,开设芦笙制作教学班和银饰制作教学班,为学生提供苗族文化体验服务和教学服务,在推动当地旅游产业发展的同时传承传统技艺。最后,利用苗族传统仪式文化特色发展观光体验旅游。批林村作为一个少数民族保护完好的少数民族聚居村落,其许多传统仪式都具有自己独特的流程和特色,除了出生、婚嫁、丧葬等传统的人生仪式,还有射背牌、敲牛祭祖等独特的村落仪式,每种仪式都具有自身独特的文化内涵。批林村为了弘扬这些传统文化,在当地居民当中培育了一批传统文化解说员,专门负责为外来旅游者讲解当地的传统仪式和习俗文化,促进了当地文化旅游的发展。

## 三、经验做法

一是做好组织保障。一方面,批林村积极提倡村民自治,建立了"一事一议"制度。无论是大事还是小事,只要是关系到村民利益的,村"两委"都会把村民召集起来一起讨论和商量,最后由村民集体投票决定,绝不搞专政和特权。在此基础上,批林村还推行了项目建设招标制、公共事业决策公示制和村务管理责任制,使每个村民都成为村里的主人,从而增强了村民的参与感和责任感。另一方面,批林村村"两委"积极为当地产业发展创造条件,降低村民参与风险。村"两委"高度重视村集体利益,不让村民在发展中承担损失,在决定发展某个产业之前,都会先认真考察当地资源环境、市场环境、技术条件等要素,然后对发展产业的市场定位、发展方式和实施流程等做出具体的规划,全力为当地产业的发展创造良好的资金、技术等条件,降低村民生产和发展的风险。

二是强化发展要素。一方面,不断强化政策保障。建立起以居民为中心,以政府政策为指导,企业岗位帮扶为手段,居民发展能力提升为目标的"三位一体"产业帮扶体系,加快村寨居民的职业技能培训以及益贫性岗位打造,确保其有技可依,有业可就,充分利用政策和基金支持鼓励地方居民创业,以解决部分居民就业难题,吸引青壮年回流。另一方面,不断加强村寨建设。在扎实推进村寨基础设施建设和完善公共服务供给的基础上,加快建设数字化乡村,大力推动村寨信息基础升级改造和村寨数字化建设补贴扶持,培养居民数字技能培训,积极引进数字化治理体系,以数字赋能村寨建设,以数字乡村平台为载体,积极开展乡村电商、乡村安全监管、基层党建、行政服务等数字化工作,以实现更为便捷、可视化的动态村寨管理和数据化治理,提升数字化要素支撑能力。

三是强化优势要素引导。一方面,充分依托地区优势资源,形成一批凸显地方特色且具影响力的特色品牌,以"康养休闲""生态旅游"为主题切入开发生态资源优势,从文化资源保护、文化品牌打造、文化协同建设三个方面着手挖掘文化资源优势,利用各类特色民俗节庆活动的情感联结功能,如批林村的射背牌、杀牛祭祖等民族活动,加强村民之间的情感联系,凸显地方民族文化特色。另一方面,积极打造地标性产品,借此实现农特产品规模化种植,以增加特色产品加工、售卖环节,并开展农业采摘、文化体验活动,推动产业融合发展,并切实发挥龙头企业带头作用,引进和培育一批带动效应强、吸纳能力强、产业效益明显的标志性企业,以其资金、技术和资源优势为抓手,突破乡村产品研发、成果转化和品牌营销难点,推动乡村产业提质增效和业态升级。

四是创新融合发展方式。一方面,以特色农业为基础,发展地方农业经济。政府通过提供资金、技术扶持等方式激励当地村民进行大规模的农特产品种植,并通过成立农产品合作社、招商引资等吸引相关企业入驻,从而增加农产品加工、售卖环节,延长农产品产业链,推动"工农融合"发展。同时积极借助地方农业优势,打造休闲农业,发展农业观光、农业采摘等特色休闲活动,形成"农旅融合"的产业融合模式。另一方面,积极引入休闲农业、田园综合体、乡村旅游、特色小镇等新型乡村产业发展模式,充分利用周边地区市场和资源优势,实现产业的跨区域延伸。当地居民可采取以房屋、土地入股的方式为新型产业的发展提供要素资源,并通过权益分红等方式获得效益。同时,积极吸引社会资本入驻,为乡村振兴发展提供产业发展基础,形成多元化、效益化的农村产业新业态。

五是加强后续保障机制。一方面,完善利益保障机制。从政府层面入手不断完善顶层设计,构建涵盖政府、企业、居民的利益联结机制,从理念灌输、技能培训、就业岗位等方面出发,采取保底分红、按股分红、利润返还等形式保障弱势群体利益,并引导企业与农户、农民合作社等签订农产品购销合同,使产品"种得下去、卖得出去"。另一方面,建立完善的风险防范机制。在乡村产业融合发展过程中,完善农业、加工业、服务业保险体系,以农业为主体发展的融合产业应健全自然灾害风险转移分摊机制,以地方文化资源为特色的乡村地区,应增强各类主体的契约合作意识,健全经营商户信用评价体系。同时当地政府还应加强市场监察和管控力度,以稳定市场价格,确保产业发展前中后期各环节稳定推进。

作者:蒋芹琴,重庆工商大学派斯学院管理学院讲师,研究方向为旅游管理;杨敏,贵州财经大学工商管理学院旅游管理专业硕士研究生,研究方向为旅游反贫困;王超,贵州财经大学工商管理学院教授,博士生导师,省管专家,中国旅游教育人物杰出青年教师,贵州省金师教学名师,贵州省学术先锋,研究方向为农业农村发展、旅游可持续生计。

# 绿色经济催生持续稳定产业脱贫

## ——黔东南州的发展成效与启示

**内容提要**：获批国家生态文明试验区以来，贵州充分贯彻落实生态文明建设发展要求，践行人与自然和谐发展道路，努力促进经济效益、社会效益和生态效益的同步实现。黔东南州在持续稳定贯彻落实绿色经济的过程中，始终遵循"开发需求、降低成本、加大动力、协调一致、宏观调控"五项准则，不断提高绿色经济发展水平。通过"绿色经济创新发展理念、形成产业绿色发展模式、构建绿色经济产业链、提升产业绿色发展水平、助力持续稳定产业脱贫"，建立了以发展绿色经济为基础的发展模式，催生持续稳定产业脱贫发展目标的实现，形成了产业利益联结、产业均衡发展、产业生态平衡的产业脱贫成果。

## 一、基本情况

### (一)基本情况

黔东南苗族自治州位于贵州省东南部，东与湖南省怀化地区毗邻，南与广西壮族自治区柳州地区接壤，西连黔南布依族苗族自治州，北抵遵义、铜仁两市区。黔东南州地属中亚热带季风湿润气候区，年均气温14.6℃～18.5℃，年降雨量1010.4～1367.5毫米，年无霜期273～327天，相对湿度为78%～83%。黔东南州森林资源丰富，有"杉乡""林海"之称，是全国重点林区之一，也是贵州省的主要用材林基地，黔东南州森林面积达200.6万公顷，活立木蓄积量为1.69亿立方米，森林覆盖率为67.37%；民族工艺美术产业生产服务单位4798个，催生了100余家民族民间文化工艺品生产企业，带动就业人员10余万人。

### (二)案例代表性

黔东南州在发展绿色经济方面具有天然优势，1998年，被世界乡土文化保护基金会列为世界18个原生态保护圈之一。2018年，黔东南州选派7000余名驻村干部深入一线展开脱贫攻坚工作,围绕蔬菜、茶叶、中药材等重点产业推动乡村振兴战略的实施,组建产业发展专班全力推进"6个100万"绿色生态农业产业扶贫工程,举办技术座谈会、产业技术培训会、农业技术推广宣传等活动,形成了"村集体+技术管理方+贫困户""龙头企业+合作社+农户"及农商联动"1+2=6"等利益联结模式,截至2018年年底黔东南州获得中央和贵州省财政专项扶贫发展资金11.59亿元,立项审批扶贫项目2812个,通过积极开展绿色产业扶贫投资基金申报工作,黔东南州储备新项目98个,完成贫困劳动力培训8万余人,培训就业率达68%。2019年,黔东南州以创建70个示范坝区为重点,全面推进农村产业革命,将地区基地建设与十二大特色优势产业发展进行有效联结,深入发展林药、林蜂等产业经济,推动经济示范基地的快速建设,截至2019年年底黔东南州林下经济实现产值高达15.11亿元,覆盖建档立卡贫困户10.53万户。与此同时,黔东南州地区生产总值不断提升,产业结构趋于合理,取得了脱贫攻坚与经济发展双提速,形成了一系列典型经验和做法。

## 二、主要做法与经验

### (一)绿色经济创新发展理念

黔东南州坚持以绿色经济发展为引领,贯彻落实"效率""和谐""持续"的创新发展理念,以确保实现地方产业脱贫的创新发展:一是效率为先,黔东南州将提高资源利用效率和提升产业发展效率理念贯彻落实到产业发展的全部环节中,以"效率为先、保证公平"的发展原则引导黔东南州工业、农业、服务业等产业的发展;二是和谐稳定,黔东南州在贯彻落实绿色经济发展战略的过程中,既实现了各产业内部的稳定、高质量发展,同时也实现了不同产业行业之间的和谐发展;三是持续发展,黔东南州通过绿色经济发展模式提高了资源利用效率,确保了低碳、环保理念的践行实施,为产业持续发展提供了良好的土壤,将持续发展理念贯彻到产业脱贫过程中,对于企业和居民的长期受益都有着积极的作用。

### (二)形成产业绿色发展模式

坚持以贯彻落实"绿色经济"理念为核心,黔东南州通过建立利益联结模式将本地十二大特色产业发展目标相互联结,形成了新型经济绿色发展形势:一是分析地方优势产业及其发展目标,黔东南州的特色产业包括食用菌产业、辣椒产业、茶产业等,从发展目标上看不同产业的最终发展方向均是实现产业的可持续发展,带动地区经济发展效益和社会生态效益的提升,为形成不同产业之间相互联结的绿色发展模式提供发展契机;二是促进本地十二大特色产业融合发展,黔东南州的食用菌产业、辣椒产业、茶产业等产业被列入《贵州省生态特色食品产业"十四五"发展规划》中,十二大特色产业发展有序推进,逐渐形成了不同产业相互联结的绿色发展模式;三是整合产业发展资金和发展资源,黔东南州以凯里农机五金机电大市场、施秉文化旅游集聚区为依托,积极争取国家级、省级产业资金项目,不断加强地区人才资源、资金资源等发展资源的共享。

### (三)构建绿色经济产业链

2019年,黔东南州8项约束性指标均超额完成,污染物浓度标准均达到《环境空气质量标准》二级标准,通过加强对农业、林业等产业的统筹协调规划与管理,以农业农村经济运行调度为基础,形成了新型绿色经济产业链:一是生态农业,黔东南州三穗颇洞生态农业体验园区的建立为当地农业实现生态化提供了依托,累计修建沼气池4万余口,形成了"畜—气—粮"生态农业模式,促进农村和农业发展效益实现了显著提升;二是生态林业,2019年黔东南州雷公山保护区管理局完成天然林资源保护工程和公益林管护面积68.84万亩,兑现785.43万元生态公益林补偿资金,惠及区内4县10个乡镇43个行政村4462户;三是持续服务产业,黔东南州持续深入贯彻"绿色之州"理念,通过打造别具一格的旅游胜地,形成了以旅游业、餐饮业为主的可持续性发展服务业。新型绿色经济产业链的建立为黔东南州实现持续稳定脱贫、进一步巩固拓展脱贫攻坚成果提供了支撑。

### (四)提升产业绿色发展水平

黔东南州通过绿色经济产业链的建立进一步提升了当地产业的绿色发展水平,主要体现在三个方面:一是在产业项目建设时,黔东南州通过贵州雷公山国家级自然保护区自然教育基地、雷公山生态观测及资源保育国家长期科研基地等项目建设,为提升产业绿色发展水平奠定了基础条件。二是在产业发展过程中,黔东南州统筹推进绿色产品、绿色工厂、绿色园区、绿色供应链的建立与完善,重点推进工业企业的绿色化改造,全面提升了当地产业绿色制造水平。三是在产业发展成果上,通过开展"万企融合"行动,使绿色企业和绿色产业项目建设成为新的经济增长点,深入贯彻"绿色经济"发展理念、强化"低碳环保"战略,提升了各产业发展的节能环保水平;通过进一步强化循环经济,将循环经济发展作为推进落实绿色经济发展理念的载体,推进了大型绿色工业园的建设。

### (五)助力持续稳定产业脱贫

黔东南州在贯彻落实绿色经济发展理念的过程中,以十二大特色产业为落脚点,逐渐形成了持续稳定产业脱贫的良性产业链,主要包括以下方面:一是通过生态农业实现产业脱贫,在"畜—气—粮"生态农业模式下,黔东南州实现了乡村环境质量的改善和农业发展成本的降低,推进了经济效益与生态效益的同步提升;二是通过生态林业实现产业脱贫,与2006年相比,2019年黔东南州森林覆盖率从88.76%增加至92.34%,从林地面积、森林覆盖率、活力木储蓄、生物种类四个指标方面实现了快速增长,通过国家级和省级项目的建立为本地居民提供了产业发展项目依托,从就业岗位、发展机会方面为当地居民创造了良好的条件;三是通过强化服务产业实现产业脱贫,旅游业、餐饮业的迅速崛起与发展为黔东南州提供了前所未有的发展契机,统筹推进服务业的绿色发展为当地居民的可持续生计提供了高质量的产业发展支撑。

## 三、初步成效

### (一)产业利益联结

黔东南州生态特色食品和酒产业、食用菌产业、肉制品产业、茶产业等十二大特色产业有机结合形成了利益联结产业链,为完成当地各特色产业发展目标,促进产业发展效益扩大辐射面提供了支撑和依托。黔东南州实现了不同产业间的利益联结,以产业利益联动的发展

图1　黔东南州梯田景观
（图片来源:作者拍摄）

模式促进十二大特色产业发展,实现了脱贫的稳定性与可持续性,在完成脱贫攻坚目标的基础上,以"脱贫不脱政策"为支撑,为其开展长期稳定的减贫工作,进一步巩固拓展脱贫攻坚成果奠定了良好的产业发展基础(见图1)。在《中共黔东南州委黔东南州人民政府贯彻落实〈关于进一步深化改革扩大开放加快内陆开放型经济试验区建设的意见〉实施方案》等政策的支持与指导下,黔东南州持续推进本地各大特色产业的共同发展,确保实现产业均衡发展,并通过产业利益联结保障机制的建立,极大促进了当地生态特色食品和酒产业、食用菌产业、肉制品产业、茶产业等特色产业之间信息共享和利益联结的实现。

## （二）产业均衡发展

黔东南州将产业均衡发展作为主要战略目标之一,通过合理配置自然资源、土地资源、人力资源等,实现了当地生态特色食品和酒产业、食用菌产业、肉制品产业、茶产业等十二大特色产业的均衡发展:第一,黔东南州通过建设以麻江县农业产业园、服务业集聚区等为代表的各类产业园区,最大化发挥大企业的资源优势,助推资源集聚与市场资源共享,从而为当地十二大特色产业实现绿色发展创造了优良的发展环境和区位环境,带动各类产业实现了绿色转型与升级,推动各大产业之间的共同发展;第二,黔东南州通过加强与长三角、粤港澳大湾区建设的产业合作交流,积极参与粤黔、杭黔等产业合作项目,极大地推动了当地各特色产业融入不同地区的产业合作中,促进了食用菌产业、肉制品产业、茶产业等产业效益的共同提升(见图2)。

图2　黔东南州下司古镇景区

（图片来源:作者拍摄）

## （三）产业生态平衡

实现产业生态平衡是保障当地经济社会实现高质量发展、形成新时期经济发展新格局的基础。在绿色经济理念的指导下,黔东南州以工业、服务业、农业、林业等产业为落脚点,形成了绿色经济助推持续稳定产业脱贫的经济发展模式,实现了产业生态平衡发展的重大战略目标:第一,黔东南州通过协同调查工业、服务业、农业、林业等产业的项目建设情况、资源使用情况、污染治理情况,全面治理各产业建设与发展中破坏产业生态平衡的行为,例如通过开展污染综合治理工程对过度排污、污染环境、过度开采使用资源等行为进行综合治理;第二,产业生态链是涵盖一二三产业在内的长期平衡发展关系,黔东南州在工业、服务业、农业、林业等产业之间逐步形成了一种稳定性高、可持续性强、各产业相互依存的生态平衡关系,为当地居民的可持续生计提供了一条可行之路(见图3)。

图3　黔东南州绿色发展现状

(图片来源:作者拍摄)

## 四、经验启示

### (一)加快推进基础设施优化升级

推进基础设施建设升级,始终将基础设施建设与优化作为推进脱贫可持续性的主要工作,能够为实现持续稳定脱贫奠定良好基础:第一,推进城乡"水网""电网""互联网"的全民覆盖,加快城乡基础设施建设的改造升级,将产业发展纳入绿色经济发展战略中,同时将基础设施建设作为保障绿色经济发展目标实现的基础来建设;第二,加快工业、林业、农业等产业垃圾处理设施的建设,有助于从根本上加快无害化处置设施的升级改造,通过升级改造工业废水处理设施、利用新型技术改善林业发展现状、加强现代化科学技术在农业中的应用等举措可以有效减少资源利用的负效应;第三,注重加强信息化平台设施建设,提升地方信息治理能力和现代化信息处理能力,提升产业发展智能化、信息化、现代化水平,将新型科学技术应用到地方产业发展中,能够真正推动地方产业发展智能化发展,助力产业脱贫的可持续性。

## (二)构建绿色经济技术创新体系

推进绿色经济发展模式的形成需要以绿色创新技术研发为基础保障,以地方产业发展为载体进行绿色创新技术开发,推进以"绿色经济"为核心的技术研发工作的展开:第一,开展一批以促进绿色经济发展为目标的绿色创新技术开发项目,以科学技术研发项目为依托,加强科学研究与实践需求的相互联系,贯彻落实将论文写在大地上的"大地论文"工程,促进学术研究向实际应用的转化;第二,建立绿色技术创新基地平台,为技术创新发展提供支撑,以技术创新基地平台为依托,为学术研究、企业投资、地方招商引资等提供资源交换基地,为业内不同认识提供学术交流平台,有助于新型科学技术的研发与落地实施;第三,通过建立绿色经济发展专项资金,根据环境变化和需求变化有针对性地实施绿色技术项目的开发与建设的资金扶持,借助长期稳定发展的资金渠道实现产业脱贫的可持续性和稳定性。

## (三)加强地方政府组织建设引领

绿色经济政策体系对实现绿色经济发展目标有着统筹引领作用,强化与完善相关法律法规和税收财政政策,加大政策管理与支持力度,对于持续稳定产业脱贫有着重要的保障作用:第一,加大经济政策支撑。坚实的经济基础是实现产业可持续发展的前提,健全的经济政策作为地方绿色经济长期发展的基础,可为地方特色产业、农业、牧业、小微企业等提供税收优惠,将"脱贫不脱政策"贯彻落实到位,以真正确保企业发展活动;第二,明确各相关部门职责。在统筹协调不同产业发展的过程中,通过明确地区发展和改革委员会、生态环境局、财政局、自然资源局等不同部门的职责,能够显著提升产业发展效率,简化项目建设流程,为不同产业的协调发展提供便利;第三,在明确各部门职责的前提下,进一步合理引导相关部门加强合作,形成工作合力,可以为不同产业实现绿色发展与生态发展提供依托,助力当地工业生态发展与农林业绿色发展。

## (四)推动地方产业转型升级发展

地区基础产业是经济社会发展的重要支柱,推动实现农业、林业、旅游业等产业由传统性产业向绿色产业转型发展,有助于实现绿色经济的发展目标,要坚定不移地推动基础产业实现绿色转型发展:第一,在地区经济发展战略制定中,应深入推进产业绿色发展,促进不同产业走绿色发展之路,实现绿色经济的长期发展目标;第二,从政策层面支持高校和科研院所等建立绿色经济创新创业项目孵化园,以创新创业项目孵化园为载体,为促进绿色经济快速发展和有序发展提供平台依托,真正实现科技科研项目为经济社会发展需要服务;第三,重视科研项目的管理,通过形成"科学研究—成果转化—技术应用"的一体化发展模式,有助于加快推进科技科研成果转化的进程,提升科技科研成果转化的规范性和时效性。

### (五)完善地方经济发展贸易体系

建立健全绿色流通体系,提升资源使用效率,拓宽绿色经济发展渠道,推动产业脱贫的可持续性,有助于提高产业脱贫的稳定性,因此,要建立健全产业发展绿色流通体系,优化产业流通结构:第一,在推进经济发展绿色转型的过程中,应通过建立健全绿色贸易流通体系为产业均衡发展提供支持,建立产业流通保障制度确保实现绿色经济转型、促进产业发展的可持续性;第二,注重强化与国内不同省区市的产业合作交流,以发展绿色经济为目标,以产业发展为动力,形成地区经济社会发展的良性循环,与省内其他市(州)及国内其他省份之间建立良好合作关系,形成地区商业合作互惠,通过加强不同地区之间的合作交流,打开国内市场;第三,加强与世界其他国家的合作,推动国际合作"走出去""引进来"双轨并行,在加强国内各地区产业发展互惠合作的同时,注重国际市场上的资源要素,以发展绿色经济为契机,以地方政府组织指导为引领,建立国内与国际市场相互联结的保障机制,开展国际合作,打开国际市场。

作者:郭娜,贵州财经大学工商管理学院旅游管理专业博士研究生,研究方向为旅游可持续发展;王超,贵州财经大学工商管理学院教授,博士生导师,省管专家,中国旅游教育人物杰出青年教师,贵州省金师教学名师,贵州省学术先锋,研究方向为农业农村发展、旅游可持续生计。

# 农业文化遗产推进农村一二三产业融合发展

## ——贵州从江占里侗寨的案例探索与发展经验

**内容提要**：贵州农村地区一二三产业融合发展是持续推进乡村振兴，坚持农业农村优先发展的关键性举措，农业文化遗产是我国农耕文明的活化载体，对进一步推进农村一二三产业融合发展具有重要作用。以贵州省从江县占里侗寨为案例，发现以下三方面的发展经验：一是从生态层面来看，产业融合发展能形成生存新能量，破解可持续难题；二是从社会层面来看，多元主体协调分工促成产业结构性调整，提升融合效率；三是从文化层面来看，文旅融合提振民族文化软实力，激活乡村休闲经济。以上三个方面共同促进了农业文化遗产的创造性转化与创新性发展，为充分盘活少数民族村寨闲置资源，推动农村一二三产业融合提供内生发展动力。

## 一、基本情况

贵州从江占里侗寨在五百年前有 160 户人，至今仍然只有 160 户人左右，人口近乎零增长，被称为"中国人口与生育文化第一村"。占里侗寨先民意识到过快的人口增长会对有限的土地承载能力以及生态环境的维护造成巨大压力，不利于长久发展，故立下了每户人家最多只能生两个孩子的规矩。现如今，占里侗寨仍流传着许多控制人口增长的歌词，如"人会生崽，地不会生崽""一棵树上一窝雀，多一窝就挨饿"等含义深刻的话语。并且，自新中国成立至今的 70 余年，占里侗寨的刑事和治安案件发生率为零，这同样令人惊叹。占里侗寨还拥有着世界重要农业文化遗产——稻鱼鸭复合农业系统，下文将做进一步阐释。

从江占里侗寨位于贵州省东南部与广西交界之处，是黔东南苗族侗族自治州下辖县区，被称作贵州省面向珠三角地区的"南大门"以及东部入黔的"第一站"。相传占里祖先为躲避战乱，在 1000 多年前由广西梧州迁徙而来，他们沿江而上找到这块风水宝地并定居下来。从江县地处亚热带季风气候南部边缘,可谓是冬无严寒、夏无酷暑。全县的山地面积约为2963平方千米,约占土地总面积的91%,最高峰海拔1670米,最低海拔145米,高度差为1525米。占里侗寨的村庄沿河而建,周边群山环绕,是一个植被保护良好、民族风情独特的侗寨(见图1)。占里侗寨目前人口共计814人,主要生产水稻、玉米、小米以及薯类等农作物,在尊重自然的生存理念引导下逐渐形成独特的稻作农业文化,其中以稻鱼鸭复合农业系统最为著名。稻鱼鸭复合农业系统可使农民兼顾治田、养鱼、养鸭,是我国生物防治工程的一大壮举,据《从江县志》《黎平府志》等史料记载,此生态农业系统可至少追溯至明朝,从本地的古曲以及口述资料来看则有近千年历史。

图1　占里侗寨入口
(图片来源:作者拍摄)

## 二、发展基础

### (一)原生态资源禀赋的绿色发展优势

稻鱼鸭生态系统内有着种类丰富的生物物种,一块稻田中共生的动植物可达上百种,目前占里侗寨所在的从江县仍在种植的传统水稻就有32种,从江有着"糯禾之乡"的美称,从江香禾糯米做出的米饭软黏可口、营养丰富、食而不腻,在地方农产品品牌培育上有着巨大的开发潜能,还有许多其他农产品以及农副产品,例如,香猪、手搓辣椒、瑶浴制品等。从江森林生物多样性极其丰富,据统计现存植物多达92科,较为常见的木本植物有224属521种,还有笋类、蕨类、菌类等100余种野菜,杨梅、草莓、绿李子、核桃等新鲜野果,木姜子、薄荷、枸杞、水蓼、小茴香等调味品,以及借助当地天然森林气候环境孕育制成的侗药、苗药、瑶药、瑶浴制品,植物的多样性为本地村民在医药、建材、美食、服饰等方面提供了良好的产业发展基础。

## (二)生态文明理念下侗族社会运行模式

从社会治理来看,村民严格遵守本族的法规条约。"款"是侗族村寨间的联盟组织或带有自治性的地缘组织,侗族人的村规民约,即侗款,涵盖族内的法律法规、民事或刑事诉讼、生产性管理、保护庄稼以及森林等自然环境的方方面面,通常刻于石碑上以示众人。占里侗寨村民充分尊重现有的自然资源条件,在保护中适度开发以谋求长远生存空间。

从农业生产来看,在几代人的努力下侗族人民建立了稻田、鱼塘、沟渠以及溪流等互相连通的人工水利体系,每一户人家的鱼塘与井泉以及河流连通并与地下水系形成循环网络。发达的供水体系为优质稻米的产出奠定基础,侗乡人对稻米的质量、光泽度以及油分等要求较高,要经过收割、晾晒、脱粒、存储等多道工序才能食用,同时会及时留种确保产量与质量的兼得(见图2)。

图2 左为占里两位先民雕像 右为禾晾木架
(图片来源:作者拍摄)

从日常生活来看,侗族传统服饰经纯手工制作而成,纺纱织染工艺有着传女不传男的风俗习惯,制作流程包括纺织、制蓝、洗染等16道工序,工艺手法十分考究,商业价值有待挖掘。建筑艺术中最具代表性的是鼓楼,最早出现在清康熙十一年(1672年),还有风雨桥、戏楼、禾仓、禾晾等建筑物,传统的侗族建筑无须一钉一铆,大都以木取材而制。侗族人将糯米制作成扁米、糍粑、甜酒等糯制美食,形成了独特的糯米饮食文化圈。顺应当地水土环境而制成的烧鱼、腌鱼、乌米饭、黄米饭、油茶、侗果产品等备受欢迎,是发展加工制造业的有力抓手。

### (三)走向世界舞台的少数民族文化形态

侗族少数民族文化体现着人与自然和谐统一的生存智慧。鼓楼是侗族人取名、节庆、迎宾等重要活动的场所,还有鼓楼坝、祭坛、风雨桥等,这些共同组成了侗族"族文化"的活动空间。侗族的许多活动体现出了群体性的特征,如"祭萨""为耶"都是全寨的男女老少按性别分围成两大圈,在一同参与、共同体认的文化氛围中获取集体性力量,而后展开诸如赛芦笙、对唱侗族大歌、踩堂歌、表演侗戏等活动;在鼓楼前进行"合拢宴"来招待客人,送别时宾主们共唱"分别歌";在岜沙成人礼、斗牛、芦笙节、吃新节等风俗节日族人们也会齐聚一堂。此外,侗族人与自然始终保持着和谐统一的互动关系,许多崇拜与禁忌均与自然相关,如日崇拜、祭日晕,祭品中的糍粑也形似日晕,寨子的建筑布局样式也是日崇拜的一种体现,还有土地崇拜、水崇拜、树崇拜、鱼崇拜等。占里侗寨奇特的生育习俗是充分尊重自然环境承载力的结果,自记载以来全村人口自然增长率几乎为零,婚丧嫁娶的习俗体现着占里侗寨真正意义上的男女平等。侗族人的生态伦理精神在保护了农业生物多样性的同时也为自身找到了长久生存之道。

## 三、初步成效

占里侗寨所在的从江县曾经是挂牌督战县之一,当地交通条件、基础设施尚不完善,进村山路崎岖不平,高铁尚未开通,村内公厕设施较为简陋,村内妇女大多不会说普通话,许多年轻人选择外出务工谋求发展,产业发展方式主要以短平快模式为主(见图3)。

图3　占里侗寨一角

（图片来源：作者拍摄）

在全面推进脱贫攻坚过程中，村民在守护原生态生存环境与乡村振兴间找到了自己的发展道路。村民在充分利用稻田鱼、稻田鸭等本地传统农业生产方式谋求发展以外，还尝试充分利用周边闲置森林资源，积极拓展林下经济发展模式，在林下种植红果参、淫羊藿、石斛等中草药材。在山谷间种植百香果如今已初具规模。同时，村委会安排专业人才对绣娘、织娘进行培训，激活了乡村女性发展潜能。（见图4）

图4　占里侗寨教学培训中心

（图片来源：作者拍摄）

脱贫攻坚发展成效显著,村寨产业融合发展态势向好。林下中草药材主要采用订单式种植方式,避免供需错配导致产品市场价格不稳定现象的发生,村寨妇女完成耕种后还可以开展民族文化手工刺绣的制作。占里侗寨以传统少数民族优势资源禀赋为依托发展具有民族特色的乡村文化旅游,在外务工的村民纷纷回村尝试经营民宿以及农家乐,联合周边侗族大歌之乡小黄侗寨、瑶族药浴之乡高华瑶寨以及枪手部落岜沙苗寨等旅游资源地构成从江文旅线路。文化旅游促进村民增收,同时推动了百香果等富民产业全产业链转型升级,实现一二三产业的融合发展。

## 四、主要做法与经验

### (一)产业融合发展形成生存新能量

农业文化遗产是自然与人工相结合的产物,呈现出的是一种含有人工创造性的综合美。占里侗寨稻鱼鸭复合系统自身构成了一套较为完整的农业生态景观,由农作物、与农作物共生的物种、周围的生态环境和本土化的土地耕作方式构成,具备发展特色山地生态农业的基本条件。

其一,推动"小农户"与"大市场"的有效衔接,传统香禾糯由历代侗族人留种,一直沿用不施化肥、农药的传统耕种技法且在无现代化学污染的环境中种植,做成熟饭后长久软糯可口而且十分耐饿。为将这种品质上乘的糯米推向市场,占里侗寨积极协调多方主体于2007年开始尝试建立农民专业合作社,并随后出台《农民专业合作社法》规范多主体间的互动机制,促使农户零散式经营转向规模式经营,提高民族特色农产品商品化程度,完成在地化交易。

其二,市场与政府对占里的发展起着重要的调节作用,有限的香禾糯是高端消费市场的优势货源,较高利润可使侗族农户更新农技人才与加工设备,促成良性循环的市场调节机制。政府部门以必要的行政管理手段和经济政策完成了对土地、人才等跨界要素和跨区资源的合理配置,统筹了小型家庭农场、村内经营大户以及本地龙头农业企业以汇聚更强劲的发展能量。

其三,发展环境对产业融合至关重要,逐步完善的公共交通基础设施条件、成熟的电商平台合作模式和自然条件为农业与第二产业融合提供了硬环境,产业融合发展的政策倾向以及振兴乡村经济的社会意识为农业与第三产业融合提供了软环境,软硬兼备的生存环境促使了产业融合向更有序的方向演化。

## （二）结构性调整提升产业融合效率

贵州从江占里侗寨近年来积极尝试发展农村集体经济，全县顺应一村一品的发展模式，在中药材、椪柑、香猪、稻鱼鸭、林下养鸡、油茶等特色产业上积极尝试，有着中国优质椪柑之乡和中国香猪之乡的美誉。

其一，重视农业生产性景观的开发，近年来在省财政部门支持下占里侗寨的集体经济发展势头强劲，村集体动员村民利用本村的资源、资金、资产扩大本村经济实体。尝试探寻新型集体经济与个体经济并行发展空间，以农业文化遗产和少数民族村寨非物质文化遗产为载体，以家庭作坊为单元，开发订单式靛染、纺织、酿酒、造纸等手工艺商品经济发展模式，发挥贵州高速公路路产综合利用效率优势，与消费端形成定向互动机制。

其二，稳定的社会秩序是经济得以发展的基础，占里侗寨具有侗族特色的乡规民约，即侗款，包含侗族长期生产生活形成的民族规范法以及跨家族跨村寨的村社事务条约，能够协调多个层面的主体推动产业集约化经营，且集约起来的小农户可壮大生产规模进而打造自己的农产品品牌，逐步形成了功能分区化、经营一体化的产业化运行模式和经营机制，实现了规则和利益的平衡。

其三，从江香猪的品牌已经建成，占里侗寨借助现有品牌优势继续扩大本地区村寨的资源优势，借鉴日本农场的产业融合模式，将香猪、稻鱼鸭系统二者结合形成合力，改造多场景、分散式香猪家庭农场和稻鱼鸭农事体验区，以亲子体验为切入点规划香猪腊肠制作空间、稻鱼腌制空间，游客参与制作的食品可购买带走也可再次预约定制，推动了农业、加工制造业与休闲服务产业的融合发展。

## （三）文旅融合提振民族文化软实力

贵州从江占里侗寨不仅有着天人合一的农业文化遗产，而且有着历史底蕴厚重的少数民族特色文化，激活少数民族特色非物质文化遗产、活态农业文化遗产的经济价值是农村三大产业融合发展的重要抓手。

其一，多维度发掘农业生活场景的经济价值。鼓楼、风雨桥等静态景观，以及侗族村民生活劳作的动态景观共同构成了占里侗寨动静结合的农业生活空间，秋收时占里规模宏大的禾晾十分壮观，挂满金色糯谷的禾晾已成为侗族特有的建筑文化景观，是爱好摄影游客的打卡胜地。

其二，顺应乡村休闲经济发展大势。占里侗寨保留了丝绒刺绣手工技艺、手工弹花机加工工艺、蓝靛染色工艺等传统制造工艺，并将鼓楼等侗族传统建筑制成等比例可拼装的手工制作模型方便游客体悟侗族建筑绝技，拓展游客的参与体验区，进而增强游客深度体验感，增大了文化遗产资源的活化利用效率。

其三,重视非物质文化遗产的开发与传承。2009年联合国教科文组织将侗族大歌列为世界非物质文化遗产,如溪涧流水般的自然声乐以及横跨多个年龄段的联合唱法有一种令人心旷神怡、步入自然的震撼力量。贵州从江占里侗寨大力宣传保护少数民族非物质文化遗产,不仅打响了自己的名片,也引导村民树立了"是民族的,更是世界的"文化自信,以基层群众民族文化意识的觉醒铸牢中华民族共同体。

*作者:崔华清,贵州财经大学工商管理学院旅游管理专业学术型硕士研究生,研究方向为旅游可持续生计;王超,贵州财经大学工商管理学院教授,博士生导师,省管专家,中国旅游教育人物杰出青年教师,贵州省金师教学名师,贵州省学术先锋,研究方向为农业农村发展、旅游可持续生计。*

# 党建引领旧村换新颜

## ——贵州兴隆镇龙凤村的案例探索与发展经验

**内容提要:**贵州龙凤村把党建引领贯穿于乡村治理各环节、全过程,着眼顶层设计,从产业结构调整、基础设施优化、精神文明提升以及文化法治带动等方面精准发力,盘活资源,积极探索"党支部+合作社+公司+基地+农户"的发展模式,壮大村级集体经济,构建"寨管家"模式,提升群众服务能力,呈现乡村振兴新格局。龙凤村通过茶叶主导产业带动了加工业、旅游业的有机结合,推动"一二三产业"融合发展,构建了"以生态观光业为基础、以茶叶及加工产业为核心、以乡村旅游休闲产业为特色"的"三位一体"的乡村产业发展新模式,乡村治理成效显著,村民物质精神文化生活丰富,旧貌换新颜。龙凤村以高质量党建引领高质量乡村振兴,聚力产业发展,改革创新赋权赋能,促进农村共同富裕,为民族地区乡村振兴提供可复制的成功路径。

## 一、基本情况

龙凤村位于贵州省遵义市湄潭县兴隆镇东南部,距县城12千米、镇政府4千米,204省道旁,交通十分便利。全村共4个村民组,共900多户3000多人,国土面积9.57平方千米,其中耕地面积3547亩,林地面积7500亩。龙凤村气温适宜,四季宜人,年平均气温15.2℃,年平均降水量1115.6毫米,年平均相对湿度80.2%,有利于人类居住和大多数植物与农作物生长发育。此外,龙凤村昼晴夜雨,降水充沛,雨热同季,夜间多雨既可降温,又可净化空气,而白天少雨则十分有利于人们的出行和旅游,彼此相得益彰,非常适合开展气候康养和乡村休闲旅游活动。良好的生态环境、独具特色的新式黔北民居、多元发展的特色产业,使龙凤村成为远近闻名的生态休闲康养地和全域旅游示范带(见图1)。

图1　湄潭县兴隆镇龙凤村村貌

（图片来源：新华网新闻报道，记者周远钢航拍）

作为花灯戏《十谢共产党》的发源地，龙凤村被众多中外媒体誉为"中国式的欧洲农村"。龙凤村先后荣获"全国新农村建设示范点""全国农业旅游示范点""美丽乡村示范村""全国民主法治示范村"等称号。2019年，龙凤村入选贵州第一批省级乡村旅游重点村。2020年，龙凤村入选文化和旅游部第二批全国乡村旅游重点村名单。

## 二、主要做法与经验

### （一）党建引领，综合治理成"乡村振兴"新格局

推动乡村振兴，实现有效治理，关键在党。如今的龙凤村在党委政府的领导下，发挥党支部战斗引领作用，把党的建设贯穿于乡村治理全过程，积极探索建设社会主义新农村的有效路子，推进"三农"建设。2012年，龙凤村荣获全国创先争优先进基层党组织称号，2022年6月，入选第三批全省党支部标准化规范化示范点。

在当地政府的支持下，龙凤村村支"两委"的动员下，村民们在荒山荒地及旱田地里栽上了茶苗，大力发展茶叶产业，改善生态环境的同时促进农户增收。早在2006年，湄潭县委县政府就聘请了专家对田家沟村民组进行整体规划，采用"三种模式""五个到户""三个

到点",在田家沟打造了全县第一个蕴含"七大元素"的黔北民居为具当地特色的新农村建设示范点。与此同时,湄潭县县政府将中央的"一事一议"工程引入了进来,对全村进行了整治规划,对45户人家全面落实"七改一增两处理",对污水统一规划,树立干净文明的村庄形象。正如2011年时任中宣部部长刘云山到田家沟调研时所说:"这里的新农村建设和精神文明建设是我见过最过硬的示范点",龙凤村也因此被中外媒体誉为"中国欧洲式农村"。如今的龙凤村继续发挥党建引领作用,奋力书写乡村振兴新答卷。

### (二)种茶品茶,开拓思路促"茶旅一体"快发展

原来的龙凤村,泥泞路,穷山村。"穷则思变",如今湄潭县是产茶大县,龙凤村亦是产茶大村。2002年,我国退耕还林工程全面启动,中央国务院提出在长江中上游25°以上坡度的耕地种树种草,保持水土不流失,龙凤村抓住此次机遇,反复调研,确定种茶的思路,实施退耕还茶。习近平总书记指出,绿水青山就是金山银山,而龙凤村发展茶叶产业后,老百姓钱包鼓起来了,村庄经济好起来了,全村生态覆盖率达80%以上。不但实现了金山银山,还保护了自己的绿水青山,龙凤村依托茶叶产业,开发了囊括田家沟景区、万花源景区、浥园园林盆景园、坪上生态茶园、现代高新农业观光园等在内的休闲旅游项目。不少村民还在家门口开起了农家乐,接待外来游客,设置了采茶、炒茶等体验活动,真正做到了"茶旅一体化"发展。

### (三)利益缔结,盘活资源建"集体经济"新模式

湄潭县是全国农村土地综合改革试验区之一,龙凤村在湄潭县改革办指导下,先后承担了国家级农村土地综合改革一系列改革课题,通过招商引资,盘活土地资源,发展村级集体经济。龙凤村以"政府引导、百姓参与、社会资本投入"的方式,大量招商引资,强化农村土地所有权,稳定承包权,放活经营权,盘活山地、林地等资源,通过项目建设、资金和土地入股、闲置宅基地有偿使用和旅游项目开发,积极探索"党支部 + 合作社 + 公司 + 基地 + 农户"的发展模式,壮大村级集体经济,形成基于统筹管理的村集体、农民、合作社、企业四方利益联结机制,推动龙凤村高质量发展。

### (四)群众参与,村寨管家树"村庄治理"新文明

龙凤村构建"寨管家"模式,形成镇、村、寨三级上下联动的"3 + N"乡村治理体系,打通了服务群众"最后一千米"。村中党员在寨主领导下担任"寨管家"角色,村庄治理井井有条。村民有事可以直接打电话给寨管家,逐步形成"友邻和睦、守望相助、协调联动"的抱

团发展模式,极大地改善了过去邻里之间"相见不相识"的关系,展现新时代新突破。寨管家壮大了农村干部队伍,农村基层治理得到有效保障。

## 三、建设成效

### (一)乡村治理成效显著

2008年至今,龙凤村从产业结构调整、基础设施优化、精神文明提升以及文化法治带动等方面精准发力,规划打造生态茶叶专业村,扎实开展农村人居环境整治工作,实施用电用水保障工程,建设污水处理工程和通组公路,打造美丽乡村升级版,补短板强弱项,良好的生态环境、多元发展的产业为龙凤村推动乡村全面振兴注入了强劲动力(见图2)。龙凤村被中外媒体誉为"中国欧洲式农村",斩获多项殊荣(详见表1),并于2017年顺利迎接了第三次全国改善农村人居环境工作会议的召开,乡村治理出成绩。

表1 龙凤村殊荣一览表

| 时间 | 授予部门 | 荣誉名称项目 |
|---|---|---|
| 2008年 | 农业部 | "全国农业旅游示范点" |
| 2011年12月 | 中央精神文明建设指导委员会 | 第三届全国文明村镇名单 |
| 2012年 | 中共中央组织部 | 全国创先争优先进基层党组织 |
| 2016年12月 | 住房城乡建设部 | 第四批"美丽宜居村庄"示范名单 |
| 2017年9月 | 住房城乡建设部 | 2017年改善农村人居环境示范村名单中的"美丽乡村示范村" |
| 2018年7月 | 司法部、民政部 | 第七批"全国民主法治示范村(社区)" |
| 2019年12月 | 贵州省文化和旅游厅 贵州省发展改革委 | 第一批贵州省乡村旅游重点村名录 |
| 2020年8月 | 文化和旅游部 国家发展改革委 | 第二批"全国乡村旅游重点村"名单 |
| 2022年6月 | 贵州省组织部 | 第三批贵州省党支部标准化规范化示范点 |

(资料来源:作者根据相关资料整理得来)

图2 上为龙凤村旧貌 下为龙凤村新颜

（图片来源：龙凤村村委会）

## （二）物质精神文明丰富

在龙凤村，可以感受到茶园的诗意、村民的好意、生活的惬意，2000平方米的农民文化广场可容纳500多人休闲娱乐，宽敞的农家书屋成了学习爱好者的精神家园，现在的龙凤村基础设施完备，村民物质精神文化生活丰富。

龙凤村集体经济从2016年上级补助发展启动资金5万元发展到现2021年的村级集体经济超100万元，年人均可支配收入在近20年翻了二十几倍，从2002年的不足1000元发展到了2020年的21500元，龙凤村60%的人在县城购置了商品房，95%的人买了汽车，村民从贫穷走向富裕、奔向小康。

龙凤村田家沟群众结合发展历程,依托本村民俗文化花灯戏,自编自演自导的花灯戏《十谢共产党》唱响祖国的大江南北,歌颂党的领导下龙凤村的巨大变化,在全国范围内引起了强烈反响(见图3)。中央《新闻联播》《焦点访谈》等栏目、《人民日报》、新华社和《求是》杂志社等中央主流媒体都对其进行了专题报道,当地还先后迎来了多位党和国家领导人的视察调研。

图3　龙凤村花灯戏《十谢共产党》
(图片来源:龙凤村村委会)

### (三)一二三产融合发展

龙凤村依托湄潭县"中国茶叶产业第一县"的产业优势,乘着"农业现代化"的东风,以"绿"生"金",集成乡村旅游休闲和农村生态产业于一体,通过茶叶主导产业带动了加工业、旅游业的有机结合,推动"一二三产业"融合发展,构建起"以生态观光业为基础、以茶叶及加工产业为核心、以乡村旅游休闲产业为特色"的"三位一体"的乡村产业发展新模式。截至2021年底,龙凤村共有黔北民居820多栋,全村发展茶园面积6700亩,茶叶加工厂28家,茶庄及民宿9家。龙凤村以6700亩生态茶园为支撑(见图4),带动加工业、服务业和旅游业的全面发展,打造农民创业园150亩,现代高新农业观光园820亩,无公害蔬菜基地120亩,人工建造湿地万花源800亩,成功找到了一条农村增收致富的路子。

图4 龙凤村生态茶园
(图片来源:龙凤村村委会)

## 四、经验启示

### (一)党建引领是基础

实现乡村振兴的关键在党,要充分发挥党支部战斗堡垒和前沿阵地作用,坚持党建引领,筑牢基层治理根基。坚持把党建工作与乡村治理相结合、同推进,完善党对乡村振兴的领导方式,积极探索不同的推进模式和载体,增强基层党组织富民强村水平,确保党建最大政绩和乡村振兴头号民生高度融合,汇聚起全党上下、社会各方的强大力量,逐步形成共建、共管、共享新格局。

### (二)产业发展是关键

大力发展产业是乡村振兴的必经之路,应聚力产业发展,依托乡村特有的生态环境条件,坚持发展特色产业经济,将环境优势、生态优势转化为经济优势。要坚持"一村一策",避免盲目跟风和简单复制,立足自身资源禀赋和产业基础等,根据市场需求进行差异化发展,因地制宜促进农民增收。

## （三）改革创新是动能

乡村振兴必须以改革创新的思路，全面赋权赋能，创新政策支持体系，积极探索农村发展新模式，激发农村各类要素的潜能和各类主体的活力，助力"三农"发展。可立足当地的资源禀赋守正创新，通过股份合作、联合经营、购买政府公共服务、创新与社会组织合作模式等方面的实践积极探索适宜本地的村级集体经济发展路子。

## （四）共同富裕是主线

党始终把人民放在心中最高位置、把造福人民作为最大政绩。乡村振兴就是要在实践中探索出一条"先富带后富，最终实现共同富裕"的科学道路。应通过乡村一二三产业融合发展，延伸产业链、价值链、供应链，拓展农民增收渠道；发展壮大新型农村集体经济，更好促进村民共同富裕；构建多方合作利益协调机制，协调各方助力农业农村发展，让农民更好共享发展成果。

*作者：黎星恋，贵州财经大学工商管理学院旅游管理专业博士研究生，研究方向为旅游可持续生计；王超，贵州财经大学工商管理学院教授，博士生导师，省管专家，中国旅游教育人物杰出青年教师，贵州省金师教学名师，贵州省学术先锋，研究方向为农业农村发展、旅游可持续生计。*

云南

云南省,简称云或滇,位于我国西南地区,东部与贵州、广西为邻,北部与四川相连,西北部紧依西藏,西部与缅甸接壤,南部和老挝、越南毗邻。云南省总面积39.41万平方千米,占全国国土总面积的4.1%,下辖16个地级行政区,是全国边境线最长的省份之一,有8个州(市)的25个边境县分别与缅甸、老挝和越南交界。截至2021年,云南省的常住人口为4690万人,是中国民族种类最多的省份。

云南曾经是我国贫困县数量最多的省份,全省129个县中,122个有扶贫任务,其中88个为国家级贫困县,27个为深度贫困县。按照国家统计标准,云南省2012年底,贫困人口超过880万人。其中,少数民族贫困人口占46.4%,深度贫困地区贫困人口接近一半,全省贫困发生率超过20%,27个深度贫困县贫困发生率超过30%。云南在决战脱贫攻坚、决胜全面建成小康社会中尽锐出战、攻坚克难,全省933万农村贫困人口全部脱贫,8502个贫困村全部出列,88个贫困县全部摘帽,实现了150万人易地搬迁,11个"直过民族"和"人口较少民族"整体脱贫,历史性地解决了绝对贫困问题。

# 小葡萄串起"大产业",金剪刀裁出"致富果"

## ——以云南省建水县为例

**内容提要**:依托特色产业,发挥人才优势,协同多主体力量是取得乡村振兴胜利的关键法宝。云南省红河州建水县通过"转包、出租、转让、入股"等方式,积极探索"合作社+党支部+人才超市+党员+农户"五位一体的发展模式,形成"产业+就业"的利益联结机制,让一个支部兴产业,一个"超市"育人才,一项技术强本领,一把剪刀闯天下的模式实现了产业发展促富裕,土地流转地生金,就近务工稳增收的美好图景。

依托特色产业,发挥人才优势,协同多主体力量成为取得乡村振兴胜利的关键法宝。党的二十大报告提出要积极"发展乡村特色产业,拓宽农民增收致富渠道。巩固拓展脱贫攻坚成果,增强脱贫地区和脱贫群众内生发展动力",同时也要"坚持大抓基层的鲜明导向,抓党建促乡村振兴",倡导包括乡镇政府、企业、社会组织在内的各个主体参与到乡村振兴中去,为乡村振兴凝聚多元主体的力量。经济发展是"乡村振兴战略"的重要主题,产业振兴是实现乡村振兴的物质基础。乡村振兴战略在实施过程中将产业振兴作为广泛实现农村群众真实、多元需求和提升幸福感和获得感之必要条件和物质基础来推动,体现了农村经济发展的"人本"回归。[1]云南省红河州建水县通过"转包、出租、转让、入股"等方式,积极探索"合作社 + 党支部 + 人才超市 + 党员 + 农户"五位一体的发展模式,形成"产业 + 就业"的利益联结机制,既推动了多元主体参与乡村产业振兴的积极性和稳定性,又促进了村民积极参与、社会组织发挥作用、村委和乡镇政府负责的良好格局。

## 一、建水县基本情况

云南省红河州建水县光热资源丰富、昼夜温差大、雨水充沛,种植早熟葡萄具有得天独厚的自然优势。经过近20年的探索和实践,建水县逐渐成为全国上市时间最早、种植规

---

① 冯贺霞:《发展与幸福》,社会科学文献出版社,2016年版。

模最大、风味色泽最优的葡萄种植基地(见图1、图2),先后获评"中国早熟优质葡萄第一县""国家级鲜食葡萄栽培农业标准化示范区"等荣誉称号,被列为"全国最大的早熟夏黑葡萄基地"。南庄镇是建水县葡萄发展核心区,葡萄种植面积7万余亩,占全县葡萄种植面积的70.13%,葡萄产值达20.04亿元,2017年荣获中国农学会葡萄分会、中国果品流通协会葡萄分会联合授予的"中国早熟葡萄名镇"称号。

南庄镇通过"转包、租赁、转让、入股"等方式,引进种植大户和企业来投资葡萄产业发展,共培育出400多家优秀的新型经营主体和种植大户,辐射带动农户100余户独立栽种葡萄。同时,镇党委、政府将葡萄产业发展与当地群众就业紧密联结起来,积极探索"合作社 + 党支部 + 人才超市 + 党员 + 农户"五位一体的发展模式,形成"产业 + 就业"利益联结机制。在满足企业用工需求、服务企业发展的同时,农户通过土地流转收取租金或到葡萄基地务工,增收致富,实现了发展一个产业、带动一方经济、富裕一方百姓。

图1　建水县南庄镇标准化葡萄种植园
(图片来源:云南省乡村振兴局)

图2　建水县南庄镇葡萄种植基地
(图片来源:云南省乡村振兴局)

## 二、主要做法及经验

### (一)一个支部兴产业

发展农村产业来带动农村地区增收是脱贫致富最有效、最可靠、最根本的途径。各参与主体结合本地资源禀赋、传统优势和产业基础,评估规划新增市场需求,因地制宜地确定与本地优势资源相关的产业优势,找准产业项目与群众增收的结合点和利益连接方式,充分发挥比较优势,从而形成了有特色的优势主导产业。

南庄镇葡萄产销专业合作社成立于2012年,位于葡萄种植核心区——干塘新村,全村共种植葡萄1.1万亩。在党委的指导下,合作社探索村企合作共赢新模式,将党支部建在合作社,通过党建引领,带动葡萄产业发展壮大。合作社建立标准化示范基地7000亩,销售葡萄1万多吨,通过合作社种植经营加工的葡萄总价值4.2亿元,带动农户1200余户,为农户增收1500多万元。立足产业优势,南庄镇在产业发展好的重点村组建产业合作社和党支部,积极推行"1+7"党群联系制度,即1名党员以生产地为区域,划分"包片联户"责任区,负责联系本片区内7户种植户,不断优化葡萄产业结构、延伸产业链条,构建"产业发展组织带"的发展格局,推动产业发展带动村集体经济增收,有力夯实产业发展基础。2021年,全镇共种植葡萄7.02万亩,有147家葡萄种植企业和300余家种植大户,全镇葡萄产值20.04亿元,带动3万余名群众就近就地就业。

## (二)一个"超市"育人才

汇聚全社会力量,强化乡村振兴人才支撑,塑造各个参与主体强大合力,营造"和衷共济、积极向上、团结互助"的氛围,是合力推进乡村振兴伟大事业的人才保障。通过发挥基层党组织在乡村振兴中的"带领"作用,选优配强,造就一支"懂农业、爱农村、爱农民"的"三农"工作队伍,因地制宜地为基层催生更多乡村振兴新模式。

"我们种植了1100亩葡萄,引进了水肥一体化、绿色防控等技术设备,大大节省了人力,但疏果、修枝等工作还是需要人工管理。疏果、修枝的用工旺季,平均一天需要工人500名,用工持续2个月。"来自浙江省的葡萄种植大户王贤近说。

庞大的用工需求,倒逼当地在劳务供应和技术人才培养等方面下功夫。为做好用工保障,南庄镇积极搭建"乡土人才超市",由党委政府、合作社牵头,组织100余名党员和乡村技术能手作为劳务输出联络员和技术培训员,根据全镇葡萄产业发展状况和企业在不同时间段的用工需求,负责做好用工信息收集、输出人员召集岗前技术(葡萄疏果)再培训、权益维护跟踪等。目前,乡土人才超市累计培养重点人员100余名,每名重点人员定期联系50余名本地务工群众,用工高峰期每名重点人员可组织联络200余人到葡萄基地务工。每年可提供具有高级技术的农村劳动力380余万人次,带动3万余人务工,发放劳务费超过5亿元。

## (三)一项技术强本领

发挥乡村能人在乡村振兴中的"带头"作用,支持、引导农村居民依靠自身力量实现发展。这项举措可以激发乡村居民的自主能力,促进乡村居民参与意识的提高,实现乡村发展由"他助"向"自助"的转变,让乡村居民真正成为乡村发展的现实主体,即乡村发展的决策主体、实施主体和受益主体。

全国优秀农民工、建水县"金剪刀"劳务品牌代言人李积秀是南庄镇大寨村委会邹伍村村民(见图3),1991年出生的她初中毕业后就在镇内的葡萄地里打工,通过专业技术培养和个人勤奋努力,练就了一手为葡萄修枝打杈、疏果、装果的好技术。李积秀所带的葡萄疏果队技术精、信誉好,在全国葡萄种植界

图3　全国优秀农民工李积秀正在给葡萄疏果
(图片来源:云南省乡村振兴局)

小有名气,中央电视台和云南《都市条形码》节目多次报道,称赞她们"一把剪刀闯天下",用勤劳的双手和娴熟的技能增收致富。

建水县农业农村和科技局、人力资源和社会保障局等部门和南庄镇积极整合各方培训资源,成立专家工作站、银发人才助力乡村振兴工作站,通过"党建+示范工作站"模式,主动邀请省州各级专家到村开展葡萄种植、修枝、打杈、疏果等技能培训,并成立由15名镇农科技术人员和上百名葡萄种植能手组成的乡土人才队伍,对群众手把手开展技术培训服务。多次联合本地葡萄种植企业开展有针对性、成规模性的葡萄种植管理专业技能实操培训,全镇每年累计组织开展各类技术培训100余场次。通过多方面培训,打造了一批葡萄种植专业化人才队伍,群众务工收入由每人每天80元左右提升到了150元左右。

## (四)一把剪刀闯天下

鉴于各地乡村发展的不同优势和需求,通过完善省际结对关系,建立优势互补、地区互鉴、部门互通、行业互动、全社会协同参与的乡村振兴的实践体系。在建水县南庄镇流传着这样一句话"剪刀响响,黄金万两"。享有"中国早熟葡萄名镇"称号的南庄,多年来积累了种植、管理经验,

图4　务工群众正在分拣葡萄
(图片来源:云南省乡村振兴局)

尤其是修枝打杈、疏果、装果的技术更是得到葡萄种植界的认可,昔日葡萄地里的"打工妹"成为如今国内各大葡萄产区竞相邀请的"疏果师"。

巧借葡萄成熟时间差,南庄镇党委政府、各村党组织、各葡萄种植企业联动,组织数千名本地"疏果师"共同组建"巧媳妇金剪刀疏果队",凭借着娴熟的疏果技术和吃苦耐劳的精神,"巧媳妇"们离开家乡,走南闯北,打着"飞的"去到新疆、河南、山东、陕西、浙江等地的葡萄主产区务工。如今,"巧媳妇金剪刀疏果队"的劳务输出品牌影响力日益彰显,名声远播,荣登央视新闻,得到了国内葡萄种植界的普遍认可,成为各地争抢的对象,省外各大葡萄种植企业都开始主动联络,邀请她们去当地指导。截至2021年,"巧媳妇金剪刀疏果队"每人每年外出疏果收入达3万元以上,可带回务工收入9000余万元,真正实现一颗葡萄串起了一个产业链,一把剪刀剪出了一条致富路。

## 三、初步成效

通过产业发展,利益联结机制的带动,实现了农民收入、集体收入、农业效益的"三倍增",巩固脱贫攻坚成果、推进乡村振兴效益明显。

一是产业发展促富裕。在企业和大户的示范带动下,当地一些技术掌握好、资金足的农户也开始自主种植葡萄,搭上产业规模化发展的快车,农户自主种植葡萄年收入上百万,成为当地率先发展起来的富裕户。

二是土地流转地生金。南庄镇是建水县土地流转最早、流转面积最大的乡镇。通过引进企业和大户发展葡萄种植等产业,带动土地流转。2021年,全镇共流转土地8万余亩,葡萄产值达20.04亿元。干龙潭村葡萄产销专业合作社按照"依法、自愿、有偿、规范"的原则,积极引导农户采取"转包、出租、转让"等方式进行土地流转,盘活土地资源。农民流转土地平均每亩租金1500元,承租方从葡萄挂果销售起,每亩土地每年向葡萄产销专业合作社交纳发展金100元,所得收益按村小组60%、村委会20%、合作社20%的比例进行分成。全村共流转土地1.1万亩,仅2021年,葡萄合作社、干龙潭村、干龙潭村小组分别获得了22万元、22万元、66万元的收益,人均纯收入达1.8万元以上。

三是就近务工稳增收。随着产业发展,当地企业和大户的用工需求量不断增加,每年在南庄镇葡萄基地务工的县内劳动力达2万余人,辐射带动红河、元阳、绿春等周边县市常驻务工4000余人。镇内多数村民把土地流转给基地,自己又到基地务工,一块地两份钱,就近务工、收入顾家两不误,全镇每年通过劳务用工发放的劳务费用超过5亿元。全镇3000余名"金剪刀疏果队"每人每年光到外地疏果的收入就有3万多元。

## 四、经验启示

(一)党的领导是根本。坚持党建引领产业发展,按照"一县一业"总体布局,立足各乡镇、村的产业基础和自然条件,引进龙头企业和种植大户,重点聚焦粮食、蔬菜、水果、畜禽等优势产业,打造"一村一品"。在基层党组织的指导下,在产业发展好的企业和公司成立农业专业合作社,并在合作社成立产业党支部,逐步探索形成"企业 + 合作社 + 党支部 + 农户"的产业党建模式,在党的领导下,形成规模化、一体化发展。

(二)产业发展是基础。建水县始终将产业作为经济发展、助农增收的"压舱石",经过多年的持续打造,全县形成区域性特色规模化产业,被列为"一县一业"特色县,获评"农业大县""产粮大县""中国果品之乡"等荣誉称号,而南庄是建水水果的主产区和核心区,被称为"中国早熟葡萄名镇",产业发展为群众增收致富提供了硬支撑。

(三)技能培训是关键。"产业旺、就业兴",百花争艳的产业发展造就了建水县庞大的劳务用工需求。根据产业发展过程中对人才和人力资源的需求,在引才、留才、育才、用才上下功夫,同时对分散的农村普通群众进行整合培训,以能力素质的提升换来增收渠道的拓展,让农民端上"手艺碗",吃上"技术饭",挣到"工匠钱",真正变"输血"为"造血"。

(四)务工就业是抓手。"一人就业,全家致富"。强大的产业为务工就业提供了广阔舞台,通过就地就近务工,农户实现挣钱顾家两不误,在促进农户持续稳定增收的同时还有利于家庭和谐稳定。

*作者:郝志超,西南大学国家治理学院副教授,研究方向为社会工作、老年学,以及社会治理。*

# 盘活农村闲置资产,激发乡村振兴动能

## ——以云南省罗平县为例

**内容提要**:盘活资产资源是壮大集体经济、增加农民收入、高效推进乡村振兴的有效途径。云南省曲靖市罗平县围绕特色镇及林业建设的有效载体,盘活农村各类资源要素,拓宽集体经济发展壮大路径,创新探索将农村闲置宅基地退出,变更为集体经营性建设用地,让"沉睡"的宅基地"流动"起来。积极发展游学、康养等新产业新业态,探索"闲置资源+乡村旅游"助推农民增收路径,建立了"资源盘活型"利益联结机制,增强农村"造血功能",让村庄活起来、产业旺起来、村民富起来,为乡村振兴注入新动能。

脱贫攻坚目标任务完成后,"三农"工作重心发生了历史性转移。党的二十大报告提出"要全面推进乡村振兴","巩固和完善农村基本经营制度,发展新型农村集体经济"。内生于农村的新型集体经济能够直接提高农民的收入水平和稳定性,还能促进提升基础设施、养老服务等公共服务水平,更能为农村产权资本化提供载体[1],是推动乡村振兴、实现共同富裕的动力引擎。云南省曲靖市罗平县积极盘活农村经营性资产和资源性资产,引导农户特别是脱贫人口和低收入人口有效嵌入产业链中,实现脱贫人口就地就近就业,让农村集体经济发展的红利更多更公平地惠及全体成员,打造出"集体经济新模式、利益联结新机制、乡村旅游新业态"的新样板。

## 一、罗平县基本情况

全面建成小康社会后,乡村振兴是新发展阶段进一步缩小城乡贫富差距,促进城乡人民共同富裕的重要路径选择。[2]罗平县作为云南省首批、曲靖市首个脱贫摘帽县,立足自身资源禀赋优势,按照"政府主导、政府引导、农民主体"的阶段性思路,坚持乡村建设为农

---

[1] 王耀德、马玲兵:《新时代农村集体经济"第二次飞跃"的价值意蕴和实践路径》,《南昌大学学报》(人文社会科学版) 2021年第4期。

[2] 叶兴庆:《新时代中国乡村振兴战略论纲》,《改革》2018年第1期。

民而建、乡村振兴为农民而兴,采取"试点先行、多点探索、逐步推广"的办法,以"壮大集体经济、促进农民增收"为落脚点,以位于"中国最美峰林"金鸡峰丛景区核心腹地的品德村为核心,探索"闲置资源＋乡村旅游"发展新路径,着力打造"旅游＋游学＋康养＋文化＋生态"为一体的云上花海乡村振兴示范园(见图1)。在示范园的建设中,创新乡村旅游带动乡村振兴新路子,稳慎处理好政府主导与农民主体、社会资本与农户利益、尊重农民愿望与推动农民现代化3种关系,最大限度激活"沉睡"资源,探索建立"资源盘活型"利益联结机制,打造出"闲置资源＋乡村旅游"的"罗平样板"。在示范园的经营中,罗平县充分发挥农民主体作用,贯通产加销,融合农文旅,让农民深度融入产业链、价值链,不断发展壮大村级集体经济,实现强农业、美农村、富农民。2021年,全村1565户5708人实现人均可支配收入21000元,先后获评"2019年度市级美丽村庄""2021年度市级文明村""国家森林乡村"等荣誉称号。

图1　云上花海乡村振兴示范园
(图片来源:云南省乡村振兴局)

## 二、盘活农村闲置资产,壮大村级集体经济

壮大集体经济是新时期"三农"工作的重要组成部分,也是巩固脱贫成果、乡村振兴,以及共同富裕实现的有效衔接的重要途径,对提高农户财产性收入、培育持续性收入流、缩小城乡收入差距、释放公共服务的社会福利效应、实现农业农村现代化发展有着重要作

用。罗平县稳步推进资产量化(财政投入资金、专债资金、社会资本、农户自有资本)入股,通过股份合作自主经营、资金入股借力发展、托管代理服务发展、盘活撤并村闲置资产等多种路径,积极盘活闲置房屋、土地等资源资产,赋予农民更多生产的自主权,将集体经济高质量发展与美丽乡村建设、文旅发展紧密结合,实现集体经济多元化发展。

## (一)闲置宅基地 + 美丽乡村,让闲置宅基地"醒过来"

闲置宅基地作为村级资产资源盘活的切入点,为乡村振兴提供重要物质依托,能够深化农村集体产权制度改革、推进乡村振兴和乡村建设。通过统筹农业综合开发与美丽乡村建设,释放农村宅基地价值,使农村社会充满活力、和谐有序。罗平县采取政府引导、企业参与、群众主体的模式,以规划为引领,以院落为单位,紧扣休闲娱乐、绿色养生、科普教育、农事体验等新型消费需求,盘活利用闲置宅基地、场院等发展观光景点、活动场所、餐饮服务等,整合沪滇协作、乡村振兴、农业农村等项目资金1000多万元,深入推进农村环境卫生综合整治,全面开展"美丽家园、绿色田园、幸福乐园"工程,实施美丽村庄提档升级工程。截至2021年,建成彩色步道18千米,美化房屋47所,绿化美化空间3620平方米,建设小水池、小塘坝、小水渠等30余处,打造小菜园、小花园、小庭院等50余个,实现了田园变花园、村庄变景点。

## (二)闲置农房 + 餐饮民宿,让闲置农房"活起来"

随着城镇化速度的加快,乡村资源闲置问题日益严重,相当数量的乡村房屋处于闲置或半闲置状态,充分盘活利用闲置农房成为乡村振兴中亟待解决的问题。与此同时,乡村旅游的发展带动了民宿行业的快速兴起,不仅使乡村闲置资源得到有效再利用,还能促进乡村经济发展、带动文化传播、改善乡村环境。品德

图2 维古合作社

(图片来源:云南省乡村振兴局)

村积极探索"党支部 + 公司 + 合作社 + 农户"的运作方式,成立云上农旅专业合作社和维古康养旅游专业合作社(见图2),以合作社为平台,聚合零散土地,盘活无人居住的老宅农

户以每年每亩土地900元、闲置房屋每年每间1500元的价格租给合作社,签订10年租期合同。合作社共收储零散土地500亩、闲置房屋16所,再以土地和闲置房屋入股古养小筑民宿管理有限责任公司,由公司投入资金,植入特色业态,一体化运作,规模连片种植金丝皇菊、杭白菊等药食同源中药材,统一装修打造"古养小筑""香樟小屋"等民宿,引得众多游客前来观赏体验。

### (三)荒地荒山+游乐园,让荒地荒山"忙起来"

乡村旅游业的发展是乡村振兴至关重要的工作,不仅可以提升乡村经济水平,还可以通过建设旅游基础设施丰富乡民们的生活。随着乡村旅游项目的扎实推进,四荒地(荒沟、荒丘、荒山、荒滩)已经成为发展农村休闲旅游业的重要支柱,承载着其巨大的经济附加值。近年来,罗平县品德村抢占全县打造乡村振兴示范片区的有利先机,积极探索"企业+合作社+农户"新路子,把荒山荒地建成游乐园,通过村民入股分红发展集体经济,带动村民致富。合作社与农户签订荒山荒地流转协议,以10年为期限,集中流转30余亩土地入股,占股30%,引进古养小筑民宿管理有限责任公司投资打造儿童游乐园,带动家庭吃、住、游、娱一体化,实现全产业链盈利,预计年利润30万元,合作社每年可获利9万元,按收益的20%返还给农户,实现户均增收1000余元。

### (四)闲置劳动力+就地务工,让闲散人员"动起来"

随着新农村建设不断推进,广大农民整体素质水平得以提高,新型农民已经成为农村一道靓丽的风景。但是,劳动力紧缺是农村产业发展最为突出的问题,盘活这些闲置的新型劳动力,则能带动新一轮的乡村就业之潮。罗平县坚持党支部引领,以"公司+合作社"的市场化劳务模式,全面排查村庄劳动力,主动调配劳务力量,建立起"订单式"培训计划,使农民掌握必备技能,就地从事以工程建筑、绿化保洁、餐饮服务为主的工作,实现农民就业不出村、企业用人有保障的双赢目标。公司每天聘用50人左右,从事建筑施工、绿化美化等工作,聘请当地妇女20余人在民宿、农家乐、超市从事服务工作。合作社常年聘用管理人员8人,培养农村青年担任合作社董事、监事,参与乡村管理。如遇大型活动和节假日,从村里聘请临时性工人从事水电、保洁、绿化、安保等工作。200余人实现在家门口上班,月收入达到2000元至4000元。

## 三、形成稳定利益联结，拓宽农民增收渠道

利益联结机制是促进小农户与现代农业发展有机衔接的重要纽带。[1]健全完善市场主体与农民利益联结机制，能帮助农户尽可能多地分享全产业链增值收益，充分实现农民增收、企业发展、地方受益。近年来，罗平县立足新时代，奋进新征程，盘活农业产业、移风易俗、农旅融合、精神文明建设等资源链，筑牢联农带农利益联结机制，让群众共享发展红利。3个村已有26户返乡自主创业，200余人在家门口上班，月收入达2000元至4000元，实现农户自主经营有收入、合作经营有分成、就近务工有工资、全体社员有分红、全民共享乡村振兴成果的目标。

### （一）清产核资，三类资源活起来

农村集体资金、资产、资源是农村集体经济增长的重要物质基础，更是实现乡村振兴的重要保障。资源既要清出来，又要统起来，更要活起来，才能充分激活资源富民兴村新动能。罗平县坚持把清产核资作为撬开乡村振兴的"致富门"，由政府主导盘点资源，估价量化为能够参与经营的资产，为多元化发展经营业态夯实基础。一是盘活集体资产：系统清算政府投入到云上村、维古村、小龙潭村用于发展经营业态的394万元资金，分别量化给3个村作为集体资产，同步颁发产权证书。二是盘清企业资产：全面盘清板桥镇村镇建设综合开发公司投入在3个村内的经营项目，量化为企业资产462万元。三是盘活农户资产：科学估算参与业态经营的37户闲置房屋、500亩土地、30亩山林、16户庭院的价值，实现资产资金化。

### （二）搭建平台，一个公司管起来

乡村振兴的关键在于培养一大批有新理念和新技术的"台柱子"来当"指挥员"。随着乡村振兴战略的全面推进，农业经理人的作用日渐突出，逐渐成为广袤乡村实现绿、富、美的带头人。罗平县通过创新"公司＋乡村CEO＋合作社＋农户"管理模式，管好用活集体资产、农户资产、企业资产，确保资产保值增值、整体安全。一是成立合作社：成立2个农民专业合作联社，3个村的集体资产作为合作联社的经营资本金，由村党总支书记任理事长，全权代理村集体经营管理。二是组建经营公司：2个合作联社与板桥镇村镇建设综合开发公司共同注册成立罗平县村景旅游开发投资有限公司，负责整个示范园的全链条运营管理；2个合作联社的集体资产各占股23%，板桥镇村镇建设综合开发公司占股54%。三是

[1] 杜洪燕、陈俊红、李芸：《推动小农户与现代农业有机衔接的农业生产托管组织方式和利益联结机制》，《农村经济》2021年第1期。

乡村CEO引领发展:在全国范围内海选3名乡村CEO,组建"村组两级党组织书记+乡村CEO"公司管理团队,为人才振兴引活水,为乡村振兴赋新能,为公司发展添动力。

### (三)市场经营,四种模式转起来

市场化的经营模式是推动农村产业革命、振兴乡村经济的"点睛之笔"。经营公司做车头,乡村CEO当引擎,共同牵引着农户、合作社和外来企业组团式发展、集约化经营。罗平县通过"乡村CEO+农户""公司+合作社""公司+农户""公司+企业"4种经营模式,推动各类经营业态"百花齐放",同时确保合作社可优先提取3%~10%的营业额用于壮大集体经济,定期兑现合作社分红返利,带领全体社员致富奔康。一是乡村CEO+农户自主经营:在乡村CEO指导和政府扶持下,农户用自家资产开发经营业态,自主运营、自我"造血"(比如经营云上庄园、维古小院、山中缘等),有效激发内生动力。二是公司+合作社自主经营:运营公司将已建成的部分经营业态委托给村级合作社自主经营,当地的小龙潭村烤房便利店、五坊一中心便是此种模式,旨在赋予合作社更多自主权,实现村集体利益最大化。三是公司+农户合作经营:农户以其量化后的资产出资,与经营公司合作经营业态,将"小农户"连接进入"大市场",让农户创业增收更有信心,经营所得利润按出资双方投入比例进行分成,例如云上咖啡屋、嵌入式民宿等。四是公司+企业合作经营:云上花乡乡村振兴示范园区的云上人家、古养小筑、云上会客厅等业态,均是运营公司与企业分别出资合作开发经营业态,经营所得利润按出资双方投入比例进行分成,实现强强联合、互利共赢。

### (四)三次分配,群众日子靓起来

推进乡村振兴,重在促进农民共同富裕。健全"资产分红+效益分红"利益分配机制,盘活资源要素,能够做大农民共同富裕的"蛋糕",让群众成为乡村振兴的最大受益者。罗平县主要采取了三种模式让农民更多分享发展成果。首先,一次分配营业额。开发"智慧云上"业财税银一体化管理系统,建立统一收款码,系统自动按经营业态类别提取营业额的3%~10%划转到合作社。其次,二次分配净利润。与农户、企业合作经营的利润按合作协议分成,经营公司所得利润再按出资比例分配至合作联社。最后,三次分配发展红利。合作社提取的营业额扣除自身运营管理成本后,20%用于集体经济再发展,80%用于社员一次分红;合作联社所得利润,依照合作社章程,社员再享二次分红。

## 四、立足资源禀赋，焕发文旅活力

文旅融合不仅能提高文旅资源利用效率和产业附加值，还能创新文化表达方式、提升旅游服务质量，更好满足人民群众日益增长的精神文化需求。罗平县坚持全域旅游观念，以乡村旅游为突破，立足当地资源禀赋和文化底蕴，建造一批多元化的特色精品民宿，打造以"旅居研学"为主题的云上村、"康养体验"为主题的维谷村、"乡愁记忆"为主题的小龙潭村、"体旅融合"为主题的金鸡村等，推动"村庄变景点、田园变公园、民房变客房、生态变人流、人流变财气"，展现"生态美、生活美、生产美"的特色乡村风貌。

### (一)规划引领科学建

乡村旅游是实现乡村振兴战略的重要着力点。坚持科学规划引领、明确文旅发展方向能够丰富乡村经济形态，赋能乡村振兴。罗平县历史文化底蕴深厚，旅游资源得天独厚，做强文旅产业重点要把资源优势、比较优势转化为产业优势、经济优势。促进旅游业发展与乡村振兴战略深度融合，以旅游村庄为目标，通过"多规合一"实用性村庄发展规划的编制和实施，补齐乡村建设短板，整治"只建新房、不见新村""建了新村，产业不兴、人气不旺"问题。云上花海乡村振兴示范园严格按照规划建设，不搞大拆大建，融入人文风情、民族风貌、旅游业态。同时，统筹做好"古色"资源的保护修复与开发利用，面向市场、针对需求，高标准推进景区规划，加快补齐景区设施和周边环境治理等基础设施短板，实现文旅业态全链条升级、全方位改造。

### (二)以点带面稳步推

文化和旅游是乡村振兴的有力支撑。农文旅融合发展模式能激发乡村经济的活力，促进产业转型升级，带动农村高质量可持续发展。罗平县以云上花海乡村振兴示范园建设为引领，依托花海、峰林、田园、瀑布等自然景观，合理选取一批资源禀赋好、村庄规模适度、基础条件适中的村寨开展示范点建设，围绕"农文旅融合"以点带面推动乡村旅游。云上村重点建设劳动教育实践教学、田园风情摄影、科普教育实践、青少年户外素质拓展四大基地，着力打造集研学、观光、团建、采摘体验于一体的"乡愁"旅游新村。维古村以"康养体验"为主题，打造包含食药同源、保健理疗、山林漫步、中药实践等四大主题基地，集观光、度假、康养于一体的康养旅游新村。示范园内共有本地经营户12户，经营药膳餐厅2户，开设小吃摊位9个、小超市1个、电子商务超市1个。

### (三)打造精品显特色

乡村旅游民宿业是乡村振兴的标志性产品。依托丰富的旅游生态资源,民宿产业集聚有效拉长乡村旅游的产业链、消费链。罗平县把"新产品、新业态、新服务"作为"焕发文旅活力"的重要目标,以市场为导向,以新理念、新创意整合旅游资源,充分利用连片空闲宅基地等闲置土地资源,建造一批与当地资源禀赋和文化习俗相结合的特色精品民宿,打造以

图3 小龙潭村青石巷
(图片来源:云南省乡村振兴局)

"旅居研学"为主题的云上村、"康养体验"为主题的维谷村、"乡愁记忆"为主题的小龙潭村(见图3)、"体旅融合"为主题的金鸡村等,展现"生态美、生活美、生产美"的特色乡村风貌,推动"村庄变景点、田园变公园、民房变客房、生态变人流、人流变效益"。

## 五、经验启示

乡村振兴是一篇事关全局的大文章。如何在国家政策扶持下走出一条特色鲜明、持续有效的乡村振兴道路,罗平县立足自身发展实际,闯出了一条"盘活农村闲置资产,激发乡村振兴动能"的新路子,乡村振兴工作取得明显成效,为其他省份持续优化资源禀赋和配置,积极调整产业结构,促进乡村全面、协调、可持续发展提供了重要的启示。

第一,盘活资产是基础。针对乡村缺乏"产业振兴"市场基础的实际,因地制宜盘点、盘活现有农房、土地、林地、公共配套基础设施等闲置资产,在变现过程中,转变传统的导入产业、资源、资本或扶持政策,让闲置资产活起来,实现城乡资源的市场化流动,走出更实事求是的乡村振兴之道。

第二,利益联结是根本。通过不同类别的利益联结模式,把"小农户"与"大市场"无缝对接起来,赋能农业增效、活跃乡村经济,做到点亮一盏灯、照亮一大片,推动农民持续增收,帮助农民实现富裕富足。

第三,平稳运行是关键。积极引进经验足知识广、懂乡村爱农业、善管理能经营、思路清朝气足的乡村CEO(乡村职业经理人),负责示范产业规划、资产管理、市场经营等工作,将现代化的企业管理、市场运作新思路用到乡村振兴战略中,挖掘乡村资源潜力,转化乡村发展动能,为持续推进乡村振兴提供人才支撑和智力支持。

第四,科学分红是保障。利益机制的重点在于收益分配,按照互利共赢的原则,根据入股比例,制定科学分配方案,让利益链接更长久稳固。通过三次分配,形成了可量化的利益联结新机制,提高农村低收入群众工资性收入水平,保障农民共享一二三产业融合发展成果。

作者:刘芮伶,西南大学西南民族教育与心理研究中心博士研究生,研究方向为民族教育;郝志超,西南大学国家治理学院副教授,研究方向为社会工作、老年学,以及社会治理。

# "司莫拉"发展幸福产业，引领乡村振兴
## ——以云南省清水镇三家村为例

**内容提要**：司莫拉，在佤族的语言中指"幸福的地方"。腾冲市清水乡三家村中寨司莫拉佤族村是一个佤族人口占多数的传统村落，2020年习近平总书记提出："乡亲们脱贫只是迈向幸福生活的第一步，是新生活、新奋斗的起点。要在全面建成小康社会基础上，大力推进乡村振兴，让幸福的佤族村更加幸福。"截至2021年底，清水镇一直在认真学习和贯彻习近平总书记考察云南时的重要讲话精神，并坚持以习近平新时代中国特色社会主义思想为指导，牢记习近平总书记"让幸福的佤族村更加幸福"的重要嘱托，按照"宜融则融、能融尽融"的总体思路，积极探索乡村产业发展新思路、新方法，促进了当地群众物质文明和精神文明"双丰收"。

在乡村振兴战略全面铺开的大背景下，清水镇将文化建设作为实现乡村振兴的先导，紧紧围绕"将司莫拉打造成为全国乡村振兴样板"的目标，利用其"民族特色＋山水田园＋红色文化"的综合体定位优势，致力于打造司莫拉"幸福·旅游＋"乡村振兴样板，采用"党支部＋公司＋合作社＋农户"的发展模式，吸引全村73户人家加入专业合作社，解决劳动力就业的同时实现了文旅融合的可持续发展。

## 一、清水镇三家村基本情况

腾冲市清水镇三家村，是一个具有五百多年古老历史文化传统的佤族聚集村落。自2017年末实现全面脱贫以来，该村一直致力于把"司莫拉"模式打造成为有效衔接脱贫攻坚与乡村振兴的范本，强化"司莫拉"乡村振兴示范点建设，建设一个集少数民族传统风情体验、特色乡村生态农业旅游观光体验等产业于一体的国家AAAA级乡村特色文化小镇和民族团结乡村振兴示范区，使得农村基础设施进一步提档升级，村容村貌焕然一新，干部群众精神更加饱满，产业业态更加丰富充盈。

在2020年习近平总书记考察过三家村中寨司莫拉佤族村后,村里就成立了司莫拉幸福佤乡旅游专业合作社,旅游公司与合作社之间建立"一事一议"的合作关系,让社员承接相关业务。在幸福餐厅的建设中,合作社出资90万元并提供土地,旅游企业负责代建、经营。合作社每年收取企业土地租金十五万元,企业收益超过一定数额与合作社按比例分成。社员则领取土地流转租金和分红,一些社员还来到餐厅打工,当地剩余劳动力的就业问题基本得到解决。2021年,全村农民人均可支配收入19860元,比2019年增加8412元;脱贫户人均可支配收入达18672元,比2019年增加8214元。佤族村先后被评为"中国美丽休闲乡村""云南省旅游名村""云南省民族团结进步示范村"和"云南省少数民族特色村寨"。

## 二、主要举措

### (一)解放思想,加快产业经营模式的转型升级

在思想建设上,三家村重视发挥基层党组织的堡垒作用,突出党建引领,注重强化思想"扶志"、能力"扶智"、发展"扶业",切实做到"支部领着干、党员先行干、群众跟着干",通过构建"党支部＋合作社""产业发展""异地置业""建强组织"的四轮驱动模式,同时促进思想转变和经济发展"双提升"。在产业经营模式上,巩固原有传统农业产业基础的同时,三家村植入了以司莫拉"幸福"为主题的产业业态,构建"幸福·旅游＋"的产业模式,充分展示佤族村的传统民俗文化,通过开展佤族工艺、佤茶、佤药等体验活动,打造集党建培训、传统民族文化展示、自然旅游观光、乡村体验等功能于一体的农旅融合发展型特色小镇,全力融入和推进腾冲全域的旅游业实现转型发展。为当地人民群众提供了商业贸易、现代化农业、住宿、运输、餐饮等方面的就业机会和创业机遇,改变了过去从事单一农业、收入不高的情况。

#### 1.做强特色农业

想要实现经济的可持续发展离不开产业结构的有效调整,发展地方特色农业有利于农业产业结构优化。结合实际,因地制宜,调整规划,合理制定种植结构,有利于提高农村生产力水平和农业的生产效率,促进农民增收。乡村要振兴,产业必振兴,三家村坚决贯彻"农业强、农村美、农民富"的发展目标,打造了农旅融合的现代化农业产业,通过发展农业观光,优化种植结构,新建及改造提升茶叶、油菜、优质水稻(见图1)、中药材、蔬菜、胭脂果、林下生态土鸡及稻田鱼(谷花鱼)等特色产业种植养殖11400亩,带动7600余农户增收致富。

图1　清水镇三家村中寨司莫拉佤族村彩色水稻

（图片来源：云南省乡村振兴局）

## 2.创新经营模式

"旅游＋农业＋文化"的经营模式让每户村民都可以参与到产业融合的过程中来，从而实现文旅产业发展助力乡村振兴，人心凝聚、形成合力，村民们团结起来共同致富，共享发展成果。三家村在实践中打造了"党支部＋公司＋合作社＋农户"的经营模式，以国有企业为项目开发主体，由党支部创办司莫拉幸福佤乡旅游专业合作社（见图2），公司和合作社之间建立"一事一议"的合作关系，合作社内部实行股份制，全

图2　司莫拉幸福佤乡旅游专业合作社成立

（图片来源：云南省乡村振兴局）

体村民作为合作社社员各自承担相应业务，并通过入股分配红利、产业经营管理、资产租赁和就近务工等方式，实现了多渠道增收。

### 3.延伸产业链条

产业链的延长有利于提高农特产品的附加值,促进相关产业的共同发展,加速当地的资源优势转化为经济优势。三家村围绕"幸福·旅游+"的主题,成功研制出了果酱和果酒、司莫拉特色红茶、大米粑粑制品等系列特色农产品,并以此为契机建成了大米粑粑加工体验厂(见图3)、司莫拉幸福餐厅和农特产品一条街,新增铺面30间,专门从事农特商品售卖,每间商铺日营业额能达200~500元,村集体每年收取租金6万元;同时,积极探索电商平台、网络直播带货模式,打开农特产品的线下销路,实现"线上+线下"同步营销(见图4)。此外,当地积极开展烹饪、茶艺、水电维修、导游等技能培训,大大提升了村民的就业和创业能力,拓宽了村民增收渠道,吸引外出务工人员回乡创业,真正实现了"家门口就业"。

图3 大米粑粑加工体验厂

(图片来源:云南省乡村振兴局)

图4 农特产品展销

(图片来源:云南省乡村振兴局)

## (二)因地制宜,打造旅游文化的落地生根

文化建设是乡村旅游发展的灵魂。三家村在保留传统民族文化特色村落的同时,努力建设有鲜明地方特点、深刻少数民族内涵,"看得见山、望得见水、留得住乡愁"的幸福司莫拉模式。在对佤族文化进行挖掘、研究、保护、传承的基础上,三家村创造了不少既符合现代人的审美,又能充分展现佤族文化的核心文化元素的产品。同时开展红色文化教育基地建设,以"佤族文化+红色文化"定位实现差异化旅游发展,讲好司莫拉幸福故事。

### 1.统筹兼顾原生风貌保护

加大环境整治,注重乡土味道。原生风貌是一个地区的地域特色和文化根基,保护原生风貌有利于弘扬优秀民俗文化,在保留原生环境乡土味道的基础上推进环境整治,发展特色旅游业,有利于实现保护传统与发展经济相互促进,实现共赢,达到文化价值、社会价值和生态价值的统一。在建筑上,三家村保留了不少佤族传统建筑,截至2021年底,当地投入1240万元建成集活动广场、民俗陈列馆、佤王府、木鼓屋、崖画、寨门、餐饮于一体的核心民族文化体验区,集大箐游道、神树祭台、水景、神庙于一体的深谷秘境区,集田园游道、水碓、水车、龙塘于一体的农耕文化体验区,最大限度留住乡情、乡韵、乡愁,让幸福佤寨焕发新容颜。

### 2.科学打造景观环境美化

要想实现旅游经济持续健康发展,提高旅游带来的经济效益,必须改善环境建设。良好的生态环境,是发展乡村旅游的基础和条件。在开展乡村旅游管理工作的进程中,三家村贯彻落实"绿水青山就是金山银山"的重大发展理念,保护好乡村的自然生态环境,积极

图5　幸福村公园
(图片来源:云南省乡村振兴局)

推进开展乡村美化、绿化工程,最终实现寨门口、寨子内、幸福小巷、幸福村公园(见图5)以及紫藤长廊等寨子内的环境治理和"透绿"工程建设圆满完成,营造出一种舒心留人的整体环境氛围。

### 3.加强自治提升人居环境

农村生态环境治理与村民自身的发展利益休戚相关,村民通过自治实现了自我教育、自我管理和自我服务,良好的村民自治有利于农村环境治理效率的提高,也能更好地满足人民对美好生活的需要。三家村以打造AAAAA级景区为远期目标,坚持"自建为主、帮建为辅"的原则,在大力推进农村"厕所革命"、污水治理的同时,贯彻落实共建共治共享,切实改善整个村寨的人居环境,引导鼓励群众对家居环境进行整治。三家村推行"自管组"和"巷长制",制定并实施了"十条村规民约",开展"门前三包"和"最美庭院"评选,这些创造性举措有效地提高了村民参与乡村自治和自管的主动性,最终构建了一个多元化的乡村治理体系,提升了乡村治理效能。通过庭院硬化和无害化卫生厕所改建,实现了笔直平坦的石板路直通家家户户,房前屋后满是红花绿植,使佤寨特有的乡村美景让人眼前一亮,恬静惬意的田野景观与宁静祥和的乡村生活相得益彰。

### (三)示范引领,实现"走出去"的跨越式发展

把习近平总书记的殷殷嘱托转化为具体的工作思路,把思路转化为具体实施方案,把方案细化为一个个具体的项目工作,通过时间倒排、责任倒查、任务倒逼,促进具体工作任务落实。

#### 1.借力重大活动,主动亮相

三家村大力建设司莫拉特色农耕文化观光区、云谷公园,共计建成水车25座,还在田间按照季节变换与更替种植万寿菊、油菜花、百香果等作物,形成司莫拉彩色稻田景观,并且利用《生物多样性公约》缔约方大会第十五次会议(COP15)契机,成功亮相,展现了独具特色的田园形象,通过"走出去",让更多的人了解司莫拉,极大地提高了知名度。

#### 2.抢抓发展机遇,主动出击

随着人们生活质量的不断提升,乡村旅游越来越受到众多都市居民的喜爱。司莫拉准确把握住了发展机遇,推进22.8千米清水镇域旅游环线建设,将司莫拉与清水镇"机场、热海、古村、佤寨、茶山"5张精美名片重要节点串联互通,大力推进典型引路,成功打造成为国家AAAA级景区,先后被评为"中国美丽休闲乡村""云南省旅游名村""云南省民族团结进步示范村""云南省少数民族特色村寨",在乡村旅游市场占据了一席之地。

#### 3.巧用"红色文化",讲好故事

以习近平总书记考察司莫拉佤族村为契机,当地培养了现场讲解员19名、景区引导员5名,把习近平总书记的深切关爱、司莫拉的翻天覆地的变化和佤族儿女的幸福生活当作党员干部教育教学的实践内容,描述好、传播好人民领袖爱人民、人民领袖人民爱、"情满司莫拉"的生动故事,打造"总书记足迹"的学习体验路线。2020—2021年底,司莫拉佤族村先后接待各类考察团共计2270批次,6.9万余人次,接待党史学习教育现场教学共计580余场次,1.6万余人次,接待游客97.8万人次,通过讲好故事,让乡村"名声在外",实现"走出去"的跨越式发展。

## 三、取得的主要成效

### (一)实现了三产融合发展

司莫拉深刻意识到了产业发展对当地经济的巨大推动力,在实践中积极探索三产融合路径,结合本地区实际情况不断优化产业结构,延伸拓展产业链,打通产业发展上下游,

将资源优势转化为了经济优势,实现了三产融合发展,为当地群众带来了可观的收入。2021年,全村实现生产经营性收入80万元。从事与旅游业相关产业的农户家庭收入中旅游收入占比达40%以上,吸引了越来越多的群众回乡创业。

### (二)实现就地就业,强村富民"双促进"

大力推进司莫拉商品品牌创建,完成司莫拉LOGO、包装等品牌形象设计,通过农产品及文创产品销售、旅游接待、店铺租赁等方式促进了村集体经济收入大幅度增加。通过举办种植养殖、民宿管理、农家乐、导游、茶艺、农民画创作等专业技术培训,进一步提高了村民的综合能力,拓宽了村民的增收渠道。截至2021年,三家村已经建成了10户农家乐和4家民宿,23名村民通过从事餐厅服务、景区保洁、景点解说、秩序维持等工作,在家门口就实现了稳定就业。三家村还建成了具有浓厚司莫拉风味的幸福餐厅、幸福烤吧和大米粑粑加工体验厂等,吸纳300余名当地村民就地就业。三家村成立了旅游专业合作社、生姜种植专业合作社等,大力培育致富带头人,村内农业产业大户7户,带动群众务工130人次,示范效应明显。

### (三)实现村民自我管理、自我服务

建立"党支部领导、党员干部牵头、群众积极参与"的农村治理新局面,三家村实现了"自己的村子自己管、自己的家园自己建、自己的事务自己说了算",村内建立"爱心脱贫超市",推选"自管组",实行"巷长制",贯彻实施"十条村规民约",强化"门前三包"和"最美庭院"的评选,有效地激发了村庄长期治理的内生动能,人居环境整治工作成为村民的自觉行动,村庄始终保持着干净、整洁的环境。传承发展"我为人人、共建共享"的现代幸福观,以"自治"建家园,以"德治"润民心,以"法治"促进和谐,培育中华民族文明乡风、优秀家风和淳朴民风,增强民族团结,提高民众精神风貌,讲好司莫拉幸福故事。

## 四、经验启示

### (一)党建引领是关键

必须坚持不懈把党组织建设好、建设强,筑牢实现乡村振兴的一线战斗堡垒。要突出党建引领作用,加大"领头雁"培养力度和强化党支部规范化建设。要深刻领悟和落实习近平总书记考察三家村时作出的"在全面建成小康社会基础上,大力推进乡村振兴,让幸福的佤族村更加幸福"的重要指示精神,以"咬定青山不放松"的韧劲,带领乡亲们走上勤劳致富的康庄大道。

## （二）要加大人才队伍建设

人才是发展的动力源泉。随着生活节奏的加快和人民生活质量的提升,人们对于乡村旅游的需求也随之变化。若没有审时度势、专业研判、科学设计,盲目上马旅游项目,往往适得其反。因此,应加大专业人才队伍建设,全面调研市场需求状况,制定精准的市场定位、受众群体、产业策略及定价、宣传方式等多环节的发展策略。应出台相关政策鼓励更多专业人才到乡村创业就业,提升推动乡村振兴的思想认识和实践本领,培养"专家型"干部、"技术型"干部,契合产业,无缝对接。

## （三）要加大宣传,形成品牌效应

在注重民俗文化保护和传承的同时,进一步发掘农耕文明、传统技术、传统工艺、民族语言、民族歌舞和服饰等非物质文化遗产。通过组建宣讲小分队、文艺会演、体育赛事等活动不断提升知名度,对外讲好文化故事,实现从"等客来"到"迎客来"的质性转变。

## （四）要与时俱进,加快营销转变

要紧跟市场经济发展趋势,加快电商思维的转变,拓展线上营销渠道,通过直播、带货等多种宣传方式,进一步吸引人气,提高知名度,为乡村产业经济发展保驾护航。

如今,走进司莫拉,听见的是村民们对新村容村貌的声声赞扬,闻到的是田间地头飘来的一阵阵清香,看见的是村美民富产业兴的和谐乡村新图景。在历史变革的伟大进程上,无论是中央领导,还是一线干部群众,都在努力担当,奋勇前行。回望来路,司莫拉永感党恩、勤劳致富。展望前路,司莫拉信心百倍、团结奋进,将以更饱满的激情投身乡村振兴之中,以增强人民福祉为出发点,以增强人民获得感、幸福感、安全感为终点,托起司莫拉佤族群众的"幸福梦"。

作者:张卓雯,西南大学国家治理学院学生,专业为政治学与行政学专业;郝志超,西南大学国家治理学院副教授,研究方向为社会工作、老年学以及社会治理。

# 西藏

西藏自治区，简称"藏"，首府拉萨市，位于青藏高原西南部，平均海拔在4000米以上，素有"世界屋脊"之称，是中国五个民族自治区之一，其周边与缅甸、印度、不丹、尼泊尔、克什米尔等国家及地区接壤，陆地国界线4000多千米，是中国西南边陲的重要门户辖区。面积122.84万平方千米，常住人口366万人。

西藏是全国"三区三州"深度贫困地区中唯一的省级集中连片特困地区。脱贫攻坚战打响以来，截至2019年底，西藏累计实现62.8万建档立卡贫困人口脱贫，74个国家级贫困县（区）全部摘帽，贫困人口人均纯收入从2015年的1499元增加到2019年的9328元，贫困发生率从全国最高的25.32%到实现动态清零。2021年西藏地区生产总值首次突破2000亿元，同比增长超7%，一般公共预算收入超200亿元。城乡居民人均可支配收入增长13.5%，连续19年实现两位数增长，是世界反贫史上的一个奇迹。

# 唱响振兴新乐章　建设美丽新当雄
## ——拉萨市当雄县乡村振兴案例

**内容提要**：当雄县是西藏自治区拉萨市下辖县，自《中共中央 国务院关于实现巩固拓展脱贫攻坚成果同乡村振兴有效衔接的意见》发布以来，当雄县贯彻落实"神圣国土守护者、幸福家园建设者"为主题的乡村振兴战略，在奋力探索中深刻把握"有效衔接"的总体要求、逻辑链条和具体任务，坚守脱贫攻坚成果，牢记"四个不摘"重要指示，摆准位置，突出重点与机制建设，大力推进项目建设，加强资源统筹与人才队伍建设，深化乡风文化引领，切实增进群众福祉；结合县域禀赋优势自然资源，创立"极净当雄"公共品牌，在产业发展、人才培育、民生服务，生态保护等领域持续发力，走出了一条独具特色的"生态产业化、产业生态化"少数民族乡村振兴实践道路。

## 一、天选牧场：当雄县基本情况

当雄，藏语意为天选牧场，隶属于西藏自治区拉萨市，距拉萨市区170千米，地处藏南与藏北的交界地带，青藏公路（国道109线）由东向西横贯当雄县境。当雄县域面积1.23万平方千米，下辖两镇六乡，常住人口47900人，著名旅游景点纳木错湖、羊八井地热发电站、世界海拔最高的光伏发电站位于境内。当雄地貌复杂，总地势东北高西南低，平均海拔4200米，天然草场总面积693172公顷，是拉萨市唯一的纯牧业县，昼夜温差显著，干湿季分明，天气变化大，是冬虫夏草、雪莲花、红景天、龙胆花、黄芪等名贵植物的主产区。2015年，当雄县共有建档立卡贫困人口1858户7809人。自始，当雄把打赢脱贫攻坚战、推动经济发展作为第一要务，统筹经济政治社会文化生态全局，盯紧"三落实"、严把"三精准"，整合县域内外资源，因户施策，持续发力。2017年底，建档立卡贫困人口减少至40人。[①]2018年，当雄县贫困发生率从2015年的16.40%降至0.18%，家庭人均收入增长了514.60%，达到

---

① 普布央宗：《唱响脱贫新乐章　建设美丽新当雄——当雄县脱贫攻坚工作综述》，《拉萨日报》2018年11月29日。

11366.5元,实现"两不愁三保障"目标,顺利通过国家专项评估检查,成功脱贫摘帽,成为"三区三州"中较早脱贫摘帽的县(区),并于2021年12月29日荣获"2021年度中国乡村振兴十大示范县市"暨"2021年度中国乡村振兴百佳示范县市"前十名。

## 二、当雄县主要做法与经验

2021年,进入巩固提升脱贫攻坚成果与全面乡村振兴的历史新阶段,当雄县贯彻落实自治区"神圣国土守护者、幸福家园建设者"为主题的乡村振兴战略,结合县域禀赋优势自然资源,创立"极净当雄"公共品牌,在产业发展、人才培育、民生服务、生态保护等领域持续发力,主要做法如下。

### (一)发挥特色优势,聚焦产业发展

产业是发展之本,乡村要振兴,产业必振兴。在发展为民的理念指导下,当雄县充分依托自身丰富的畜牧、文化旅游、天然饮用水三大优势资源,秉承"没有产业就引进产业,没有品牌就创建品牌,没有名气就聚集名气"的理念,投资13.31亿元,打造一县一品牌——"极净当雄"品牌,加速推进一二三产业融合发展,持续

图1　当雄县科技牦牛养殖场
（图片来源：西藏自治区乡村振兴局）

推进产业振兴,实现"生态产业化、产业生态化"。一是大力推进项目建设。如10兆瓦并网光伏发电项目、纳木错生态旅游建设项目、高原现代化畜牧业产业化示范园项目、高原蓝牦牛产业基地建设项目、当雄牦牛主题餐厅建设项目、羊八井特色小城镇建设项目以及系列基础设施建设项目等,共涉及15类行业118个项目,总投资超百亿元,为当雄县产业发展筑牢基础,指明方向。二是建设特色畜牧业(见图1)。围绕"让牧业更强、让牧区更美、让牧民更富"意识,以极净牧场为依托,以推广牦牛养殖为目标,借助电子耳标(芯片)技术,科学育肥,与餐饮及加工企业合作,形成"养—产—销"一体化的产业链条,打造"有身份"的牦牛产品,实现群众增收致富。如岷山饭店的优质牦牛肉,年销售额已破千万元。三是打造全域旅游模式。纳木错湖是世界上海拔最高的大型湖泊,当雄县依托其奇特的自然景观,打造出纳木错生态旅游景区,主要景点有纳木错湖、善恶洞、夫妻石、合掌石、扎

西寺,各景点的交通、住宿、用水等基础设施配备齐全。此外,当雄县深挖文化内核,打造出旅游消费新业态,创作出动漫电影《纳木错》、游牧文化舞台剧《天湖·四季牧歌》,向各族人民展示羌塘草原文化。

### (二)紧抓人才培育,筑牢基层根基

当雄县长期贯彻落实在经济社会发展中优先发展人才的战略布局,充分发挥人才的基础性、战略性作用,在北京市东城区对口帮扶下,形成引进"外援"强支持、培训"内援"增动力、抓好"捆绑"结师徒的工作模式。一是落实中央组织部发起的"小组团"项目,以城乡规划、园区建设、一二三产业融合、乡村振兴等领域为抓手,有针对性、策略性、系统性地解决当雄资金支持、重点产品、关键技术、人才支撑方面的突出短板问题,引进企业168家,实施项目80多个,打造特色品牌10余个。[1]二是开展"送教上门、进村入户"驻村干部培育工程,聚焦干部驻村"七项重点任务"[2],由党校、组织部、扶贫办、农业农村局等领域的专家、领导就决胜脱贫攻坚、推进乡村振兴战略等主题,着力增强新时代驻村干部的主动作为意识、思想引领能力、民生服务技能和实践工作水平。三是强基层组织之基。当雄县抓实"十个一"工作要求,制定主题教育工作方案,以党员、基层干部为主要对象,开展专题研讨,加强理论学习和队伍建设;打造"支部 + 党员 + 贫困户"的模式,各村(居)配备有"3 + 1"下沉队伍、驻村工作队、大学生村干部(4人)、"两委"班子等主体力量,不断优化基层组织结构与职能,确保脱贫攻坚与乡村振兴事业不缺主心骨、不缺带头人。

### (三)坚持服务为民,共享发展成果

当雄县委、县政府秉承"脱贫发展与乡村振兴没有局外人"的思想,充分发挥密切联系群众的作用,聚焦产业发展、基层服务、社区治理、乡村振兴等中心主题,深入乡(镇)、村(居)、寺庙,与普通居民、牧民群众、僧尼等面对面进行深入交流,收集整理其诉求,形成调研报告。2019年汇总19类难点热点问题近200条,涉及入学、就医、就业、养老、卫生等现实需求,经整改落实后,解决疑难问题180余条。当雄县大力发展社会事业,进一步完善利益联结机制。一是通过抓产业、抓就业、促创业等方式确保民众富起来。推进农牧民转移就业,引导高校毕业生创新就业,打造出项目吸纳就业、创业带动就业、培训提升就业、旅游就业、基层就业等多位一体的就业新格局。二是通过抓思想、强意识、志智双扶等途径增强群众内生动力。把思想扶持作为工作关键,精准宣传引导,匡正不正风气;注重示范

---

① 当雄县人民政府官网:《"小组团"援藏工作在探索中创新推进》[EB/OL].(2021-05-07)[2021-10-03].http://www.dxx.gov.cn/dxxrmzf/yzdt/202105/f68d5c06f32740fc86ff280dfb335d56.shtml? &userInfo=notlogin.

② 注:驻村工作七项重点任务具体包含,一是建强基层组织,二是维护社会稳定,三是促进增收致富,四是深化感恩教育,五是办好实事好事,六是落实惠民政策,七是推进扶贫开发。

引领,树立勤劳致富先进典型,激发广大民众生产积极性,全面筑牢思想根基。三是打好脱贫攻坚与乡村振兴的"服务战",保障和改善民生。通过基础设施建设、完善社会公共事业服务、落实社会保障政策等措施保障群众的生产生活,让全体民众充分参与,共享社会发展成果,增强获得感与幸福感。

### (四)严守红线底线,注重生态建设

当雄县平均海拔4200米,含氧量仅为内地的50%左右,高强度的紫外线使其生态环境十分脆弱,当地牧民至今仍以天然放牧为主业。全县贯彻习近平生态文明思想,落实"生态立县"战略,聚焦生态振兴,编制《当雄县农村人居环境整治三年行动方案(2018—2020年)》,开展环境整治行动,为畜牧业、纯净饮用水业、旅游业三大核心产业的发展,夯实生态基础。一是全面实行生态文明建设。划定全县生态红线区域1600多平方千米,针对重点地段、区域开展科学、精准的监测保护与执法工作。二是打造"双联户—组—村—乡—县"五级生态环境监管体系。设立环境综合管理整治岗位,配备专门人员,监测饮水质量,推进垃圾分类治理,整治乱停乱放乱扔现象。三是系统推进山、水、林、田、湖、草治理工程。各乡村积极开展"四旁"植树行动,开展污水处理实践,实施12万平方米草场生态恢复项目,还美丽环境于大自然。

## 三、主要成效

"十三五"规划以来,依托北京市东城区的对口援助,当雄县在中央、西藏自治区、拉萨市的有力领导下,矢志不渝搞建设、谋发展,在产业发展、民生保障、基层治理、生态建设等方面取得明显成效。

### (一)产业发展迈上新台阶

2020年,当雄县生产总值突破22亿元大关,年均生产总值增长率10.7%,产业发展态势持续向好。一是"极净当雄"品牌辐射力持续扩大。以高原蓝牦牛和天然饮用水为核心的"农—牧—商—文—旅"产业发展模式初成,产业优化调整力度增强,冰鲜牦牛肉的附加值提高了50%,利润增加了30%,产品远销海内外,惠及牧民981户3100余人,人均增收4566元。二是当雄县盘活内外资金资源,增强产业融合创立农牧结合、粮草兼顾、虫草培育、生态循环的发展模式,引进企业投资4.8亿元,健全收益分配机制,支持群众以多种形式入股,实现资源变资产,切实增加牧民收入。三是旅游业蓬勃发展,全域旅游格局持续深化。每年7月至9月为旅游旺季,日均游客量超4000人,结合动漫电影、游牧文化舞台剧

等旅游消费新业态,当雄县旅游业年创收8699.8亿元,同比增长36.26%,成功入选"第二批国家全域旅游示范区"名单。

## (二)基层工作效能明显优化

为了提升基层工作队伍整体素质,当雄县在人才振兴和组织振兴方面持续发力,加强人力培育与组织机制建设,选优配强干部队伍,坚持把驻村工作融入乡村振兴事业。一是党建引领地位进一步确立。严格落实"五级书记"工作责任制,坚决维护党在农村工作中总揽全局的作用,用心用情用力为群众办实事,民众满意度达100%,幸福感、联结感显著增强。二是人才培育成绩突出。建构出孵化、引进、选派机制,形成了党员人才带队、本土人才合力、技术人才支撑、知识人才协作的"3＋1"基层工作模式,定期开展培训会,总结工作经验,深化共融实践。三是组织建设取得新进展。基层自治组织、社会公益慈善组织、志愿者组织注册率创新高,民众社会参与的渠道不断丰富,基层治理效能显著提升。

## (三)人民幸福指数全面提升

脱贫攻坚以来,当雄县始终坚持改革为民、服务为民的核心思想,大力发展民生工程与社会事业,民众福利水平显著提升。一是"稳就业保就业"底线任务完成情况良好。当雄县贯彻落实"六稳""六保"指示,筑牢民生底线,失业率控制在5%以内,就业局势稳定。"十三五"规划期间,全县实施扶贫产业项目26个,总投资近13亿元,解决就业岗位400余个,发放分红资金

图2　村民满意的笑容
（图片来源：当雄县人民政府）

1089万元,带动1.8万人创收。2020年人均收入增至20057元,为2015年的1.8倍。二是社会事业发展态势向好。基础教育改革成效明显,"五个100%"目标基本达成,培养出一批批业务精进、师风师德良好的教师,失学学生核查劝返复学工作稳步推进,幼儿园、中小学校舍扩建工作取得新进展,县域内中小学校全部达到国家义务教育办学标准;卫生院、供氧站、文化室、照料机构建设项目持续推进,县域有线数字电视实现全覆盖。三是社会保障蓬勃发展。当雄县坚持全覆盖兜底线的意识,实行大病统筹年均覆盖2500余人次,为

363名孕产妇发放住院分娩补贴及待产生活补贴①；城乡居民基础养老金连续增加，2013—2022年，人均基础养老金翻了五番；各项社会保险参保人数达历史最高，"一网通办"的社保经办服务能力全面提升。

### （四）生态环境持续改善

良好的生态环境是人们生活生存的根本，要实现乡村振兴，必须推进生态振兴。当雄县深刻领悟"五位一体"中生态发展的重大意义，以生态文明为指导，始终将生态保护作为工作的底线、红线、安全线，统筹全局，以污染防治攻坚战为着力点，统揽源头治理，开展环境整治行动，重点开发2个镇、限制开发6个乡；打造出"人护水、水养草、草饲牛、牛富人"的生态发展新模式，实现草场永久利用与畜牧业可持续发展。2019年，安排生态补偿脱贫岗位6378个，兑现岗位资金1116.1万元，生态环境改善成果丰硕，生物多样性明显恢复，自治区级生态村建设率、自治区级生态乡镇建设率均达100%，先后荣膺中国净水百佳县市、西藏自治区生态文明建设示范县等称号。

## 四、讨论与总结

### （一）走绿色发展道路，为乡村振兴增能增效

民族要复兴，乡村必振兴。2021年3月22日，《中共中央 国务院关于实现巩固拓展脱贫攻坚成果同乡村振兴有效衔接的意见》公开发布，为书写好乡村振兴这篇大文章提供了具体的任务书、时间表、路线图。党的二十大报告中，习近平总书记进一步指出要全面推进乡村振兴，统筹乡村基础设施和公共服务布局，建设宜居宜业和美乡村。系列论断擘画出乡村振兴的生动蓝图，绘就了小康路上接续奋斗的美丽画卷，为我国当前以及未来农业农村发展指明了前进方向。当前，脱贫攻坚目标任务胜利完成，"三农"工作重心转移到巩固拓展脱贫攻坚成果，全面推进乡村振兴上。"后扶贫时代"下，二者的逻辑关联为何？实践指向为何？如何实现二者的有效衔接和协同推进？连环问题的背后，是对基层实践的探寻。

当雄县统揽全局，在乡村振兴的进程中同心而行，县域产业发展迈上新台阶，人民幸福指数全面提升，生态环境持续改善，成绩斐然，走出了一条独具特色的"生态产业化、产业生态化"发展道路。在肯定成效的同时，也要清晰地认识到，当雄县在推进乡村振兴的

---

① 当雄县人民政府官网：《当雄县2019年工作总结及2020年工作要点》[EB/OL].（2019-12-18）[2021-08-03].https://www.dxx.gov.cn/dxxrmzf/jhzj/201912/81424d87d1854435b3cdb2657AAAAAc9440.shtml？userInfo=notlogin.

坚定步伐中仍然存在一些疑难问题和现实瓶颈。一是作为纯牧业县，其农牧业生产仍然处于低水平发展阶段，经济活动过于依赖自然资源且分散程度高，牦牛养殖业集约化、规模化与市场化难以实现。二是交通、电力等基础设施落后于自然开发，工业基础薄弱，生产加工成本高，一二三产业布局改善的空间大。三是人才匮乏和教育落后，缺乏人才、资金和技术上的支撑，严重制约县域发展水平的提升。未来，当雄县需继续坚定不移地走"调结构、强产业、保生态、惠民生"的绿色发展道路，贯彻落实"一个都不能少"的理念，通过做强主导产业、大力招商引资、发展社会事业、推进"志智"双扶工程、强化项目建设与风险防范等方式，为乡村振兴增能增效。

### （二）守护人民愿景，切实推进五大振兴

全面推进乡村振兴，是新时代新征程对处理好城乡二元关系作出的重大战略部署，寄托了亿万农民对美好生活的愿景。在乡村振兴的伟大事业探索进程中，我们可以从当雄县的实践中获取一些启示。

一是因地制宜，发展产业。乡村振兴，关键是产业要振兴，全国各乡村结合自身资源禀赋，开发优势品牌，强化乡村产业支撑，让特色产业成为助力乡村振兴的"金钥匙"。要统筹谋划，因地制宜，创新模式，挖掘特色资源，打造品牌产业，切实推进乡村振兴进程。二是坚持共享发展，切实筑牢民生保障。拓宽乡村发展空间，创造更多的就地就近就业机会，稳定乡村群众就业水平；健全社会保障，完善基础设施，提升公共服务水平，让农村逐步具备现代生活条件。三是多措并举，激活"造血功能"，提升乡风文明。加强精神文明建设，让乡村群众保持积极向上的文明风尚，增强发展的主动性；加大人才培育与教育投资，确保智力资源充足；强化价值引领，宣讲传统美德，深掘乡土思想内核，深入人心，为乡村全面振兴引好路、掌好舵、服好务。四是提升乡村治理水平与效能，实现乡村善治。践行新时代"枫桥经验"，为基层治理赋能；坚持问题导向、多方联动，吸纳社会资源，引进社会力量，参与社区建设，扩大民众参与机会。五是坚守生态红线，筑牢生态基础。落实"绿水青山就是金山银山"的理念，开展环境综合整治行动，大力发展绿色经济活动，践行绿色生活方式，全面推进生态文明建设。

作者：林倩，西南大学国家治理学院社会工作专业硕士研究生，研究方向为社会工作、乡村振兴；黄菊，西南大学教师教育学院副教授，研究方向为教师教育、跨文化国际传播。

# 展多面优势，促产业转型，谋察隅发展
## ——林芝市察隅县乡村振兴战略实施案例

**内容提要**：西藏地区的扶贫是乡村振兴战略规划里的重中之重。本文以西藏自治区林芝市察隅县为例，详细分析并介绍了察隅县的基本发展现状和发展潜能，结合察隅县在乡村振兴政策背景下旅游产业、特色种植、医疗卫生和易地搬迁安居等方面的发展变化，探究察隅县在乡村振兴中的做法经验。察隅县的农业农村迈上了新台阶，走上了新征程，实现了农业综合生产能力巩固提升和产业的转型升级。

## 一、林芝市察隅县基本情况

察隅县位于中华人民共和国西藏自治区东南部，也处于青藏高原的东南边缘，所属市为林芝市。东邻云南省迪庆藏族自治州德钦县、云南省怒江傈僳族自治州贡山独龙族怒族自治县和昌都市左贡县，西邻墨脱县，南接缅甸和印度，北连波密县和昌都市八宿县，全县总面积31659平方千米[①]，平均海拔2800米。东西长约250千米，南北宽约180千米，县城介于东经97°27′、北纬28°24′之间。截至2018年末，察隅县下辖3个镇、3个乡，分别是上察隅镇、下察隅镇、竹瓦根镇、古玉乡、古拉乡、察瓦龙乡，含96个行政村和1个吉公居委会。[②]

---

[①] 察隅县人民政府：《察隅县简介》[EB/OL].(2020-01-30)[2021-12-06].https://baike.baidu.com/reference/2231204/9969sZZi-ivEIpXTe8yzn5yclOljB6J8gwYKzLtbaYhd_k_9GdEUpQmWrM8Pdyxi-kOyxXa5uIfr0R1m4X_GtDy3xhG1oubtZuDtp7TQ_Ha6YLqSD7oQy_UhwDlc5gUXM7mekKYz_uRGB3iQj.

[②] 林芝市统计局：《林芝市第七次全国人口普查主要数据公报》[EB/OL].(2021-06-17)[2021-12-06].https://baike.baidu.com/reference/2231204/6eabpHfiOcO56gG_YH-WvZptgjLojBUHNm_jUYf87olt47H8tgP2iyCBsLvGVgkEI9nO-DPg-Uo1pvHzE0QhyzdYsa0bfvyB6XwqJTjJs-_VYg_2vJNBCj_3Gd11zCDUnu7Rj7XXzh-05EPsDb2C.

## (一)察隅县发展情况简介

### 1.基础设施和人力资本薄弱

长期以来,受到自然、历史等条件制约,西藏地区各县之间发展差距越来越大,导致西藏各区域之间经济社会发展不平衡。林芝市与西藏其他市相比贫困人口相对较少,但察隅县经济脆弱性依然凸显,其基础设施建设债务过多,特别是交通、网络、电力、农业、水利等领域,基础设施建设贫困率高达24.74%。而古拉乡、察瓦龙乡等偏僻乡镇,贫困率也居高不下,使整个林芝市的贫困问题和扶贫工作困难重重。

林芝市察隅县的农村人口与城镇人口比例悬殊。2018年,察隅县常住人口约3.2万人,其中城镇人口7813人,农村人口约2.42万人。户籍人口约2.86万人,其中,城镇人口3264人,乡村人口约2.53万人。[1]

### 2.产业发展缓慢

察隅县在国家扶贫政策落实之前以第一产业为主。2016年,察隅县农作物播种面积为4600公顷左右,产业发展整体能力薄弱,呈现出规模小且分散的特点,同时产业链短、营销方式单一、产业效率低、产业扶贫支持能力不强。究其原因,第一,农村人口众多,受教育程度低。察隅县的农村人口约为城镇人口的三倍,农民和牧民的教育水平、发展理念和商品意识往往较低、较弱。身处察隅县的农户们缺少相应的种植知识和技术。第二,基础设施落后,农民难以走出大山。察隅县乃至整个林芝市的交通发展都较为落后,通信建设较为薄弱,常常导致察隅县的农产品滞销。第三,经济发展缓慢,无法产生有效的经济效应。察隅县的产业发展相对缓慢,产业效率和风险承受能力薄弱,在销售渠道和品牌效应等方面发展效果不明显,同时农牧民主观能动性也不强,极少有察隅农民有条件与互联网接轨。

### 3.社会事业困难

察隅县的教育事业困难重重,自2014年以来,察隅县一直依靠国家投入来解决基础教育的难题。医疗事业上,2016年以前察隅县甚至没有系统的高级医院。当地最高级别的二级乙等医院于2016年才进入组织实施阶段。[2]

---

[1] 察隅县统计局:《人口现状》[EB/OL].(2019-12-26)[2021-12-06].https://baike.baidu.com/reference/2231204/2422K7WI_aHrYnN2BtEK-gTRMUzOjAkqvU7npLchCHg0yzIzpZB6QqqaWLstI84KRxhZ-Rc2pn8kNjqjUbJv4L6VByOSPpoV2Tn9Wzj8Dd_zUt_SRUCFGGljuMNPMTHo4Uy4XEG9DJeiuc8.

[2] 史金茹、索朗群培、潘璐:《昂首阔步奔小康——2016年察隅县经济社会发展综述》,《西藏日报》2017年3月16日。

#### 4.自然资源富饶

水能资源方面,察隅县河流纵横密布,有雅鲁藏布江支流察隅河和怒江,水力资源十分丰富,对"藏电外送"、能源接续基地建设等方面发挥着重要的作用。矿产资源方面,察隅县蕴藏着数十种稀有矿物,具有较好开发价值。物种资源上,察隅县森林资源十分丰富,木材蓄积量1.15亿立方米,森林覆盖率达60%,有10多种国家级珍贵树木,林下资源包括松茸、木耳、天麻、虫草等;野生动物中有100多种是国家级保护种类。

#### 5.气候适宜

察隅县属于亚热带山地湿润季风区,南侧有印度洋暖湿气流,北侧受德姆拉雪山天然屏障的保护。4—6月是集中雨季,年平均降水量801.1毫米,年平均无霜期280天。全县气候条件总体较好,全年平均气温12℃,气温适宜、阳光充足、雨热同季的条件适合多种农作物和林木的生长。这也创造了察隅神奇的自然景观——"一山有四季,四季不同天",使察隅获得了"西藏小江南"的美誉。

#### 6.旅游资源丰富

著名的梅里雪山位于察隅县东部,它是雍仲本教圣地,与西藏的冈仁波齐山、青海的阿尼玛卿山、青海的尕朵觉沃山共同被誉为藏传佛教的四大神山。位于察隅县中部的慈巴沟国家级自然保护区是森林生态系统类型的自然保护区,其总面积为10.14万公顷,于2002年晋升为国家级自然保护区。[①]位于卡瓦格博圣地南界线点的卢为色拉,景色广阔,四个圣地都清晰可见。山顶布满五颜六色的招福经幡和白色的安魂经幡。文化资源上,察隅县境内拥有著名的茶马古道,途经石门关、那恰洛峡谷等景点,藏、汉、纳西、独龙、苗、回等数十个民族在此聚居,这些充满了原生态、地域性、民族性的特色文化为当地提供了丰富的文旅资源。

## 二、乡村振兴中察隅县的主要做法与经验

### (一)国家政策宏观调控

2015年11月,中央扶贫发展工作会议决定启动扶贫工作,继续解决"四个问题",落实"五个系列""六个准确",坚持"1693"精准扶贫工作思想,针对林芝市施行"中央统筹、自治区负总责、林芝市抓部署、各县区抓实施、各乡镇具体干"战略部署。建立横向纵向双重管

---

① 西藏林业信息网:《察隅慈巴沟:生物资源"基因库"》[EB/OL].(2020-02-02)[2021-12-06].https://baike.baidu.com/reference/2231204/f47d0hBt18sKri-c_VMRlbp1ZEZNYDi08JvWD7vFkThCrZzK8UN4kCAnWiUY-4nJsVoTRlCzck8UnDB1ePjpMSfPVYT3IDe-dAPPrho.

理体系、"工作到村、扶贫到户、措施到人"的工作结构、党政领导的工作责任制,统筹社会组织、企业、机构等方面的力量,实施"因村派人、因户因人施策"的微观责任制度,五级书记协同工作,各级落实责任管理结构,为扶贫工作提供有力的政治保障。

### (二)林芝市中观实施

林芝市坚持"扶贫发展是全党的共同责任,要动员社会各界广泛参与"的思想,建立扶贫专业模式,分门别类扶贫,将长期扶贫与短期扶贫相结合,坚持统一规划、分类金融项目;坚持实事求是,制定和完善组织领导、分级负责、资源整合、创业激励、精准识别、监督评价等六项工作机制,严格落实扶贫时间和质量三项要求;实行扶贫信息自由流通、扶贫清廉管理,根据当地条件推进自主创业、产业扶持、建立就业转移等九项扶贫政策体系。针对易地发展、行业扶持、企业扶持、合作伙伴扶持、简易转移和设施升级,下级政府开展产业扶贫、就业扶贫、异地安置、教育扶贫、卫生扶贫、社会保障扶贫,积极探索生态扶贫等7项扶贫措施,形成具有林芝市特色的扶贫模式。

### (三)察隅县微观落实

察隅县严格按照国家扶贫政策与市区扶贫工作分配,按部就班,整体推进扶贫工作,在政策背景下打造"技能＋"模式。林芝市察隅县高度重视产业和基础设施"双重发展",积极鼓励边民以资源位置优势大力发展特色农村产业。依靠察隅县的资源优势,发展智慧旅游和生态旅游,同时打造旅游业与高品质种植业相结合的发展模式,助力乡村振兴。同时,将全县所有边境行政村纳入规划,重点改善道路、水电、通信等基础设施和开展住房维修、庭院改造、村庄美化等专项行动;改善当地居民生产生活条件,提高文化和卫生等公共服务能力。

## 三、察隅县的初步成效

### (一)利用政策优势发展"乡村＋民宿"旅游

察隅县察瓦龙乡龙普村甲兴组风景优美,素有梅里雪山后花园的美誉,但由于地处偏远,通信不便,一直"养在深闺人未识"。随着察隅县经济的发展,特别是交通状况的改善,越来越多来自全国各地的游客前来打卡,游客在这里品传统藏家美食,赏世外桃源美景,甲兴风景区终于走出深山,走进全国人民的视野,人气和声誉不断提高。游客一个接一个地来,群众也享受到了旅游发展红利,一个接一个地依靠旅游过上了好日子。这带动了龙普村服务业的发展,旅游产业逐渐形成,文旅融合成为群众致富路上的法宝。

因为大力发展旅游业,鼓了腰包的龙普村家庭不在少数。自从村民们开了民宿旅馆,每户收入翻了六七倍,年收入达到十多万元。经济发展了,村庄更美了。察瓦龙乡立足龙普村的旅游资源优势,加大投资,把甲兴打造成了一个集雪山风景、特色民俗体验于一体的旅游新村,并通过联户加农户的模式,带领村民发展旅游住宿、土特产销售、旅客运输、骑行等产业项目,已经形成了初步的发展规模,逐步变成当地群众增收致富的来源。随着交通日渐畅通,通信设施日渐完善,察瓦龙乡的旅游业发展机遇也将迎来拐点,助力乡村振兴。

### (二)利用气候优势打造"技能+"模式发展特色种植业

在察隅县委、县政府的大力支持下,察隅县的各村各户依托自身的资源、环境、气候等优势,因地制宜发展了察隅县特色养殖业和种植业,增加了农牧民的收入途径,全力巩固脱贫攻坚成果同乡村振兴有效衔接。①从2011年起,察隅县在下察隅镇种植猕猴桃,各族兄弟姐妹情同手足,齐心协力,靠勤劳的双手让察隅猕猴桃成了带动群众增收的"致富果"。

在2011年,察隅县以提高农牧民收入为目标打造了一批优质产业项目,比如以察隅县下察隅镇兴隆猕猴桃种植专业合作社为标杆发展特色猕猴桃种植产业,此合作社最初承包了20亩猕猴桃基地。刚开始时,当地农牧民群众缺乏专业的农业种植技术,不会修剪嫁接,不熟悉对果树的水肥管理和病虫害管理,任其生长,农作物的产量和品质都不尽如人意。俗话说,"授人以鱼,不如授人以渔"。依据国家政策,察隅县的乡村振兴专干便组织村里的群众进行技术培训。同时,察隅县结合乡村振兴专业的人才优势打造"技能+"的种植业发展模式。来自各地的农业专业人才来到察隅,开设培训课程,实地考察讲解,亲身示范如何施肥、修剪、理枝、打药和授粉等。经过五年的时间沉淀,当地群众基本掌握了果树种植各项技能,每一位都可以在农业种植中独当一面。迄今为止,察隅县内已开展技术培训指导80余次,受益群众达1000余人。得益于专干人才们的培训,当地的猕猴桃产量有了极大的提升,猕猴桃的种植范围从前期的数十亩扩展至现在的8000多亩,每亩农作物能为当地农户带来7000余元的收入,农户们也实现了从技术小白到专业能手的转变。各区各域的创业人才和勤劳能干的各族人民共同将察隅县的绿水青山变成了致富生财的金山银山,走出了一条产业发展和民族团结的融合之路。如今,察隅县正在努力建设猕猴桃、石榴标准种植示范基地,往后会继续引领当地种植户,用好"技能+",发展绿色产业,不断促进农牧民增收和技能提升,建设美丽家乡,助力乡村振兴。

---

① 胡文、王珊:《林芝市察隅县:特色养殖让乡村振兴"畜"势勃发》,《西藏日报(汉)》2021年5月5日。

### (三)利用"圳帮扶"优势发展医疗卫生事业

自乡村振兴规划开始,深圳一批批干部人才开展援建项目,扎根察隅,深耕雪域。察隅县医疗事业发展十分滞后。西藏察隅县人民医院联合深圳资金、深圳设备、深圳医生资源、深圳技术之力,着力打造西藏最好的县级医院,不仅开通了察隅县人民医院与宝安人民医院(集团)远程医疗会诊等服务平台,还在西藏建立起第一个县、乡、村"紧密型"医共体诊疗模式,这使得察隅县的人民在家门口就能直接享受到深圳水平的医疗服务。

2017年6月,察隅县人民医院口腔科挂牌成立,改变了察隅县人民医院没有口腔科的现状;6月至7月,察隅县开展心血管高危人群筛查工作,先后在竹瓦根镇、上察隅镇、古玉乡3个乡镇的11个村完成了708人的免费筛查,检出高危对象122人[①];2018年5月,广东省中山大学对察隅县城区的中小学生开展视力普查及基本的眼科检查,为察隅县的中小学生提供了优质的卫生条件。广东省西藏援助工作队已筹集1542万元人民币帮助西藏人民脱贫,在林芝市、县、镇、村建立了四级远程医疗体系,覆盖55家乡镇医院和144个偏远村庄,满足了3.5万名农牧民的远程医疗就诊需求。对口支援察隅县人民医院的深圳市宝安区人民医院的王甘露院长带领医疗团队从信息化出发,依靠智能医疗平台和远程互联网平台,建立起"察隅村医疗诊所—乡镇卫生院—察隅县人民医院—深圳市宝安区人民医院"四级远程会诊咨询信息平台,远程全科诊室咨询155次,远程危重治疗咨询中心共进行35次咨询,远程心电学诊断4000次;2020年,察隅县人民医院远程影像诊断达到3000人(2016年至2020年累计17000人);远程CT诊断200人,真实有效服务了察隅县居民。[②]

### (四)利用规划优势发展安居设施

地处高山峡谷的林芝市察隅县上察隅镇毕达村不仅易灾区域多,人畜混居、房屋危旧等情况更是普遍。2016年,该村正式开始实施危房改造项目,将原本因长期潮湿而腐朽的高危木质房屋改造成了牢固防潮的砖混房。2018年底,全村18户贫困户完成了住房建设、庭院建设、卫浴建设、畜棚建设等,这不仅保障了住房的安全,也改变了以往的泥泞和混乱状态。所有家畜进入围栏,农村道路、路灯照明、住宅入口和墙壁美化全部完成。生态建设稳步推进,水电网络等基础设施全面覆盖,村民与外界联系更便捷、更畅通,经济发展自然有了通路。如图1所示,察隅县建档立卡贫困户红梅的房屋得到了重新修缮。危房

---

① 察隅县网信办:《察隅县完成心血管筛查阶段性任务》[EB/OL].(2017-07-21)[2021-12-03].https://baike.baidu.com/reference/2231204/78AAAAAuyH3zezAaTGigOzl9UdB9lfsV2RUVJyZFt5lX7l9Q0U938FXrxd1TV2BSK6DPyl5nBxQ1X9NflUq9A0mSOSiZLiKAA1hwHGPlzKJsDtRYrlSBvA8BklO8Q.

② 郑淮武:《深圳援藏医疗队开展远程医疗解决西藏边远山区百姓就医难题》,《健康中国观察》2021年第1期。

改造直接提升了农牧民生活品质,追求文明新生活的思想开始激荡,为安置地实现更高质量、更长久、更稳固的发展打下了基础。

图1　林芝市察隅县建档立卡贫困户红梅重燃生活热情
(图片来源:国家乡村振兴局)

## 四、察隅县的经验启示与探讨评论

"十三五"期间,察隅县严格遵守党和国家引领,响应乡村振兴战略号召,坚持林芝市带动发展,实现了农业和旅游业双发展,农村居民和城镇居民双丰收。察隅县以林芝市落实方案为抓手,在宏观响应总体扶贫政策的基础上,结合自身县区的特色资源实施具有"察隅特色"的扶贫模式,走人与自然和谐相处的乡村振兴之路。

### (一)坚持党建引领

党的十八大以来,以习近平同志为核心的党中央站在全面建成小康社会、实现中华民族伟大复兴的历史转折点,突出脱贫攻坚在治国理政中的位置,发挥社会主义政治及制度优势,以一系列的新思想、新观点、新决策和新部署推动了我国减贫事业的发展,减贫工作取得的巨大成就为世界减贫事业贡献出中国特色减贫方案。林芝市察隅县坚持党的正确指引,积极迎合乡村振兴战略的落地实施,在快速发展农业的同时推动一二三产业深度融合。让猕猴桃、石榴等种植业成为察隅百姓减贫致富的直接渠道,使处于西藏边境的察隅县全体人民在增收的基础上坚定爱国固边意识,争做中国共产党的坚定拥护者。

## (二)响应政策的号召

"十三五"期间,全林芝市社会经济发展取得巨大成就。为"十四五"及其后走中国特色社会主义乡村振兴之路奠定了坚实基础,工农共进、城乡互补、协调发展,加快构建共同繁荣新格局。事实证明,林芝市察隅县响应国家政策号召,确定精准扶贫任务,积极推进扶贫工作,坚持扶贫工作与时俱进,紧密依靠群众是林芝市察隅县脱贫攻坚战胜利的法宝。察隅县积极配合深圳的定点扶贫方案,充分践行"圳帮扶"政策,接受深圳高水平的医疗卫生扶助,建立起与深圳远程实时连线问诊平台。响应定点扶贫的国家政策,解决了察隅县人民就医难、医疗水平低的难题。

## (三)发挥自身的资源优势

察隅县有着得天独厚的农业资源、自然资源、旅游资源、气候资源等,"十三五"期间,察隅县的优势被充分利用起来。持续发展农业,扩大粮食、蔬菜、油料等的种植面积,大力发展特色养殖业,不断创新举措,在种植品牌培训及创业培训方面下功夫,着力提高农牧民群众的职业技能水平,让广大普通农民共享发展红利;开发利用自然资源,通过丰富的水能资源实施"藏电外送"战略;开采富饶的矿产资源,加速产业升级。察隅县富含多类型的旅游景点和民俗文化,在旅游业转型升级过程中,加快景区、饭店、旅馆、旅游项目等方面的建设,同时实现旅游商品生产等方式转移就业,将乡村旅游、智慧旅游和生态旅游结合,综合生态农业、民俗文化、旅游信息化交互推进全县旅游产业的转型升级,为乡村振兴注入了强大动力,持续推动县域经济高质量发展。

作者:苏佼阳,西南大学教师教育学院学科教学(英语)专业硕士研究生,研究方向为教师发展;黄菊,西南大学教师教育学院副教授,研究方向为教师教育、跨文化国际传播。

# 走出去的江孜品牌，走进来的幸福生活

## ——西藏日喀则江孜县乡村振兴案例

**内容提要**：西藏日喀则江孜县作为边疆民族地区，集中了高寒地广、偏远闭塞、宗教盛行等多项发展不利因素，"十三五"期间曾是西藏脱贫攻坚三大主战场之一，长期以来面临"稳定、发展、生态、强边"四件大事。为摆脱深度贫困，推进兴边富民和乡村振兴的有效衔接，该县坚持系统治理理念，以特色文旅和生态农业为支柱，倚靠外部市场实现超常态的发展速度的同时，协同推进环境保护、文化传承、民族团结多项工作。在深入挖掘珠峰特色资源基础上，促进小特产变成大产品，小企业变成大品牌，实现经济高质量发展和县域长治久安两大目标。

## 一、基本情况

江孜，位于日喀则市东部，西接白朗县，南临康马县，辖区面积3800平方千米，与西藏最大航空港贡嘎机场仅距230千米，受拉萨—亚东黄金旅游通道的辐射带动。截至2020年11月1日，江孜常住人口68650人，95%为藏族，适龄劳动力（15～59岁）占比为63.32%。[①]县域平均海拔7100米，内有雅鲁藏布江上游支流年楚河穿过，呈现出藏南典型的山高谷宽地貌。由于身处高原温带半干旱季风气候区，江孜整体温度较低，干旱少雨，近一半耕地集中于气候温和、土壤肥沃的河谷平原附近，农牧业发展历史悠久，主要作物为青稞、小麦、豌豆。除了农业底子较好，江孜县还富有塔寺结合的藏传佛教寺院白居寺、文物保护单位帕拉庄园、爱国教育基地宗山抗英遗址、卡若拉冰川等多种自然、人文风光，江孜啊香糖醋大蒜、"宗山牌"地毯等民族品牌名扬海内外，有着粮油生产强县、英雄城等著名标签，是国内民族地区旅游热门城镇之一。

---

① 日喀则市第七次全国人口普查领导小组办公室：《日喀则市第七次全国人口普查主要数据公报》[EB/OL].（2021-07-21）[2021-11-26].http://tjj.rikaze.gov.cn/ news-detail.thtml？cid=144677.

曾经的江孜县是有名的贫困县,地处偏远,气候恶劣,政府"双拖欠"历史债务数额巨大,发展资源投入不足;高寒缺氧造成当地交通、水利、网络等基础设施建设落后;大骨节病、包虫病等"地方病"严重影响藏民生活。2016年,江孜识别建档立卡贫困人口达11352人,是日喀则19个深度贫困县之一。[①]事实上,江孜的区位特征既可能是产生贫困的"恶因",也有可能结出共同富裕的"善果",一切取决于能否通过市场让"一池死水活起来"。

为了摘下贫困村的"帽子",江孜统筹制定物质和精神相协调、人与自然和谐的发展蓝图,力求激活民族文化、非遗技艺等特色人文资源价值,加快生产要素流动和文化、农作物等的商业化转换,在经济发展过程中协同推进维稳固边、文化传承、生态保护工作,多措并举下,江孜日趋成为日喀则东部发展中心和新兴边疆民族县城。

## 二、主要做法

### (一)加强基层队伍建设,培育产业振兴"生力军"

党的领导是中国特色社会主义制度最大优势。为保障乡村振兴的有序推进,江孜县着力强化党组织的治理主体能力,完善相关体制机制。提出开展党建"111""十二件实事""四项提升工程"等多种措施深化党组织建设,下派年轻优秀的县干部到基层一线担任第一书记、驻村指导员。按照"三个赋予一个有利于"原则灵活执行乡村振兴各项行动,组织村庄间进行交流互鉴,提升基层领导班子为人民服务和防范风险挑战能力。此外,江孜还力求发掘更多民间致富能人,借助"江孜扶贫讲坛"、脱贫攻坚知识"月月考"等平台培养发展"领头羊"。强调发挥职业教育、技术培训作用,对接市职业技术学校分批开展技术培训,组织村领导班子开展县级产业培训,提升乡镇农牧民服务队伍的专业性和综合能力。

### (二)改善人居环境,奠定边疆发展"硬基础"

县委投入大量资金整治人居环境,有序出台《江孜县城市总体规划(2017—2035)修编》《江孜县旅游发展规划(2015—2030)》等各项文件,指导乡镇基础设施建设,力求缩小城乡差距,推进公共服务均等化。一是整村推进人畜分离、"厕所革命"、偏远乡村通车通水通网;二是逐步增加乡村医疗保健机构、购物中心、学校等服务网点的数量,新建中心体育广场、文化公园等公共活动场所,部分乡村组建本土艺术团,打造类似热龙乡比萨村史

---

① 西藏日报:《立下"愚公志" 打好脱贫"组合拳"—访江孜县委书记白玛》[EB/OL].(2019-06-11)[2021-04-08]. https://www.tibet3.com/news/zangqu/xz/2019-06-11/117832.html.

馆的民族团结进步教育阵地(见图1);三是坚持"打防并重",加强"双拥"工作,推动军地融合发展,严厉打击各种制造民族分裂的行为,铸牢中华民族共同体意识。①种种做法补齐了乡村基础设施短板,扩宽了群众学习传统文化、参与公共活动的空间。

图1　江孜县热龙乡比萨村史馆

(图片来源:西藏自治区旅游发展厅官网)

## (三)瞄准多样民生需要,优化内部稳定"软环境"

物质富足、精神富有是社会主义现代化的根本要求。江孜县加快完善大病保险和医疗救助体系,推进医疗共同体建设,确保遭遇包虫病、大骨节病等高原常发病的群众能及时获得救助,实现多层次医疗保障有序衔接。持续优化公共财政支出和社保资金管理制度,规范招商引资、对口扶持的各项程序,适度增加边民补助、养老保险、教育补贴等扶持金额,做好易地搬迁群众土地增减、15年免费教育工作,保障"一老一小"福祉。此外,围绕生态保护,当地不断健全河长制和土地草场管理制度,实施国土绿化行动、水源地防治行动,进一步落实生态治理责任,加大环境执法力度,守好生态保护红线。

---

① 江孜县人民政府:《江孜县2021年政府工作报告》[EB/OL].(2021-06-16)[2022-11-26].http://www.jiangzi.gov.cn/goverment-report-detail.thtml? cid=131850.

### (四)坚持就业致富,壮大集体经济的"基本盘"

江孜按照创新项目"增岗"、特色产业"转岗"、各类企业"保岗"、扶持创业"生岗"思路扩宽个人转移就业渠道,盘活人力资源。在政府机制的主导作用下,江孜首先健全劳务输出体系,利用"万企帮万村"帮扶项目,由上海援藏的农民工工作服务联络站等劳务中介机构牵线搭桥,在开展针对性职业培训基础上向外输送劳动力,优化点对点、"保姆式"的就业服务;其次是创新"八个精准""4321"结对帮扶制度及转移支付方式,引导乡村承接县级人居环境建设项目,通过以工代赈的方式创造更多就业岗位;此外,政府还投入一批资金支持有条件的藏民进行家庭旅馆改造、观光农业改造,降低个体户自主就业创业门槛。在市场机制主导作用下,多个乡村形成"能人 + 合作社 + 基地 + 农户"的经济增长模式,以抱团发展的方式实现产业升级和个人稳定增收。更多零散农牧民,尤其是种植能手、非遗技艺传承人和建档立卡户进入村合作社,政府集中建设的沙棘种植、藏红花生产、青稞加工三大支柱扶贫产业惠及大量弱势群体。在企业和个体的紧密利益联结机制下,集体经济尤其是扶贫产业发挥了弘扬民族文化和提高经济增速、增加就业机会多重功能。

### (五)聚焦消费扶贫,打通产品到商品的"中阻梗"

立足于深厚的农牧业历史,江孜县积极对接企业、个人等多元主体,加快畅通农产品产运营销各大环节,持续做大做强本土优势农牧产业。一是转变生产方式,推动本土短平快扶贫产业项目有序升级,投入大量资金建设青稞产业集群,加快提升全县农业机械化率。二是提高产品质量,鼓励农业合作社与食品加工厂等专业企业合作,对青稞、糌粑、牛羊肉等农产品进行深加工,实现标准化、精细化生产。三是提升产品价值,藏毯合作社通过吸纳优秀的编织人、结合现代打印技术创新编织手法、申请商标、参与业界产品评比等多种方式实现向现代企业的转型,创建"昵炜藏毯"等知名品牌。四是畅通进入市场的渠道,疫情期间,江孜鼓励事业单位等政府机关配合消费帮扶,开展联动促销,如县城电子商务公共服务中心配合市商务局主办的"日喀则市电商促消费活动",打通线上线下同时销售渠道,投放大量优惠券刺激市民消费,确保复工复产复市顺利进行;松赞文旅集团旗下酒店购置合作社的手工藏毯,让工艺品创造出商品价值。

### (六)挖掘文旅潜力,走好一村一品"致富路"

江孜在传承自身红色文化、民族文化的基础上着力挖掘其旅游价值,走好"一乡一品"式"特色文化资源 + 文艺宣传"道路。一方面是发挥文化内向功能,改善农牧民生活面貌,营造良好的社会氛围。积极组织礼遇模范、"最美人物"等群众性评比活动,树立文明、致富标兵,号召农牧民学习"老西藏精神"和"新时代脱贫攻坚精神",自信自强,团结奋进;时刻警惕宗教极端思想侵蚀,持续推进中国宗教和社会主义社会相适应,讲好维护民族团结和国家安定的地方故事,增强群众自觉维护祖国安定的意识,共绘发展同心圆。另一方面是发挥文化外向功能,实现文化创新转化和扩大传播,打造文旅品牌。各乡村每年举办民族运动会、民族节日庆典,不断供给《欢乐达玛节》《朗萨姑娘》《歌舞集——极地踏歌》等文艺精品,其达玛文化旅游节已具有较高的知名度,吸引无数游客,红色旅游、边境旅游、生态旅游等多种发展模式成为当地创收法宝,藏民通过与游客拍照、办农家乐等方式在家门口实现增收。

## 三、初步成效

江孜县从"三农"问题开始破题,围绕"神圣国土守护者、幸福家园建设者"推进乡村工作,利用上述措施开启了县域长治久安和经济高质量发展的新篇章。

### (一)民生福祉得到改善

通过人居环境整治、治理体制改革、社会保障优化等措施,江孜的公共服务均等化有所增长,个人和集体自我造血能力稳定提升。江孜县2021年的政府工作报告显示,当地在"十三五"期间民生事业取得多项突破。第一,在河长制、林长制的推行和基层工作人员的努力下,江孜主要湖水水质达到三类标准以上,恢复绿化面积7000多亩,建成5个区级生态文明示范乡,为将绿水青山转化为金山银山奠定了基础;第二,努堆村人居环境整治项目顺利完工,日郊老街、堆社区老旧小区、城区段幸福排洪沟等改造项目逐步推进,建制村实现全面公路通达,自来水入户率超过90%,县乡村文艺团队全覆盖,乡村生活更加便捷舒适;第三,"保学"工作成效显著,2020年,义务教育阶段适龄儿童入学率达到100%,医疗养老参保率达到97%,有意愿的特困老人全部进行集中供养,充分满足"一老一小"基本需要;第四,疫情期间,政府继续加大医疗保障和临时救助投入力度,推进人民医院扩建、综合医改等重点项目,发放临时救助金162.2万元,充分保障群众看病需求;第五,通过集体经济和劳务输出、转移就业等多种方式,江孜脱贫成果得到进一步巩固,监测户或脱贫户返贫率为0,2.23万农牧民借助转移就业实现创收,贫困群众人均纯收入在"十三五"期间增长至13760元,年增速约50%,有效促进了发展成果全体人民共享。

## （二）产城融合得到突破

乡村产业是解决农民"钱袋子"问题的关键依托,也是实现乡村振兴五大目标的物质基础。[1]据江孜县政府工作报告,在"十三五"期间江孜县各种合作社、优质企业如雨后春笋,特色产业遍地开花,农牧业现代化、市场化程度前所未有。2020年,共有15个援藏项目开始实施,投入资金超过1亿元,有效刺激当地青稞加工、牛羊养殖等产业发展。全县农业机械化率提升至75%,粮油产量超过1亿斤,传统种植业、养殖业蓬勃发展;同时,各村涌现出万亩沙棘产业园、兼具高附加值和劳动密集两大特征的藏红花种植基地、藏毯非遗工坊等支柱型经济体,仅"帕拉庄园"藏红花产业就带来560万元收入,青稞更是与良品铺子等厂商建立合作关系,商品转化率达到70%。此外,当地文旅带动能力持续增长,宣传效果更加突出,年旅游收入达3372万。[2]相较于"十二五"末,江孜县域GDP同比增长率超过50%,工业产值实现翻番,三大产业结构比优化为19∶18∶63,707家村集体经济和合作社全年营收超过5500万元。

## （三）社会综合治理效果显著

江孜兼顾稳定和发展两大主题,通过不断完善的基层治理体系、持续提升的治理能力确保边疆长治久安。各项惠寺利僧政策得到充分贯彻,寺庙道路、通信、水电等全面打通,僧尼生活得到充分保障,稳步推进宗教和社会主义事业相适应,有力挫败不法分子、境外势力搞民族分裂的阴谋;县便民服务大厅开始运行,"放管服"等多领域改革,扫黑除恶专项斗争稳步推进,政务服务效率得到进一步提升,2020年政府群众来访案件全部办结,连续十年未发生安全生产事故,成功当选国家级信访"三无"县、乡村治理示范村,社会安全指数达到95%以上。[3]

## 四、探讨评论

作为一个相对滞后的边疆县城,江孜县深刻意识到,要在短短几年内突破高原边城长期的落后面貌,必须以非常规思维、非常规速度实现赶超,其"名城振兴"梦绝不仅仅是产

[1] 林俐:《产业发展视角下西藏巩固拓展脱贫攻坚成果与乡村振兴有效衔接的路径探讨》,《西藏民族大学学报》(哲学社会科学版)2021年第5期。
[2] 江孜县人民政府:《江孜县2021年政府工作报告》[EB/OL].(2021-06-16)[2022-12-06].http://www.jiangzi.gov.cn/goverment-report-detail.thtml? cid=131850.
[3] 江孜县人民政府:江孜县人民政府:《江孜县2021年政府工作报告》[EB/OL].(2021-06-16)[2021-11-06].http://www.jiangzi.gov.cn/goverment-report-detail.thtml? cid=131850.

业兴盛的"经济增长"梦。为此,该地坚持走协同发展道路,按照固根本、转思维、扬优势三大策略将乡村振兴和守边固边结合起来①,其他边城也可借鉴江孜经验寻找自己的致富良方。

## (一)固民生之根本,多领域夯实自主发展基础

面对边疆民族贫困地区矛盾交织、风险多元的社会现状,乡村振兴必须坚持以人民为中心,遵循"管肚子"和"管脑子"同频共振原则,综合采用"授人以鱼"和"授人以渔"两种方式。一方面要做好资金投入和直接帮扶。政府要加快推进公共服务均等化,增设学校、医院、快递站、市场等服务点,缩小服务半径,尤其要完善道路、厂房等生产性设施,增强对外来资本的吸引力;要兜牢社会保障网,提高常发病和慢性病用药的补贴水平,免费开设种植技术培训课程,及时发放边民补贴、生态补偿;另一方面要营造良好的市场、社会环境,激发个体潜能。体制机制是社会发展活力的总开关。②要完善治理体制,综合自主申请、村级考察多种方式获取个人需求信息,提升服务和资源投放精准度,增强个人抵御宗教极端思想、自然灾害等风险的能力;要加强民族团结进步教育和勤劳致富宣传,树立劳动致富等正面行为模范,开展文明标兵评比并给予适度经济奖励,助推边民转变福利依赖、多生多福等落后观念,激发内生动力和再生产意识,更好适应市场化、现代化的时代潮流。③

## (二)转系统治理思维,探索三产融合、协同发展道路

党的二十大后,各地深入学习习近平新时代中国特色社会主义思想,树立系统治理理念。边疆民族地区身负多项重要战略功能,需坚持资源、能力、认同与援助四位一体,制定提升群众幸福感的发展规划,④在系统治理理念的指导下,可以产业振兴为主线协同社会、文化、生态等多领域共进步。实践证明,对于中西部地区的落后乡村而言,推动一二三产业融合是产业振兴的重要出路,⑤因此,在制定乡村发展路线图时可采取以下思路:各县级政府整理并挖掘本土资源特色,积极开发无论是有形的手工艺品或者农产品,还是无形的历史文化和人文古迹的消费价值,以多种方式加以包装并推向市场。同时,各乡村主动培育主导产业的衍生企业,创办食品加工合作社、网络营销合作社、物流运输合作社等集体经济,保障盈利的基础上合理吸纳弱势劳动力就业。在形成完整产业链基础上,企业逐步

---

① 王彦智:《新时代背景下加快西藏边境乡村振兴的思考——学习十九大精神的体会》,《西藏民族大学学报》(哲学社会科学版)2018年第1期。

② 刘合光:《乡村振兴战略的关键点、发展路径与风险规避》,《新疆师范大学学报》(哲学社会科学版)2018年第3期。

③ 曹昶辉:《当前边疆民族地区乡村振兴的阻滞因素及应对策略》,《广西民族研究》2018年第4期。

④ 丁忠毅:《边疆地区乡村振兴与整合的特殊使命与着力点选择》,《四川大学学报》(哲学社会科学版)2020年第3期。

⑤ 贺雪峰:《关于实施乡村振兴战略的几个问题》,《南京农业大学学报》(社会科学版)2018年第3期。

为产品注入更多科技要素和文化要素,力求降低环境污染和资源消耗程度,走创新驱动和可持续发展道路,如将本民族或地方的古老手工技艺、风俗故事包装为特色旅游产品,讲好商品故事,协同推进文化传承和经济发展;培育化肥使用量少、质量高的绿色蔬菜和瓜果,健全质量溯源、客户参与的农产品供销体系,可借鉴优势企业,利用互联网平台和现代技术构建产品"身份证",开启认养互动功能,增强有机蔬菜的市场价值和品牌竞争力,在不破坏生态的前提下实现农民增收。

### (三)扬特色资源优势,创新一村一品的发展模式

多元民族文化共存是边疆民族地区主要特征,边疆民族地区独特的自然和人文风光对于其他地区有着极大的吸引力,各乡村可挖掘潜在旅游资源,帮助农牧民在家门口就业增收。一是抓住城市游客的"乡愁"心理,以亲自参与制作非遗手工艺品,种植青稞、沙棘等,体验传统民族住房为特色,吸引游客走入田间山头、边远乡村;二是抓住地形地貌、自然条件的独特性,围绕冰山、盐湖等多种景观建设生态保护区和旅游服务区,设计精品旅游线路,部分有条件乡村可将群众组织起来,以集体经济形式规范乡村旅游服务标准,强化手工艺品质量管理,为游客创造良好体验;三是抓住历史文化的特殊性,利用互联网扩大宣传范围,打造民族特色文化标签,以文化展、民族节、文化馆等多种载体呈现相关人文景观,激发文旅资源潜力,辐射带动辖区内产业转型和农牧民致富。

作者:肖燕,西南大学国家治理学院公共政策专业硕士研究生,研究方向为区域发展与公共政策;黄菊,西南大学教师教育学院副教授,研究方向为教师教育、跨文化国际传播。

# 最美琼结，藏王故乡

## ——山南市琼结县乡村振兴案例

**内容提要**：荣获"国家乡村振兴示范县"的琼结县位于西藏自治区山南市，其于2016年打响脱贫攻坚战，2017年10月正式加入乡村振兴行列。2016年以来，琼结县砥砺奋进、乘势而上，在党的领导下、乡民的努力下实现了乡村振兴的一次次的飞跃，取得了一个个非凡的成就，擘画出一幅只属于"雅砻绿谷"的红色画卷。

## 一、山南市琼结县基本情况

琼结县位于中华人民共和国西藏自治区东南部，山南市中部，地处喜马拉雅山脉北麓、雅鲁藏布江中游南岸雅砻河西南谷地。全县三面环山，共3乡1镇（拉玉乡、加麻乡、下水乡、琼结镇），总面积1030平方千米，平均海拔3900米，总人口近2万人，是一个以农为主、农牧结合的河谷农区县。琼结县自然环境优美，人文底蕴深厚，古迹众多，是藏文化的重要发祥地与传承地，藏王墓、松赞干布墓都位于山南地区琼结县境内。琼结素有"藏源故里"之称，蜿蜒流淌的琼结河承载着1300多年前文成公主和松赞干布在雅砻河谷书写的中华民族血脉亲情。（见图1）

2016年以来，琼结全县范围内打响了脱贫攻坚战，琼结县委、县政府召开60余次各类会议，传达学习习近平总书记关于脱贫攻坚工作的重要论述及区、市脱贫攻坚重要会议精神。2017年10月18日，习近平总书记在党的十九大报告中正式提出乡村振兴战略，琼结县委、县政府便大力宣扬党的十九大精神，深入贯彻落实习近平总书记关于扶贫工作的重要论述，严谨关注"三农"问题，开始逐步在县内实施乡村振兴战略。2017年，琼结县实现20个贫困村全部出列，实现脱贫摘帽，在全区率先整体脱贫。2018年10月，西藏自治区人民政府正式批准琼结县退出贫困县行列。2019年10月底，全县建档立卡贫困户全部脱贫,综合贫困发生率由最初的14.35%下降至0,消除了绝对贫困。①

　　山南市位于西藏三大国际旅游热门地——拉萨市、林芝市和日喀则市所形成的黄金三角路径之中,但其客源却远不及上述地区。究其原因,首先,虽然山南市县域、村域的交通条件比较完善,但由于未考虑到乡村旅游的迅猛发展,村域层面交通承载能力有限,无法适应旅游型村庄的发展。其次,琼结县内虽有众多文物古迹,但空间分布不均,景点间缺少联系,呈现出"中间多,两边少"的情况,不均衡的发展势态导致游线过短,无法留住游客。此外,其许多历史文化遗迹开发程度不足,并未与脱贫事业和产业发展相融合,文景结合度不高。琼结境内文化包括藏源文化、雅砻文化、吐蕃文化等,但目前仅有"藏源文化"这么一个头筹品牌,未能形成规模效应。

图1　琼结县县城全景

(图片来源:琼结县人民政府)

## 二、乡村振兴中琼结县的主要做法与经验

### (一)下乡宣传党的十九大,共同致力乡村振兴

　　2018年1月31日,琼结县召开经济工作会议、深入学习贯彻落实党的十九大精神。会议指出全县经济工作包括围绕县第九次党代会确定的"一城一区一园"("泽当卫星城""吐

---

① 段敏:《消除绝对贫困,奔向小康生活——琼结县脱贫攻坚工作综述》[EB/OL].(2021-01-05)[2021-12-05].http://epaper.chinatibetnews.com/xzrb/202101/05/content_62971.html.

蕃文化核心区""山南琼结绿色产业园")定位,大力实施项目带动、产业引领、乡村振兴、旅游突破等"七大战略",打响"吐蕃故都、雅砻绿谷"的名片。2018年2月11日,琼结县开展"五下乡"活动,旨在助力精准脱贫,深刻落实乡村振兴战略,全面贯彻落实党的十九大精神和"治国必治边,治边先稳藏"重要战略思想。2018年3月22日,琼结县召开工作会议,确定实施乡村振兴的总体目标是2020年打造2～3个乡村振兴示范样板,乡村振兴取得重要进展,到2035年取得决定性进展,农业农村现代化基本实现,农业强、农村美、农民富全面实现。

### (二)走进吐蕃故都,感受大美琼结

图2 《乡村大世界》节目录制现场
(图片来源:西藏自治区人民政府官网)

2018年4月15日上午,央视七套品牌栏目《乡村大世界》栏目组走进琼结,在琼结藏源文化广场进行实地拍摄录制(见图2)。本期节目以"吐蕃故都,雅砻绿谷"为主题,围绕琼结县丰厚的文化底蕴和特色农业致富产业展开,以多角度、全方位视角将"民俗文化、乡村振兴、百姓致富"呈献给全国观众。节目现场,琼结水晶玉石产品、强钦青稞酒、特色藏餐等特色产品琳琅满目,琼结的国家级非物质文化遗产奔堆白面藏戏、久河卓舞更是被搬上舞台,大大展现了琼结"藏民族之宗,藏文化之源"的历史地位。①不少乡民为此次央视进

---

① 伦珠泽仁:《〈乡村大世界〉走进琼结顺利完成现场录制》[EB/OL].(2018-04-15)[2021-12-05].https://mp.weixin.qq.com/s/SDtOYotaMlYlFdnMRUlriA.

藏感到骄傲和自豪:"今天央视《乡村大世界》走进琼结,明天琼结走向全国,走向全世界""吐蕃故乡,大美琼结""腾飞吧!吐蕃故都"。2018年5月12日,《乡村大世界——走进西藏琼结》特别节目在央视七套首播,此次节目历经半个月拍摄,播出时长74分钟,节目中穿插相声、歌舞、现场和外景互动,将琼结独特的魅力展示给了全世界的观众。"网信琼结"微信公众号在微信端转播了此次节目后,收到了大量好评,累计观看次数破16万次,极大地提高了琼结知名度,树立了乡民们脱贫致富的信心。

### (三)文旅融合发展,提升文化自信

琼结文化底蕴深厚、文物古迹众多,是藏文化的重要发祥地之一,被誉为"藏民族之宗、藏文化之源"。推动琼结文化和旅游融合发展,并以藏源文化旅游资源为依托是深入贯彻落实习近平新时代中国特色社会主义思想的重要举措,是更好推动琼结经济社会又好又快发展的根本需要,也是推进琼结旅游发展促进乡村振兴的直接需要。全县上下不折不扣贯彻落实文化旅游产业发展精神,进一步坚定发展信心,顺势而为,乘势而上,努力打造文化旅游强县。

"强钦青稞酒"是琼结县出名的文化产品之一,"强钦"意为青稞酒的故乡。相传文成公主远嫁吐蕃后,随松赞干布回到琼结,用当地生产的青稞和清凉的溪水煮酒,酿制出入口甘甜丝滑柔软的青稞酒。自此,人们纷纷效仿文成公主,酿制青稞美酒。琼结县通过举办数届青稞酒文化节,彰显了山南地区的优势与魅力,并利用拉萨市、山南市、林芝市交流合作平台进行旅游资源捆绑和共享,切实做到了利用文化产品向外走,实现与拉萨等各市互利共赢[①];通过外出交流宣传,也提升了吐蕃故都的知名度、美誉度和影响力,大大增强了琼结县的文化自信。

### (四)统筹推进试点工作,推动牧民思想转变

2019年10月,为全面深入推动乡村振兴战略的实施,琼结县委、县政府坚持把乡村治理试点工作作为加快脱贫攻坚步伐、实施乡村振兴战略和全面建成小康社会的重要内容之一,即在每个乡镇选一个条件较好的村(社区)开展乡村治理试点工作,通过以点带面、点面结合,在全县打造共建、共治、共享的社会治理格局。为加大对乡村治理试点工作的宣传力度,通过发放宣传手册,深入群众家中、田间地头,教育引导大家对乡村建设治理的思想要由"要我建、要我改"转向"我要建、我要改"。通过近一年的试点工作,农牧民群众的思想认识有了不同程度的转变,增强了主体意识。村民们积极参与美丽庭院建设,主动

---

① 刘蓝宇:《琼结召开文化旅游工作专题会议》[EB/OL].(2018-11-06)[2021-12-05].https://mp.weixin.qq.com/s/ALs-koHxzCuQgqcBqvKiwyA.

改善人居环境,进一步提升了健康理念、卫生理念,摒弃了一些生活陋习,逐步接受发展生态经济、乡村旅游增收致富的新理念。与此同时,在先行试点村居中深入推进农村生活垃圾处理示范工作、稳步推进农村厕所革命、梯次开展农村污水治理以及全面展开人畜分离工作,"大力改善农村人居环境,共同建设美丽幸福家园"的口号传遍三乡一镇,各村开展"美丽庭院"评选工作,对达到评选标准的予以公示、挂牌,激发更多农户、家庭参与到人居环境整治和乡村振兴行动中去,极大地优化了村民健康文明的生活方式和精神文明理念。

### (五)采用"互联网+"模式,推进电子商务进农村

2019年,西藏琼结胜砻文化旅游发展有限公司(下简称"胜砻文旅")在琼结县绿色产业园挂牌成立,主要从事文化旅游活动组织策划、文化旅游商品开发和销售等。商品包括西藏本地土特产、琼结县各合作社农副产品、手工艺品以及自主设计生产的文旅商品。胜砻文旅采取"线上+线下"的营销模式,开发了"胜砻到家"微信小程序,将传统超市搬上手机屏幕,拓宽了琼结县各合作社产品的销路。此外,公司还在泽当、拉萨等地设立琼结特色产品营销点,开通电子商务、网络销售和物流业务,借助阿里巴巴、京东电商扶贫平台,全面助力琼结经济社会发展。[1]2021年6月,琼结县为助力当地乡村振兴,开展了为期两天的电子商务培训,包括县商务局全体干部、各乡镇商务人员、意愿从事电商行业的农牧民群众、大中专院校毕业生以及电子商务从业人员在内的60余人参加培训。培训内容主要涉及农村电子商务的发展趋势、意义和主要特点,让学员深入了解农村电商服务带来的益处,进一步提高学员对电子商务的广泛性认识,并为电商平台销售产品和发展电子商务打好基础。通过此次培训,广大农牧民群众接触到了新的理念和想法,增强了就地创业的意识,拓宽了新的发展思路,能助力乡村振兴的发展。

### (六)党群小茶馆,"三民"更贴心

为进一步完善村级组织活动场所的功能布局,丰富基层党员群众业余生活,琼结县委、县政府在深入调研的基础上,投入300万元资金,在6个村级基层党建示范点建设党群小茶馆,宣传宣讲党的政策理论、增加村民集体收入、带动基层群众增收、解决基层群众就业问题、普及党的利民惠民政策。党群小茶馆是一项惠民、便民、利民工程,旨在积极发挥党员干部贴近基层、贴近生活、贴近群众的独特优势,广泛开展各种丰富多彩的文化娱乐活动,帮助基层群众学习掌握文化知识,进一步丰富基层群众的业余文化生活,让基层群众爱来、常来、愿意来,为乡村振兴、基层发展、群众得利探索新路子、实现新跨越。琼结县

---

[1] 熊起樊:《胜砻文旅助力琼结经济社会发展》[EB/OL].(2021-04-29)[2021-12-05].https://mp.weixin.qq.com/s/ujmzc1g2bdOa1r06NDmQeg.

6个党群小茶馆的正式揭牌运营,标志着琼结县村级组织活动场所功能布局更加完善,为村级组织活动场所注入了朝气和活力。

## 三、琼结县的初步成效

党的十九大以后,琼结县便高举习近平新时代中国特色社会主义思想伟大旗帜,对全县实施乡村振兴战略作出细致安排与部署。通过认真学习贯彻习近平新时代中国特色社会主义思想和党的十九大精神,坚决贯彻落实中央、自治区和山南市脱贫攻坚部署要求,琼结县圆满完成了20个贫困村、707户2273人脱贫的任务,标志着全县脱贫攻坚工作取得历史性成就。

2019年,藏王陵景区被评为国家3A级景区,全年接待游客21.52万人次,收入1119万元;全县基本消除绝对贫困,荣获自治区脱贫攻坚组织创新奖;拉玉乡强吉村在人居环境改善策略中入选2019年中国美丽休闲乡村名录。

2020年前三季度,全县完成生产总值近4亿元,同比增长14.57%,农村居民收入同比增长11.9%;项目建设和招商引资也稳步推进,琼结双创产业园入驻企业14家,招商引资项目集中签约意向投资达6.06亿元;教育质量稳步提升,15年免费教育、"教育三包"、"营养餐"等政策全面落实;卫生事业惠及全民,投资2000万元的县人民医院新住院大楼投入使用,全民免费健康体检惠及13000多人。2019年以来,琼结县委、县政府班子高度重视琼结县旅游发展工作,"十三五"期间在强吉村共计投入3200万余元,完善了基础设施,改善了人居环境,修建了游客集散中心、停车场、标识牌等旅游基础设施,鼓励群众参与旅游,成立旅游合作社,发展民宿经济。2020年5月,"强吉旅游村"正式营业,全年琼结县强吉村民宿共接待游客3000余人,实现旅游接待收入26.7万元,36户均增收7200元,旅游商品(青稞酒)销售19余万元。乡村旅游作为乡村振兴的重要抓手之一,已成为琼结旅游的发展焦点。

2021年2月,琼结县加麻乡金珠村委员会被中共中央、国务院授予"全国脱贫攻坚先进集体"荣誉称号,人均可支配收入从2015年的1.01万元增长到2020年的1.5万元,村里的集体产业收益也越来越好,每年为群众增收超过60万元,提升了金珠村民的生活水平,极大地提升了农牧民群众的幸福感和获得感。

除获"全国平安建设先进县"荣誉称号以外,琼结县又荣获了"平安中国建设示范县""国家乡村振兴示范县"等荣誉称号。其"全国民族团结进步示范县"创建工作顺利通过国家级考核验收,成功创建全国生态文明建设示范县,在推动高质量发展上找到了战略抓手,为开启全面建设社会主义现代化新征程增添了强大动力。

## 四、经验启示与探讨评论

新时代,新征程,经过不懈努力,琼结县脱贫攻坚、乡村振兴战略硕果累累,每一年的发展都迈上新的台阶,雅砻绿谷间的每一个角落无不焕发着勃勃生机。

我们坚信,琼结县实现了华丽的蜕变,党的领导是关键。从党的十八大开始,习近平总书记就高度重视西藏工作,亲自为新时代西藏工作谋篇布局,确立新时代党的治藏方针。琼结县委、县政府的各党员干部更是牢记总书记的嘱托,主动承担重任,引领琼结县乡民们在乡村振兴上一次次迈上新的大台阶。无论是统筹实施试点工作还是组建党群小茶馆,都使得党群更贴近基层,实现了坚强基层党组织的新探索。

琼结境内文化包括藏源文化、雅砻文化、吐蕃文化等,它们具有鲜明的地域文化特色,同时也是中华文化的重要组成部分。因此,琼结县实施文旅融合、大力发展旅游业是贯彻落实治边先稳藏重要战略思想的有力实践,是推动西藏长足发展和长久治安的强力举措。要让藏文化是中华文化不可分割的重要组成部分的思想深深扎根在各族群众的心中,坚定文化自信,深挖历史文化底蕴,不断丰富旅游内涵,拓展旅游产业发展空间,推动旅游文化产业融合发展。

乡民的主体意识也成了琼结县脱贫致富大门的一把金钥匙。琼结县乡民们在党的引领下,意识到了自己不仅是神圣国土守护者,更是自己幸福家园的建设者,每一户居民都更积极地投入琼结县的建设之中,亲手书写了一份又一份满意的答卷,成就了一个个非凡的巨变。

凛冬将至,雅砻绿谷间却是暖洋洋的一片,一张张笑脸洋溢在琼结乡民的脸上。琼结县这一幅幸福和谐、人民安居乐业的画面是大力实施精准扶贫和乡村振兴的写照,也是整个西藏愈发繁荣的缩影。而路漫漫其修远兮,立于新时代的新起点,琼结县未来前进道路任重而道远,但我们始终坚信,琼结前景无限好,未来更可期!

*作者:方子奇,西南大学国际学院硕士研究生,研究方向为汉语国际教育;黄菊,西南大学教师教育学院副教授,研究方向为教师教育、跨文化国际传播。*

# 新疆

新疆维吾尔自治区，简称"新"，首府乌鲁木齐市，位于中国西北地区，是中国五个少数民族自治区之一。面积166.49万平方千米，是中国陆地面积最大的省级行政区，约占中国国土总面积的六分之一。2021年自治区常住人口为2589万人。新疆地处亚欧大陆腹地，陆地边境线5600多千米，周边与俄罗斯、哈萨克斯坦、吉尔吉斯斯坦、塔吉克斯坦、巴基斯坦、蒙古、印度、阿富汗八国接壤，在历史上是古丝绸之路的重要通道，现在是第二座"亚欧大陆桥"的必经之地，拥有十分重要的战略地位。

作为全国"三区三州"深度贫困地区之一，新疆既是脱贫攻坚主战场，又是维稳戍边重点区域，是打赢脱贫攻坚战最难啃的"硬骨头"之一。新疆全疆上下贯彻落实新时代党的治疆方略，聚焦社会稳定和长治久安总目标，坚决扛起脱贫攻坚政治任务，推动经济社会发展和各项事业全面进步。2014—2019年，新疆累计292.32万人脱贫、3107个贫困村退出、25个贫困县摘帽，贫困发生率由2013年底的19.8%下降至2019年底的1.24%。截至2020年11月14日，新疆308.9万现行标准下贫困人口全部脱贫，3666个贫困村全部退出，32个贫困县全部摘帽，一幅幅幸福美好的画卷正在新疆展开。

# 声声驼铃"驼"起乡村振兴新希望
## ——新疆阿勒泰地区吉木乃县"万驼园"产业发展典型案例

**内容提要**:吉木乃县位于新疆阿勒泰地区,曾是古丝绸之路北道上的商贸重镇,声声驼铃在这里响彻千年。2019年,吉木乃县人民政府与新疆旺源生物科技集团共同投资建设"万驼园"项目,通过贯彻新发展理念,建设生态修复"示范园"、培育驼产业,建设富民增收"扶贫园"、开发旅游资源,建设融合发展"观光园"等措施,打造了一条骆驼产业链,"驼"起了新疆阿勒泰地区吉木乃县乡村振兴新希望。

## 一、基本情况

新疆阿勒泰地区吉木乃县"万驼园"产业园区位于新疆准噶尔盆地古尔班通古特沙漠中间阶段,距离阿勒泰地区吉木乃县城东北方向恰勒什海乡以北24千米处,该地区气候干燥,日照时间长,降水量少,蒸发量大,适宜骆驼生长。作为中国最大规模的骆驼养殖基地,"万驼园"规划面积约47万亩,是一座以骆驼文化为主的旅游产业园区,主要分为荒漠修复生态园、生态植物观光园、骆驼主题游乐园三个园区。在既有的生态植物观光园规划中,除设置骆驼养殖区外,还增加了鸵鸟观赏区、梅花鹿观赏区、羊驼观赏区和骆驼亲子乐园等趣味性园区,以及以花海种植为代表的观赏性园区。如今,"万驼园"有骆驼2063峰,日产驼奶500千克以上,驼舍、挤奶厅、饲草料棚都由当地村民管理。自"万驼园"投建以来,吉木乃县有1026户农牧民通过草场租赁、骆驼养殖就业、收益分红等方式实现增收,其中建档立卡贫困户960户2665人,人均年增收5624元,带动5个村集体年增收10万元。

## 二、主要做法与经验

习近平总书记指出，产业扶贫是稳定脱贫的根本之策。吉木乃县委、县政府立足实际、放眼长远，实施"万驼园"产业发展项目，并推动"万驼园"向高端化、绿色化、融合化方向发展。主要有以下三方面经验做法：

### (一)贯彻新发展理念，建设生态修复"示范园"

吉木乃县牢固树立"绿水青山就是金山银山"的发展理念，从"保护生态、恢复生态"出发，通过项目建设恢复当地退化的草原生态系统，改善脆弱的生态环境。主要措施有以下几点：一是实施草原生态保护恢复项目，对退化草原进行修复治理、补播改良、鼠害防治，建成骆驼自然放牧区、人工灌溉饲草种植基地，并采取轮牧的方式进行生态保护，使产业园区的草原植被覆盖率已达70%以上。二是每年春夏季播撒草籽、实施灌溉，并种植适宜当地生长且骆驼喜食的高冰草、扁穗冰草、高羊茅、红豆草、红三叶等品种。同时分片区种植草类、灌木植被，利用不同花期实现四季开花，形成种类独特的植物园。三是依托扬水灌区生态补水功能，实施"万驼园"第一水源工程——喀拉苏水源工程，切实改变荒漠区域农牧业生产条件。通过喀拉苏水源工程，对吉木乃县北部沙漠片区11.5万亩的天然草场进行生态补水，使植被恢复防风固沙，让原有荒漠化土地逐步变成绿洲，荒漠草场变为有机牧场，实现山水林田湖草的生态保护修复，从而确保"青山不老、银水长流、草原昌盛、绿洲常在、边疆永固"。

### (二)培育驼产业，建设富民增收"扶贫园"

为转变生产经营方式，提高生产效益，"万驼园"采取建设基地、培育大户、大户带小户的方式，推动骆驼产业向集约化、规模化、科学化发展，不断培植壮大奶源基地，提高产品质量。"万驼园"自建设以来，共带动全县1026户2887人增收，其中脱贫户951户2656人，增加5个村集体经济，年增收10万元。具体来看，一是将效益较低的春秋牧场以每亩30元的价格租赁给村民，作为骆驼放牧的草场，涉及158户470人，其中脱贫户90户253人，人均年增收5987元。二是通过带动就业，使27户54人获得增收，人均增收36000元。三是依靠资产收益分红增收（见图1）。"万驼园"总投资1687.5万元，吉木乃县847户建档立卡户2375人以1687.5万元资金入股参与该项目，每年按照投入资金的10%进行分红，2020年每人分红500元，共计118.75万元。四是壮大村集体经济，实现资产收益。齐阔尔加村、奥夏尔拜村、阿克加尔村、加勒格孜喀拉尕依村、托斯特村五个村每村投入100万元资金,分红比例为投入资金的10%,每年每村增加村集体经济收入10万元。

图1　万驼园建档立卡户资产收益项目分红仪式
（图片来源:吉木乃县人民政府）

### (三)开发旅游资源,建设融合发展"观光园"

吉木乃县大力实施"旅游+产业"的建设项目,将"万驼园"打造成为全国最大规模的骆驼养殖基地,引入羊驼、鸵鸟等,建设驼类品种大全的"主题游乐园",为阿勒泰千里画廊旅游路线上增添一份骆驼文化的专属乐园。游客们不仅可以在欣赏美景的同时与骆驼近距离互动,如骑骆驼、挤驼奶、品驼奶等,还可以在这里学到有关骆驼的科学知识。通过打造复合型功能园区,构建"骆驼养殖+饲料种植+农业产业+休闲旅游+康养度假+主题游乐+生态观光"等多功能于一体的复合型田园综合体,通过"万驼园"的发展带动吉木乃县骆驼产业、旅游产业融合发展。

## 三、初步成效

"万驼园"项目的实施对吉木乃县调整产业结构、发展有机产业、培育龙头企业具有重要意义。同时,为巩固吉木乃县脱贫攻坚成果,实现由政策性扶贫向产业扶贫转变,带动贫困户增收致富奠定了坚实的基础。具体表现在以下几方面:

一是产业发展促富裕。"万驼园"项目带动吉木乃县传统农牧业向现代农牧业转变,形成以骆驼为主的现代农业产业园。一方面,当地政府与旺源集团合作建立了一条"企业+合作社+养殖基地+养殖户"的完整的驼奶生产加工链,通过零成本投入、零经营风险、零距离就业的产业化精准帮扶模式,让资源变资产、资金变股金、农牧民变成工人。另一方面,随着养殖业和种植业的不断扩大,当地百姓的人均收入逐年增加,有效推进乡村振兴战略深入实施。除了养殖骆驼,"万驼园"还采用村民入股分红、租赁草场等方式拓展当地农牧民增收渠道,实现了产业效益和农牧民收入的"双增加"。以前靠放牧为生,月收入2000多元的村民,现每月有6000多元工资。据统计,自2019年6月"万驼园"建设以来,全县1026户农牧民通过租赁草场、养骆驼打工就业、分红等方式实现了增收,人均年增收达5624元,巩固脱贫攻坚成果效益明显(见图2)。

图2 贫困户变养殖户

(图片来源:吉木乃县人民政府)

二是生态建设可持续。"万驼园"产业园区位于新疆准噶尔盆地古尔班通古特沙漠的中间阶段,整个园区三面环山,自然条件比较恶劣,缺水、风大。"万驼园"产业园区荒漠化治理和生态修复项目于2020年2月完成项目规划设计和招投标工作,当年5月施工队伍全部进场施工,10月完成指针式喷灌机的安装工作,通过107台直升式喷灌机对七万亩草场人工补水,唤醒土壤中存在的30年前的草植种子库,使"万驼园"产业园区草场植被基本复绿,实现了荒漠化修复和生态治理。园区采取"播撒草籽"和"划区轮牧"相结合的生产方式,一方面有效解决了集中养殖骆驼及其他观赏动物的饲草料供给问题,另一方面也长远规划了草场生态修复问题,有效解决超载过牧与维护生态环境之间的矛盾,促进骆驼奶、骆驼肉、驼绒等产业发展,实现生态可持续发展。2022年,"万驼园"入选"全国奶业休闲观光牧场"。

三是就近务工稳就业。以技能培养人才,带动当地困难群众家门口就业。在吉木乃县"万驼园"产业园区工作的牧民大多是曾经的困难群众,自园区建成后,政企通力协作,在尊重群众意愿的前提下,建立劳动力名单,通过逐一面试,选定16户建档立卡户和5户经验养殖户进行技术培训,让困难群众每月都有可观的稳定收入。项目落地一年时间内,已聘用20户牧民饲养骆驼,直接带动42人就业,青年牧场种植饲草直接带动25人就业。后期随着"万驼园"园区的产业升级,在拉动旅游的同时也将持续为当地百姓提供数以千计的就业岗位。今后,仅依托园区内旅游业的发展,就可以为当地百姓带来1000多个就业岗位,这将有效带动吉木乃县农牧民增收致富。

四是吸引游客添美誉。吉木乃县大力发展骆驼产业,将戈壁滩变成一条亮丽的风景线,擦亮特色优势产业名片,推进产品加工销售与全域旅游相结合,积极打造集观光、摄影为一体的生态旅游典范。越来越多的游客从四面八方涌来,吉木乃"万驼园"的知名度、美誉度、普及度大为提升,为地方经济的再提升提供了新的可能。截至2021年,吉木乃"万驼园"已累计接待了来自全国各地的上千名游客,成为游客近距离接触骆驼文化及边疆风景的新晋观光基地。

## 四、经验启示

吉木乃县"万驼园"由政府主导,企业负责项目运营管理,采取"企业＋村集体＋农户"共同投资建设、"公司＋村集体＋合作社＋农户散养"的经营模式。以"生态修复、产业扶贫、旅游富民"为理念,打造特色"万驼园"产业,探索"脱贫、富民、振兴"同步推进的创新发展模式,充分调动当地困难群众的生产积极性,切实提高他们的致富能力,实现"造血式""活血式"扶贫。

### (一)生态与产业并重

"万驼园"在发展过程中,充分考虑草场生态修复问题,实施草原生态保护恢复项目,对退化草原进行修复治理、补播改良、鼠害防治,建成骆驼自然放牧区、人工灌溉饲草种植基地,一边开展牧草种植培育,一边进行荒漠化草场修复工作,对3.58万亩退化草原进行补播。同时,产业园区内的水利、驼舍、围栏、电力、交通等设施建设,全部贯彻节能环保、绿色生产的理念,走生态修复与产业发展相结合的新路子,为"万驼园"实现高质量发展、可持续发展奠定了扎实的生态基础,同时,将生态效益转化为经济效益,又让吉木乃县骆驼产业的标准化养殖和标准驼培育更上一个台阶。

## (二)产业开发不拘泥

吉木乃县以骆驼养殖产业为核心,结合现有自然资源,通过旅游开发、文化产业发展增添吸引力,构建骆驼养殖产业、新型农业与特色旅游相互融合的新型田园综合体。作为集骆驼良种繁育、饲草料种植、旅游观光于一体的重点项目,"万驼园"拓宽了骆驼产业链,发展以农业、科普、探奇、购物为核心的"全区域、全产业"的农、旅融合体。为推动骆驼产业综合发展,"万驼园"筹划布局了自动化驼乳制品产业园区、骆驼养殖基地、双峰驼研究院等,在全力做好有机驼奶等产品的同时,积极打通骆驼全产业链,从源头到终端形成完美闭环,实现骆驼一二三产业的融合发展。据统计,吉木乃县每年有近2200多万元的收入都来自骆驼产业,真正实现了发展一个产业,带动一方经济,富裕一方百姓。

## (三)人才引进促发展

为了打造好、发展好"万驼园",吉木乃县坚持"以盘活留住本地人才为重点、积极吸引外地人才为补充"的工作思路,把抓"永久牌"人才激励放在首位。当地政府一方面以产学研的模式积极与新疆各高校合作,以"人才 + 产业"发展签订三方框架合作协议,引进20余名博士、硕士研究生、本科生在吉木乃"万驼园"开展骆驼养殖、产奶等技术研究。同时成立"吉木乃万驼园驼养殖人才工作室",采取"筑巢引凤""校地合作"等方式,积极引进和培养骆驼健康养殖、人工繁育、疾病诊治等产业需求人才,当前已建成9个人才工作室。另一方面,结合"万名农业科技人才"行动,通过集中培训、现场观摩、座谈交流的方式,开展了培训11场次,先后培育骆驼养殖大户29户、养殖户60户,破解技术难题3个,为骆驼产业发展积聚人才力量和智慧动能。

## (四)融合发展可涅槃

"万驼园"在饲草料种植、骆驼良种繁育、科研合作、旅游观光四个方面实现新的突破。在"饲草料种植"上强调质与量,园区对7万亩荒漠实施免耕播种,补充优质草种,让十万亩草场发挥最大效益。在"骆驼良种繁育"上实行散围结合,加强科学化养殖与管理。"科研合作"方面与新疆大学、新疆农业大学、新疆畜牧科技学院等高校和科研院所开展校企合作,围绕骆驼品种高产核心群基因图谱测序、骆驼精细化养殖全日粮配方、智慧养驼、驼绒高端深加工、荒漠草场修复治理等问题展开研究。同时,重点建设荒漠化草原修复观测研究、骆驼研究和生态监测保护综合业务用房，建设骆驼驯化站、动物医院，探索共建完善的、科学有效的政、校、企结合最佳形式。在"旅游观光"上则以"百机共聚吉木乃，万人探秘万驼园"活动为契机，开启生态旅游的新发展。这种将养殖业与种植业、农牧业与旅游业融合起来一体化规划发展的模式，是吉木乃县"万驼园"涅槃重生的关键。

作者：范雨竹，西南大学新闻传媒学院讲师，博士后，研究方向为公共文化服务。

# 特色养殖为推动乡村振兴"畜"能
## ——霍图格尔村产业振兴典型案例

**内容提要**:霍图格尔村以党员干部为先锋,在村党支部"传帮带"的协同配合下,以产业兴旺为基础,通过整合集体资源,拓宽发展之路,合理配置项目收益,带动了乡村振兴。同时,以项目为支撑,通过培养新型经营主体,大力发展特色乳制品加工产业、生态家禽养殖产业、家庭牧场等新型产业,不断推动合作组织高质量发展。霍图格尔村通过产业振兴,形成了绿色安全、优质高效的乡村产业体系,为当地农户持续增收提供了坚实的产业支撑。

## 一、基本情况

新疆伊犁哈萨克自治州昭苏县察汗乌苏蒙古族乡霍图格尔村距乡政府所在地1.2千米,距县城57千米。耕地14170亩,户籍人口553户2073人,由哈萨克族、汉族、维吾尔族等9个民族组成。村级力量共计25人,后备干部3人,党员79人、预备党员2人、发展对象3人、积极分子3人。脱贫户60户207人,动态检测识别的三类户4户20人,已消除风险2户10人。2021年农牧民人均收入16358元,村集体经济收入以集体耕地和产业扶贫项目租金为主,集体经济收入137.28万元。霍图格尔村附近有昭苏圣佑庙、夏塔旅游区、西域天马文化园景区、昭苏县知青馆、昭苏县哈萨克民俗文化馆、夏塔古城遗址等旅游景点,有昭苏马铃薯、昭苏天马、昭苏大蒜、昭苏油菜、"六瓣红"大蒜、薰衣草等特产,有锡伯族西迁节、锡伯族传统婚俗、锡伯族刺绣等民俗文化。

## 二、主要做法与经验

### (一)以党员干部为先锋,助力脱贫攻坚

霍图格尔村充分发挥党员干部在脱贫攻坚中的先锋模范作用,按照"党员＋贫困户"

的帮扶模式,以理论培训、精准帮扶和扶贫扶志为抓手,充分发挥党员的致富带头作用。

**1.理论培训,增强帮扶意识**

霍图格尔村党支部定期组织举办建档立卡贫困户帮扶党员干部培训。带领党员干部认真学习习近平总书记关于抓党建促脱贫攻坚的重要论述以及自治区、州、县委的相关决策部署;及时在村干会、微信群传达脱贫攻坚方针政策和产业扶贫相关措施;提醒党员干部开展群众工作的具体要求及扶贫工作要点,通过理论培训不断提升党员干部的帮扶意识。

**2.精准帮扶,确保帮扶成效**

党的二十大报告提出了全面推进乡村振兴战略的新部署、新要求,霍图格尔村的党员干部围绕党的二十大报告内容,为天弓褐牛专业合作社负责人逐条逐句进行解读,为群众发展特色产业、壮大村集体经济出点子、想办法。

"党的二十大报告中坚持农业农村优先发展等相关内容,说到了我的心坎里。这些年,我们走产业化发展道路,霍图格尔村的天弓乳制品已成为伊犁品牌,一个以褐牛养殖为核心、以乳制品等附加产品为创收点的增收致富产业链初步形成,我们有信心把合作社做得更好,带动更多群众共同致富。"霍图格尔村党支部书记杜峰说道。

图1 昭苏县通过直播带货,让农特产品搭上电商"快车",走向全国各地

(图片来源:伊犁哈萨克自治州人民政府)

### 3.扶贫扶志,激发内生动力

为进一步调动广大贫困群众脱贫致富的积极性和主动性,补齐精神短板,激发内生动力,霍图格尔村强化组织领导,压实村第一书记、党支部书记主体责任,选优配强,建强乡村振兴站"专班"干部5人,充分发挥"传帮带"作用,提升乡村振兴队伍整体实力。组织形式多样的党员宣传队入户走访,宣传扶贫政策、扶贫理念、扶贫励志故事,鼓励贫困户自种自养,创业增收,祛除"庸懒散""等靠要"的思想,增强群众做事的主动性,让老百姓主动脱贫。

## (二)以产业兴旺为基础,带动乡村振兴

### 1.整合集体资源

霍图格尔村通过合理配置农田水利设施,争取到项目资金1500多万元,修建了田间灌溉渠40多千米,实现渠系建筑物配套率100%,灌溉耕地面积1.8万亩,为农业发展奠定了基础;通过收回集体耕地38亩,整合牧业村草场、养殖基地资源优势,对2.52万亩集体草场、牲畜养殖基地配套附属设施、标准化养殖育肥基地及牛羊育肥基地项目进行整合;通过"打包租赁+捆绑经营"的方式,培养新型经营主体,增加集体收入,示范带动畜牧业、农业同步发展,增加群众收入。

### 2.良性循环发展

霍图格尔村通过争取项目资金1480万元,先后建设完成了6个养殖产业项目(牛羊育肥基地、牲畜养殖基地配套附属设施、标准化养殖育肥基地、活畜交易市场、饲草料加工厂及家禽养殖基地),以"支部+基地+农户"的方式,通过舍饲、半舍饲圈养相结合,不断调整畜群结构,改良牲畜品种,提高生产效益,进一步实现草畜平衡,帮助村集体增收31.2万元。为促进农牧结合、生态循环发展,霍图格尔村将部分农作物转变为青贮利用,实现农作物循环利用和转化增值,促进畜牧业发展和农民增产增收。冬天,农户们把畜禽栏舍的粪尿、土杂肥等囤积起来,开春时把发酵好的农家肥送往地里,减少了化肥的支出;秋冬季再将田地里收获的青贮、作物秸秆喂给畜禽,形成种养结合、以种促养的良性循环发展模式。

### 3.合理配置收益

为合理配置收益,霍图格尔村逐步建立了利益联结及资产管护机制。根据贫困人口及村集体经济现状进行测算分配,对有劳动能力贫困户主要通过扶持个人和就业实现增收,对有就业意愿的,根据个人能力、身体状况,安排适当的劳务岗位,对无劳动能力的老弱病残贫困户,主要通过资产收益分红的方式使其受益。2021年,霍图格尔村通过租赁经营,资产收益97.2万元,受益贫困户92户,开发就业岗位30个,增加了村民收入,推动了共同富裕。

### （三）以产业振兴为抓手，推动共同富裕

一是培养新型经营主体。先后投入项目资金1500余万元，用于打造天弓乳业、白水生态家禽养殖、兰明家庭牧场等一批"名优特"农畜产品、合作社品牌。

二是发展特色乳制品加工产业，打造奶制品产业示范基地。昭苏县察汗乌苏乡天弓褐牛专业合作社由察汗乌苏乡霍图格尔村党支部牵头组建，现有社员30人。该合作社以"支部＋基地＋农户"的方式，通过注入项目资金700余万元，进一步扩大生产规模，扩建生产车间，改良生产工艺，提高生产效益，增加牧民收入，提供就业岗位30多个。合作社采取股份制自主经营，月均使用牛奶50吨，产品销售线下、线上相结合，月均销售额达80万余元，盈利15万元左右。已开拓的市场除新疆各地州之外，还通过抖音、淘宝等电商网络平台拓展到国内各地，包括江苏、广东、福建、河南等。

**图2　霍图格尔村特色乳制品加工产业**
（图片来源：昭苏县人民政府）

三是发展生态家禽养殖产业，打造家禽养殖示范基地。合作社采用"合作社＋基地＋农户"的发展模式，2021年投入项目资金240万元，扩大养殖规模，建设高标准养殖棚圈3座，以科学养殖为基础，不断延伸产业链，带动农户养殖增收，促进生态养殖产业化发展。目前带动农户养殖23户，带动农民就业58人。合作社通过从广州、广西等地引进鸡苗，销售渠道以线下订单和网络销售为主，年销售量3万余羽，盈利35万元，2021年底有存栏5700余羽。

四是发展家庭牧场新型产业,打造畜牧产业新模式。霍图格尔村采取集中生产管理,以"舍饲＋放牧"方式为主,农场资金支持稳定,实行"统一管理、统一饲养、统一配种、统一防疫、统一产犊"的策略,降低了饲养成本,减少了投入,提高了产犊率,增强了本区域生产适应能力,展现了放牧性能,增强了牲畜的抗病能力。2021年霍图格尔村还以"家庭牧场＋基地＋企业"的模式,改造孕马尿收集站1座,已与孕马尿公司签订合同,预计年均增收19万元,进一步增加了畜牧产业附加值,示范带动养殖户多样性发展马产业。

## 三、初步成效

霍图格尔村以党员干部为先锋,以村民为主体,以组建合作社为切入点,以带动村民脱贫致富为出发点和落脚点,以创新谋发展。

一是产业融合促振兴。乡村要振兴,产业是支撑。霍图格尔村抢抓机遇,鼓足干劲,按照全村产业的总体规划和部署,以党建为引领,采取"村级党支部＋村集体＋农户＋公司"的合作经营模式,在抓好传统种植业的基础上,大力发展褐牛养殖等特色产业,做强奶制品加工业,做实乡村服务业,促进产业融合发展,推动全村产业振兴。

二是科学养殖助发展。霍图格尔村白水生态家禽养殖专业合作社主要从事生态黑脚草原鸡、土鸭、土鹅养殖及加工等项目,2021年底商品鸡存栏6000羽,雏鸡2500羽,每年出栏草原鸡30000羽,雏鸡10000羽,土鸭2000羽,土鹅2000羽,实现年产值170多万元。兰明家庭牧场现养殖新疆褐牛250头,其中生产母牛150头、犊牛100头,伊犁马及杂交马共110匹,全部采用人工授精冷配方式,年参加配种母牛数为130头以上。2020年,争取到项目资金320万元,逐步打造标准化养殖基地,推动家庭牧场的发展。

三是开拓致富新路径。霍图格尔村全村有150户村民加入褐牛养殖业,规模达到2000余头,户均增收5万余元;通过开办奶制品合作社,为困难群众提供就业岗位,每位务工人员年收入3万余元,开办合作社成为村民增收致富的"新引擎";通过改进果味、甜味、酸甜软质等特色的奶酪和风味酸奶、燕麦仁酸奶等新产品,打造"大自然的礼物"等系列礼盒,以直播带货的方式让天弓奶制品插上电商的翅膀,走向全国各地,合作社月销售额45万元左右,成为村民致富的"金疙瘩"。

# 四、经验启示

## (一)党的领导是根本

霍图格尔村始终坚持党建引领产业发展,充分发挥党员干部的先锋模范作用,积极发挥党组织的引领作用,一方面将龙头企业、专业合作社与农牧民联合起来,通过土地流转、入股经营和签订订单等方式结成利益联合体,围绕资源优势打造特色品牌项目;另一方面,在各类合作社和产业协会中建立党组织,将党组织的政治优势、组织优势与合作社的经济优势相结合,提高集体经济组织的经营管理水平。

## (二)产业振兴是基础

霍图格尔村以抓特色作为突破口,以褐牛养殖和奶制品加工实现产业的融合发展,助力乡村振兴。主动把畜牧养殖产业的规模优势、资源优势转化为经济优势、发展优势,让产业更兴旺,让农民更富裕。大力拓展农村产业发展空间,推进霍图格尔村一、二、三产业深度融合发展,以种养业为基础,大力发展农产品加工业、商贸物流服务业,不断延伸农业产业链,重塑价值链,完善利益联结机制。

## (三)务工就业是抓手

霍图格尔村扎实开展就业创业服务,通过不断加强产业项目建设,创造就业机会,确保脱贫人口就业,借助合作社项目分红、政策兜底保障管理等措施,确保脱贫人口收入来源稳定。一方面以项目建设为抓手,将项目建设作为"强引擎"和"硬支撑",提供大量就业机会,同时加强技能培训,促进就业;另一方面是开辟弹性的、灵活的就业岗位,让村民实现在"家门口"就业,加大就业帮扶力度,充分发挥乡村微信群、乡村大喇叭等载体作用,及时征集和发布就业岗位信息,宣传就业帮扶政策,不间断组织线上线下招聘活动,多措并举为企业和求职人员搭建招工就业交流平台。同时,综合运用公益性岗位安置、就业扶持补贴等手段,加大对就业困难人员的就业扶持。

作者:刘亚鹏,西南大学国际学院硕士研究生,研究方向为社会政策与乡村振兴;范雨竹,西南大学新闻传媒学院讲师,博士后,研究方向为公共文化服务。

# 特色旅游助扶贫，田间农忙创新景

**内容提要**：巴楚县地处塔克拉玛干沙漠边缘，贫困程度深，受制于特殊地理与气候条件，脱贫攻坚困难重重。自2014年以来，全县在已有新农村建设成果上结合自身特色创立了独具一格的"农家旅游+巴楚农业"致富模式，成功打造了旅游种植一体化的美丽乡村。同时，根据各个乡镇自身优势，巴楚县在"一个整体"发展规划下针对不同资源进行了整合开发，发展了各具特色的地方旅游景区和生态农业，推动了多产业发展，基本实现了居民就近就业、快速就业、高效就业目标，帮助全县人民提高了收入，一幅乡村振兴的宏伟蓝图正在巴楚大地徐徐展开。

## 一、基本情况

巴楚县地处美丽新疆，与天山南麓、塔里木盆地和塔克拉玛干沙漠西北边缘相接。全年降水量少，蒸发量大，土地沙化、盐碱化面积占耕地总面积的76.35%，地瘠民贫。作为喀什地区的"东大门"，巴楚县辖8乡4镇，共235个村（社区）。辖区总面积1.84万平方千米，总人口36.61万人，有汉族、维吾尔族、回族、哈萨克族等31个民族。2014年，巴楚县共有117个贫困村，其中深度贫困村43个，是国家连片特困地区片区县之一。脱贫工作启动以来，依托于优秀的地理资源，巴楚县走出两条扶贫致富路，一是重点打造红海湾水上乐园旅游景点、托库孜萨来遗址、夏河沙漠胡杨林生态旅游景点、塔克拉玛干大沙漠、巴楚胡杨林国家森林公园等自然人文景区，协同创办特色鲜明的农家乐园。二是结合电商平台，将独特的经纬度与塔克拉玛干沙漠西缘的沙壤土质孕育出的农作物打造成"网红"产品，"甜客人嘴巴"的同时"富乡亲口袋"。根植于多民族的社会环境，巴楚县政府以特色促发展，以发展强特色，多元产业齐头并进，在全县各级党政和各族干部群众共同努力下，于2020年1月24日成功摘掉贫困"帽子"，乡村振兴步履更加坚定。

## 二、主要做法及经验

### (一)技能培训强本领,田间"课堂"助脱贫

技能培训是促进贫困劳动力实现技能就业、技能增收脱贫的重要途径。巴楚县贫困群众受教育程度普遍偏低,同时又无一技傍身,很难在脱贫浪潮中奋勇当先。针对该情况,巴楚县政府瞄准农闲的好时机,将培训引入门、把技能送入户,在各乡镇积极开展"冬季就业技能大培训",掀起一股冬时闲来人不闲、多学技术增经验的热潮。

**1.农技培训提素质,凝心聚力促振兴**

在巴楚县,农业发展与农村繁荣密切相关。县政府因地制宜、因村施策,以效益为中心,以科技为依托,以农民增收为目标,充分发挥组织领导作用,积极引导当地村民种植特色经济作物,稳扎稳打,大力推进农业农村经济发展工作,促进特色农业增效和农民增收。各乡镇(村)在狠抓农业生产的基础上,扎实开展各项农技培训班(见图1),办起田园课堂,通过学习牛羊养殖、红枣种植、核桃林间管护等适合当地种植、养殖发展的实用技术,厚实自身本领,争做行业的领头人。同时,县政府联动当地企业、技术员,详细传授牛羊防病、精饲料喂养、大片林地种植地管护、病虫害防治、梳枝修剪等实操技术,引导农牧民培植与壮大家庭增收致富产业,增强农民致富的信心。通过培训,巴楚县群众的农业技术水平得到提升,农民种田更加科学化,丰收之时的收益也最大化。

**2.实地观摩拓眼界,摩拳擦掌欲实践**

"学以致用,学有所用"是农技课培训的目的。对于农牧业来说,下地实践积累经验至关重要。田园课堂结束后,巴楚县结合课堂理论技术培训的内容,组织参训群众就近观摩日光温室大棚、丰和牧业3万余头牛羊养殖基地,并鼓励参训群众在技术人员指导下下地实操,进行种植、养殖训练,将理论与实践相结合,增强学习效果。经过培训,村

图1　巴楚县农技课现场
(图片来源:巴楚县人民政府)

民逐渐从"生手"变成"土专家",往日凭经验播种、靠感觉种地的日子一去不复返。

## （二）农家乐园满庭香，游客驻足生意忙

改善农村人居环境，建设美丽宜居乡村是实施乡村振兴战略的一项重要任务。在巴楚县阿瓦提镇，往日"脏乱破"的景象已然不见，宽阔干净的村道直通入户，一栋栋房屋错落有致地排列在道路两旁。居住环境的改善也给整个小镇带来了无限发展的可能。各家各户根据自己小院的特色，积极打造农家乐园，不仅极大地丰富了自身生活，还增加了收入。靠着漂亮的田园庄园，阿瓦提镇铺设出了一条足不出户的致富道路。当地居民的日子越过越红火，乡村经济得到有效发展。（见图2）

图2 巴楚县农家乐
（图片来源：巴楚县人民政府）

### 1.文旅结合点亮特色

民族文化本身就是一笔宝贵的财富。随着宣传力度的提升，人们来疆旅游意愿愈发强烈，越来越多的游客走进新疆，感受着祖国西北大地的异域风情。阿瓦提镇达其博依村抓住契机，将当地特色文化与丰富的旅游资源有机结合起来，合理改造农村自然资源，先行打造以体验民俗民情、观赏自然景观、品尝当地美食为主打的水上农家乐园，力求将达其博依村建成当地具有一定影响力的"乡村旅游打卡地"，带动乡村旅游发展。"去同质化"的路线拓宽了农民的致富门路，增加了富余劳动力就近就业的机会，带动了假日经济的发展，取得了较高的社会效益与经济效益。

### 2.加强监管保证服务

巴楚县市场监督管理局立足监管职能，将"农家乐"食品安全监管与经营业主的效益增收紧密结合，逐步探索出适合新兴"农家乐"的监管模式。一是加强食品安全培训。组织全

县22家农家乐经营业主集中进行食品安全专题培训,引导经营者加强自律,守法诚信经营,落实索证索票和进货查验制度,要求所有从业人员必须持健康证上岗。二是做好跟踪服务。在办事门槛上做"减法",在优化办结流程、服务意识上做"加法",增强自身责任感,积极协调相关科室、部门,协同监管。在办理"农家乐"食品经营许可证、健康证方面从快接受申请、从快现场核查、从快优先审批。通过监管部门服务关口下移,巴楚全县实现了"农家乐"从无序竞争到有序发展的转变。三是妥善处置旅游纠纷。畅通旅游消费投诉渠道,充分发挥"12315"投诉举报电话的作用,对游客在景点、旅行社、宾馆、"农家乐"关于旅游消费价格、服务问题的投诉举报,巴楚县市场监督管理局按照"谁接诉、谁处理"的原则,及时处置旅游纠纷,给游客提供一个简明快捷的维权通道,极大增加了游客信任度,收获了一致好评。

### (三)网络直播好带货,农民牧民变主播

近年来,网络直播发展迅猛,各行各业掀起一股"带货"之风。随着基础设施不断完善,巴楚县也搭乘上了"网络快车"。为了帮助本地特色农产品走出巴楚、走向全国,加快产业振兴的脚步,巴楚县琼库尔恰克乡克孜勒库木村注册"红漠坊"商标,开通淘宝、抖音橱窗等电商销售平台,拓宽了销售渠道,通过网络直播带货这一方式让当地优质农产品"种得好"更"卖得火"。

**1.开展电商培训,让生意触"网"可及**

对于巴楚县绝大多数人民来说,电商这一概念在几年前还颇为新鲜。如今有了科技和专员培训的加持,巴楚人民玩转电商已不在话下。为了推动全县电子商务发展,助力农产品销售,2022年2月26日,巴楚县农产品电商销售培训班在电子商务服务中心开班。共有来自全县各乡(镇)的60名电子商务从业者和爱好者参与了此次培训。讲师结合案例分析,从培训目的、直播带货、销售途径、"互联网+农产品"模式等方面进行系统讲解。针对学员们的"热点""难点"问题现场答疑解惑,帮助他们提升理念、开阔思路、增强能力。电商培训增加了农村电子商务氛围,有助于将产品销售出去,打造品牌和提升知名度,为老百姓带来了更大的收益。

**2.投入资金,打造网络直播带货基地**

有了相关互联网知识,琼库尔恰克乡克孜勒库木村驻村工作队和村"两委"经过市场调研,瞅准电商销售的机会,投入2.4万元打造了网络直播基地,同时把5名工作队队员和村干部送到阿克苏市电商产业园培训学习,让他们摇身一变成为"主播",借助淘宝、抖音及微信等平台网络直播带货。截至2022年8月,通过线上、线下两种渠道,该村已带动销

售红枣120吨,高质量农产品不再无人问津,而是乘上互联网快车销售至全国各地,极大提升了群众发展林果业的积极性,促进了村级林果产业的发展。

## (四)特色产品品牌化,名声传进千万家

巴楚县是闻名遐迩的"瓜果之乡",在以往的发展过程中却一直"有实无名",没有形成完整的品牌格局,没有凸显自身瓜果优势。在新一轮产业发展过程中,巴楚县琼库尔恰克乡看准时机,积极推进特色甜瓜种植规模化与标准化,统一生产计划,统一供应农资,统一技术标准,统一指导服务,统一加工销售,并组织全乡专业技术员对农户进行种植技术指导,形成乡村联动,专人专职科学规范化管理一体化,做到种植、管理、技术培训、销售配套服务一条龙,成功打造了巴楚县"留香瓜"产品,形成了初具规模、富有特色的瓜果品牌。

### 1.争取援疆支持,发展特色种植

脱贫攻坚道路上,巴楚县摒弃单打独斗的"念头",积极寻求援疆支持。从田间到餐桌,上海援疆联合巴楚县当地企业,从源头开始严格把关,对生产技术和经营管理水平极其重视,同时做好分级分类工作,确保了留香瓜的品质。近年来,在上海援疆的助力下,"双膜留香瓜"种植成为巴楚县特色之一,也成为部分乡镇农民增收致富的主导产业。

### 2.媒体"流量赋能",助力产品销售

"好风凭借力",巴楚县政府积极与上海东方卫视主办的扶贫公益节目《我们在行动》栏目组联系,邀请栏目组成员走进巴楚大地,对种植的"留香瓜"进行广泛宣传。如今,"留香瓜"香飘北京、上海、嘉兴等城市,为农户带来不少收益。据统计,2019年巴楚县种植特色甜瓜4800亩,总产量高达1万吨左右,产值约3000万元。全县共有贫困户643户2294人种植留香瓜,人均增收3000余元,极大增强了农户的种植信心。

## (五)旅游品质大提升,就业岗位急速增

新疆地大物博,旅游资源众多,如何提升景区核心竞争力,吸引更多游客,巴楚县政府费尽了心思,下足了功夫。首先是注重旅游品质,丰富主题内涵。巴楚县以"四季旅游"为主题,打造了精品旅游线路,推进红海景区、白沙山景区等重点景区品质提升。完善旅游配套基础设施,提升地方旅游吸引力,让游客获得感更足。其次是不断优化旅游内容。结合当地民族特色,定期举办旅游活动。

### 1.充分利用交通与自然资源的优势

塔拉硝尔村与巴楚县红海国家AAAA级旅游景区毗邻,景区未建设之前,该村村民多靠小规模种植、放牧等方式维持生计,经济韧性较低。随着景区开发打造,该村充分利用

离景区近的优势,大力发展旅游业,通过增设保洁、保安、售票员等岗位,解决了16名贫困村民的就业问题。同时成立马车合作社,带动20户贫困农民就业,利用援疆资金扶持10户农牧民经营"农家乐"和民宿,增加农牧民收入。建设丝路巴扎夜市,设置了15个摊位,带动10余户贫困户自主创业,为塔拉硝尔村经济发展增添了动力,促进了农村产业结构的调整。

### 2.多措并举提升景区吸引力

曲许尔盖村旅游资源相对匮乏,县政府认识到当地景区单一,缺少吸引力,便决心从一片油菜花田开始改变,努力丰富旅游业态。先是打造了800米的葡萄长廊,每当收获之时都能吸引众多游客。而后在村里修起了步道,购置了电动观光车、水上自行车等集健身与旅游于一体的设备,丰富景区内容,增加游客体验感。通过举办第一届迷你马拉松邀请赛、"夏游红海·巴楚画中村"定向寻宝趣味运动赛、山地自行车环游赛、足球俱乐部邀请赛来增加景区人气。游客的增多,吸引了更多企业落户,带来更多就业岗位,同时促进了各族人民的广泛交往、全面交流与深度交融,推动了全民健身与全民健康的深度融合,讲好了民族团结、社会发展的新疆故事,向外宣传了美丽乡村、美丽红海、巴尔楚克羊原产地,走出了一条充满活力的乡村振兴之路。

## 三、初步成效

巴楚县通过发展农业、旅游业赋能乡村振兴,走出特色鲜明的"巴楚路径"。以兴产业促就业,为巴楚人民带来了实实在在的好处,巩固脱贫攻坚成果和推进乡村振兴的效益明显。据统计,截至2020年9月底,全县建档立卡贫困户21893户81111人已全部脱贫,贫困发生率由2014年的27.28%降至为零。

### (一)农业产业化发展成果显著

自2014年始,巴楚县集中力量补齐短板、强化弱项,注重打造集生产、加工、流通、科技、服务、品牌于一体的产业集群。同时,不断优化产业布局,推进延链、补链、壮链、优链,加快构建现代农业产业体系。原有小规模种植画面被改绘,规模化种植、机械化耕作、全产业链发展已然成为其所辖乡村的主流。据统计,巴楚全县棉花种植面积达124.6万亩,机器采棉99万亩,核桃、灰枣等当地特色农作物均已达到万亩耕作规模,"汗水农业"正朝着"智慧农业"加速转变,不断提升群众增收致富背后的科技支持,促进乡村振兴、产业兴旺。

## (二)旅游业就业增收效果突出

巴楚县丰富的旅游资源是当地乡村振兴道路上一笔宝贵的财富。当地通过打造和完善适配周围自然环境的设施设备,带动了周边居民就业增收。在红海景区建设阶段,便实现了300余人就业,培育了自主创业户10户。随着旅游业向好发展,未来将有更多就业岗位可供巴楚人民选择。

## (三)当地居民幸福感明显提升

巴楚县以人民为中心的发展理念,已生动地写进了百姓心坎里。随着就业落实,收入增加,巴楚人民真切感受到自己的生活已经发生巨大的改变。一是人居环境明显改善。巴楚县人民告别棚户区,入住大楼房,告别涝坝水、苦咸水,喝上了健康水。二是收入显著提高。十年间,年人均收入从不足2000元到突破2万元。三是生活更有保障。巴楚县通过健全社会保障体系,落细落实全民参保计划,持续优化社保经办服务,扩大了社会保险覆盖面,织密织牢一张社会保障安全网。经过不懈努力,每一个生活在这里的居民的幸福感和获得感都大大提升。

# 四、经验启示

## (一)将"人民至上"理念根植广袤胡杨大地

脱贫攻坚的道路上要坚持党的领导,推动组织振兴,在工作过程中坚持"人民至上"的理念,把为百姓服务作为最根本的工作导向。配齐县乡村(社区)乡村振兴专干,通过县委党校、技工学校等培训平台,分期分批举办村(社区)干部、内招生、留疆战士培训班,推进党支部标准化、规范化建设。坚持和完善村党组织领导乡村治理体制机制,落实"四议两公开"制度,推动村(社区)级议事协商制度不断规范化、制度化、常规化;持续用力整顿软弱涣散的基层党组织;号召群众干部学习发扬胡杨精神。

## (二)把特色产业发展写进乡村振兴乐谱

一是要深入推进农业产业化发展,加快推进以干鲜果、蔬菜、特色作物等为原材料的农副产品深加工业发展,积极推进国家级农民合作社、自治区级家庭农场申报工作,重点培育壮大农产品加工骨干企业。二是要发挥当地资源优势,推动产业振兴。推进特色农牧种植养殖全产业链发展。围绕选育、种养、加工、储运、销售等环节持续用力,推进各产业基地改造、项目建设,不断补齐产业链短板。

## (三)将就业作为巩固脱贫攻坚成果的重要抓手

拓宽就业渠道,推动多种就业形式实现就业,按照就近转移就业、内部转移就业等方式对已有资源进行分类,鼓励自主创业等多种就业形式,实现贫困人口应就业、能就业、全部可以就业。同时倾力搞好职业技能培训。利用农闲时间,组织农村富余劳动力在贫困劳动力较为集中的村开展职业技能培训专班,确保贫困劳动力在"家门口"就能接受"短平快"的实用技术培训,提高就业技能。

## (四)用扶智与扶志筑牢脱贫根基

扶志扶智,激发群众内生动力。建设扶贫扶志纪念馆,组织领导干部和村干部,以及群众代表进行参观,将过去与现在美好生活进行真实比对,让群众真切感受到生活翻天覆地的变化,激发群众主动脱贫致富的动力。以乡风文明行动为抓手推进美丽乡村建设,通过大宣讲、农民夜校、"四同四送"等开展脱贫攻坚惠民政策宣讲,充分激发广大群众的内生动力,倡导节俭、文明、健康、科学的生活方式,变"要我富、要我美"为"我要富、我要美",倡导文明新风,引领生活风尚,有效实现示范带动,极大改变就业观念,提高就业技能。

作者:向维,西南大学国际学院硕士研究生,研究方向为社会政策与乡村振兴;范雨竹,西南大学新闻传媒学院讲师,博士后,研究方向为公共文化服务。

# 甘肃

甘肃省，简称"甘"或"陇"，省会兰州市，位于中国西北地区，东通陕西，西达新疆，南瞰四川、青海，北扼宁夏、内蒙古，西北端与蒙古接壤，总面积42.58万平方千米。下辖12个地级市、2个自治州，截至2021年末，甘肃省常住人口2490万人。甘肃地处黄土高原、青藏高原和内蒙古高原三大高原的交汇地带，境内地形复杂，山脉纵横交错，海拔相差悬殊，高山、盆地、平川、沙漠和戈壁等兼而有之。

甘肃是全国脱贫任务最重的省份，历史上曾有"陇中苦瘠甲天下"之称。2012年以来，甘肃深化脱贫攻坚，历史性解决了绝对贫困问题，全面完成了"两不愁三保障"和饮水安全目标任务，75个贫困县全部摘帽，7262个贫困村全部退出，552万农村建档立卡贫困人口全部脱贫，广大贫困地区的面貌发生了翻天覆地的变化，打赢了一场声势浩大、惊天动地的脱贫攻坚战。

# 牢记殷殷嘱托感恩奋进　攻克民族地区贫困堡垒
## ——临夏州脱贫攻坚典型案例

**内容提要**：临夏是陇原最为贫穷的地区。党的十八大以来，临夏州以习近平新时代中国特色社会主义思想为指导，凝聚全省力量和智慧，以"六个精准""两不愁三保障"为目标，以日月换天、咬定青山不放松、不破楼兰不还乡不罢休的毅力，解决了一个又一个贫困问题，取得了重大历史成就。临夏州脱贫攻坚取得了历史性成绩，8个县市全部摘帽，56.32万人脱贫，649个村脱贫，实现绝对贫困人口摘帽，走上了乡村振兴的新道路。

## 一、基本情况

临夏回族自治州是全国"三区三州"、甘肃省"两州一县"中最为贫困的地区，全州8个县市皆是六盘山特困地区的重点贫困县，1116个行政村中，贫困村占649个。2013年，建档立卡12.8万户56.32万人，贫困率32.5%，其中回族、东乡族、保安族等少数民族贫困人口37.58万人，占全州贫困人口总数的66.7%，贫困人数多、贫困程度深、脱贫难、成本高，是真正意义上的贫中之贫、坚中之坚、难中之难。

全国扶贫看甘肃，甘肃扶贫看临夏。在脱贫攻坚实践中，州委、州政府坚持贯彻习近平新时代中国特色社会主义思想，坚决扛起小康路上"不让一个少数民族、一个地区掉队"的政治责任，坚决落实党中央的重要决策部署和省委的工作命令，团结带领全州2400万各族干部群众，铆足"咬定青山不放松"的韧劲，以"两不愁三保障"为核心，以"六个精准"为重点，实行"五个一批"发展道路，在临夏乡村展开了一场艰苦卓绝的脱贫攻坚战。

## 二、主要做法与成效

### (一)关怀关爱,为临夏脱贫攻坚注入强大动力

2013年2月3日,是临夏州历史上极其重要的一天。这一天,习近平总书记亲赴临夏视察调研,走访东乡族自治县最贫困的布楞沟村,看望慰问各族干部群众,踏着没过脚面的黄土,在崎岖不平的山路上访贫问苦,提出了"要把水引来,把路修通,把新农村建设好"的重要指示。习近平总书记的亲切关怀和殷切的嘱托,字字珠玑、情真意切,宛如春风吹过河州大地,对全州人民的脱贫工作起到了极大的推动作用。

2013年4月5日至7日,汪洋副总理视察了临夏州积石山保安族东乡族撒拉族自治县,深入农村和当地党员干部进行了面对面交流,与临夏结下了不解情缘。2015年3月、2006年3月、2019年1月、2020年8月,汪洋在8年的扶贫工作中,曾5次到临夏,3次到积石山进行实地考察,并对《临夏州脱贫攻坚实施方案(2018—2020年)》进行了审核。杨晓渡、胡春华等领导干部也到临夏考察、指导脱贫攻坚,为推动脱贫攻坚持续稳定增收、巩固脱贫成效提供了有力保障。时任省委书记林铎负责东乡县的工作,曾60余次赴临夏,直接参加了扶贫工作。

"习近平总书记去了锁南坝,去了穷苦人家,去了深谷,去了乡里,把亲切的问候传遍全州。"全州上下,牢记嘱托,感恩奋进,以超常规的力量和扎实的措施推进全面小康工作,56.32万名贫困人员实现了全面小康,649个贫困村全部脱贫退出,8个贫困县市摘帽,全州人民过上了幸福美好的生活。

### (二)一心为公,用百倍辛苦换取百姓幸福

州委、州政府认真落实习近平总书记关于脱贫攻坚的重要指示精神,按照"县抓落实、乡抓具体"的要求,层层签订责任书、立下军令状,推动落实领导包村、干部包户、挂牌督战等制度,引领带动各级领导干部当好"第一村长",实行"三个遍访",建立横向到边、纵向到底的问责机制。全县80%的乡镇工作人员全部下基层,由中央省、州县派驻的近4万名党员干部结对帮扶贫困户共计14.12万人,做到了人员、责任、措施、效果"四个到位"。当地党员干部全部投身于扶贫工作第一线,有人带病坚守岗位、轻伤不下前线,更有董吉恩、杨正江、马瑞林等11人牺牲了自己宝贵的生命,用行动践行了一个共产党员的使命担当。

### (三)整顿户籍,精准解决扶持谁的问题

为了消除户籍制度中出生未登记、死亡未销、人户分离、户籍信息差错等历史遗留问题,州政府决定以户籍为出发点,开展全州户籍改革。州政府动员近3000名民警、发动近万名基层干部和社会力量对全市城乡居民户口信息进行起底大核查,共核查入户57.13万户243.74万人,入户核查率100%,完成"四项变动"29.8万人次,对长期不在家人员逐一建立信息台账,对全州人口情况进行了地毯式摸排,动态更新户籍信息。通过标准化梳理居民户口资料,与农村贫困地区和工业部门的基础数据进行综合比对,确保基础数据精准、脱贫工作精准、政策落实精准,为全州各项脱贫工作的开展夯实了基础。

### (四)超常作为,"两不愁三保障"短板全面补齐

州委、州政府以"两不愁三保障"为目标,扎实推进义务教育、基本医疗、住房保障、饮水安全攻坚,全州乡村面貌焕然一新,优美的校园、优质的教育、标准化的医疗卫生服务……以前"小病扛大病拖"的局面一去不复返,人民群众可以在自己家门口享受到方便快捷的公共服务。

曾经的"塌塌房"变成了安全舒适漂亮的砖房,只要一打开水龙头,就能喝上清冽干净的自来水,(见图1)"人挑畜驮、雨水集流、吃苦咸水"的穷苦日子已经成了过去,宽敞平坦的水泥路已经铺到了家门口,"晴天一身土、雨天两脚泥"的状态已不复存在,村村通上了电、接上了网络,家家户户用上了电视、冰箱、洗衣机等现代家电,文化广场、爱心超市、日间照料中心等公共服务设施一应俱全,漂亮的新乡村与周边的青山绿水共同组成了一幅美丽的乡村田园画卷。

图1　第二代村民迁入新居
(图片来源:临夏州政府)

### (五)综合施策,打出群众稳定增收的"组合拳"

全州大力发展"牛羊菜、果薯、蘑菇、百合"等七个优势产业,种植了高原夏菜、啤特果、赤松茸、香菇、百合等"特中特"品种8800余亩,实现由低产田到高产田,由"草包地"到"金土地"的转变,坚持家庭经营和规模化经营的有机统一,探索出"育、养、销、肥、种"一体的发展道路。考虑到人力资本的重要作用,州政府在2018—2020年内对全州的农村人口进行了一次全面的培训,使广大农民在"口袋"和"脑袋"上都富起来。疫情肆虐期间,为了减少疫情给当地居民带来的冲击,临夏州开展了返乡创业活动。截至2020年,全州共计转移就业人口55.86万人,创收130.42亿元,支持340个扶贫工坊,带动了15561名劳动力,其中贫困劳动力7939名,农民人均可支配收入由2013年的3167元增长至2020年的8113元。

### (六)激发动力,实现"要我脱贫"到"我要脱贫"的转变

由于地理位置、历史文化等原因,临夏发展较为滞后,当地群众思想传统守旧,缺乏进取和脱贫致富的内生动力,"宁愿吃苦不愿改变"的观念根深蒂固。为了激发群众内生动力,当地政府采取了"村务公开""一户一策"等一系列措施,使村民知情权、参与权、监督权得到了充分的保障,并逐步形成了"两家见面会""三说三抓"和"以德扶贫"的新局面。广大干部群众不畏严寒酷暑,深入基层持续开展"说变化、感党恩、爱家乡"活动,帮助当地群众树立自力更生、勤劳致富的信念,激发其感恩奋进、摆脱贫困的斗志,积极营造起"我要脱贫""脱贫光荣"的新风尚,将"幸福是靠着努力才能获得的"理想信念扎根于广大群众内心。

### (七)汇聚合力,奏响携手奔小康的奋进壮歌

牢牢抓住东西部扶贫合作、各省市对口支援的契机,调动各方面的力量,谱写出勠力同心、携手脱贫的宏伟乐章。2010年以来,厦门和临夏已全面落实了东西部建设的"六大任务",厦门市共投入19.87亿元,实施了1385个项目,取得了显著成效,评级为"好"。8个中央重点扶贫企业共投入7.7亿元,完成项目81个,充分发挥了"国家队"的功能。兰州市凝聚力量、全力以赴,为临夏赢得脱贫胜利作出了巨大的努力。包括方大集团、碧桂园集团、厦门恒兴、山东九间棚、百益集团等在内的695个公司及各级社会团体积极承担起社会责任,共计捐助援助基金10.9亿元,助力临夏产业转型升级。

临夏深刻、广泛、系统性地自我革新和发展,改变了全州贫困落后的面貌,党的各项工作取得了前所未有的成就,党的凝聚力和战斗力得到了前所未有的提升,党的领导力得到了前所未有的加强。一个个感人肺腑的故事凝结成了"爱党爱家乡,团结奋进创一流"的

临夏精神,构筑了"安全、便捷、利民、友善"的新时代新格局,展示了"社会发展、国家团结、山水秀丽"的临夏新风貌。

## 三、经验启示

### (一)始终坚持党建引领

强大的党组织是脱贫的根本保障。习近平总书记强调,脱贫攻坚越到最后越要加强和改善党的领导。事实证明,持续强化党的领导,才能为贫困地区脱贫注入强大的原动力,进一步增强当地党员干部的责任感、使命感和紧迫感,充分利用党的"主心骨",把政治优势和组织优势转化为推动贫困群众脱贫致富、乡村振兴的发展优势,才能将党建活力转化为脱贫动力,最终形成决战决胜脱贫攻坚的强大合力。

### (二)始终坚持问题导向

人类认识世界、改造世界的过程,就是发现问题、解决问题的过程。只有科学地认识问题,准确地分析问题,寻找正确的方向,才能高效地解决问题,引导区域经济社会持续发展。在脱贫攻坚中,应强化问题认识,坚持马克思主义的认识论、辩证思维,强化责任意识、担当意识,坚持层层压实工作责任、层层传导工作压力,及时处理问题,用心用情做好群众工作,把脱贫工作与各级督查、巡察、暗访、自查等有机结合,持续抓好脱贫工作反馈问题整改,才能连根拔起扶贫工作中的"拦路虎",彻底解决脱贫中的"堵点""痛点"问题,切实筑牢防止返贫致贫底线。

### (三)凝聚社会各方力量

社会力量有着灵活性好、专业性强的突出优势。随着扶贫开发工作向纵深推进,社会力量已经是扶贫工作中不可或缺的一环。最大化集中利用资源,调动各行各业的积极性,让强大外力"涌进来,融进去",对接广大人民群众的现实需求,积极投身到扶贫第一线,通过资源开发、市场开拓、产业扶持、农产品销售、结对帮扶贫困户等多种形式参与扶贫开发,促使各种帮扶资源实现效用最大化,共同绘就帮扶"同心圆"。

### (四)激发群众内生动力

勤劳才能致富。在脱贫攻坚的道路上,只有积极应对、主动作为,才能取得可持续的脱贫胜利。为了防止反复贫困、间歇性贫困,需要坚持以人民为中心的发展思想,坚持做好群众工作，彻底消除"思想贫困""精神贫困"，引导当地群众摒弃"等、靠、要"的观念，强化"要我脱贫"到"我要脱贫"的思想转变，增强自身能力，树立脱贫信心，切实激发其积极性、主动性和创造性，不断提高其获得感、幸福感和安全感，确保物质生活和精神文明均衡发展。

作者：蒲彦鑫，西南大学国家治理学院行政管理专业学生，研究方向为乡村治理；孙晗霖，西南大学国家治理学院副教授，中国西部非公经济发展与扶贫反哺协同创新中心研究员，西南大学"一带一路"反贫困研究中心研究员，西南大学公共文化研究中心研究员，研究方向为乡村治理、农村反贫困与可持续发展。

# 借东西协作春风　促临夏教育发展

## ——临夏市与济南市市中区探索教育协作"1＋10＋4＋N"新模式

**内容提要**：在临夏州临夏市和济南市市中区建立合作关系后，临夏市将其作为一次"逆势而上"的契机，创新开发了"1+10+4+N"的教育帮扶模式，"1"即市中区—临夏教育合作发展协议统筹全局；"10"即10对"1+1"校际结对互助，20所小学、幼儿园结对协作；"4"即4组"1+2"骨干派驻帮扶，由市中区派出一名校级干部、两名骨干老师组成的小组，前往临夏市四所学校进行挂职交流；"N"即多单位、多领域的资源共享和协同发展，包括线上教研、名师工作室、线下师友会、研讨交流周、挂职实践营等多种形式，在"请进来、派出去"上做足文章，在"抓培训、促提升"上下足功夫，搭建学研共同体，全域资源共享，互通有无促进提升，携手推动临夏市教育事业高质量发展。

## 一、基本情况

甘肃省临夏回族自治州位于甘肃省西南部山区，是国家"三区三州"深度贫困地区之一。州府所在地临夏市，是一个回、汉、藏、保安、东乡等多民族集聚的贫困县（市）。辖区总面积88.6平方千米，下辖4个乡镇7个街道，居住人口达41万人。临夏市深刻践行习近平新时代中国特色社会主义思想，深刻落实教育优先发展战略，通过长期不懈努力，控辍保学取得了决定性胜利，义务教育通过均衡验收，办学条件发生了根本性变化，教育发展总体处于解决"有学上"问题后向"上好学"发展的过渡阶段，但相较于经济社会发展水平，教育仍是临夏市民生领域的最大短板，校园布局不均衡、优秀师资力量紧缺、教育信息化水平低等问题依然突出。2021年，按照国家对东西部协作结对关系的重新调整，由济南市市中区结对帮扶临夏市，对此，两地迅速行动，深入对接交流，搭建学研共同体，借助济南市市中区的先进理念和优质资源，携手推动临夏市教育事业高质量发展。

## 二、主要做法与成效

### (一)借力战略机遇,积极广泛对接交流,筑牢教育东西协作坚实基础

为贯彻落实《中共中央 国务院关于实现巩固拓展脱贫攻坚成果同乡村振兴有效衔接的意见》,临夏市严格按照济南市市中区—临夏州临夏市东西部协作党政联席会议精神,多次召开市委常委会会议、市政府常务会议研究讨论,定政策、明方向、想办法;市委、市政府主要领导多次深入市中区考察对接,与市中区主要领导座谈交流,寻求两地教育合作最大契合点;召开两地教育部门领导、校长座谈会,双方教育部门主要负责同志多次带队实地互访,商讨合作发展具体事宜,成功签署临夏市—市中区教育合作发展协议,68所学校与市中学校形成结对帮扶对子,构建协作发展的新平台、新机制,坚持"输血"与"造血"结合、支援与合作并举,实现更具特色的携手发展,为临夏市教育发展提供了强有力的智力支持。

### (二)创新帮扶模式,深化务实协作,共绘教育东西协作发展新蓝图

临夏市将教育帮扶当作其教育弯道超车的历史机遇,创新开发了"1+10+4+N"的教育帮扶模式,"1"即市中区—临夏教育合作发展协议统筹全局;"10"即10对"1+1"校际结对互助,20所小学、幼儿园结对协作;"4"即4组"1+2"骨干派驻帮扶,由市中区派出一名校级干部、两名骨干老师组成的小组,前往临夏市四所学校进行挂职交流;"N"即多单位、多领域的资源共享和协同发展,包括线上教研、名师工作室、线下师友会、研讨交流周、挂职实践营等多种形式,在"请进来、派出去"上做足文章,在"抓培训、促提升"上下足功夫,搭建学研共同体,全域资源共享,互通有无促进提升,携手推动临夏市教育事业高质量发展。

### (三)克服等靠要的思想,创新思路举措,探索开发"1+2+4"教育帮扶新模式

成功引进济南市市中区教育教学团队共12人,由1名管理经验丰富的人员直接担任校长,带领2名骨干教师,以团队形式接管临夏市一中、新华教育集团、建国小学、第三幼儿园等4所中小学和幼儿园,全面负责学校管理和教学工作。通过团队接管的模式,临夏市拿出最好的学校、幼儿园,交给市中区优秀的教育专家,在强化教学研究、创新教学模式、加强教师队伍培养上狠下功夫,有效促进两地思想交流、技术交流、作风交流,不仅为振兴临夏教育增添了强劲动能和强大活力,而且给全市的中小学教师队伍带来思想上的碰撞,使学校的发展呈现出"良性竞争,整体提升"的态势,更是开创了全省先河,走出了教育事业高质量发展的关键一步。

## 三、经验启示

### (一)坚持"输血"与"造血"结合

由于先天的区位劣势,西部地区的教育资源匮乏现象普遍存在,若一味强调依靠自身"造血"而忽视稳固发展之基,可能会陷入"无血可造"的尴尬境地,不利于当地教育事业可持续发展。因此,针对欠发达地区的教育帮扶应坚持"输血"与"造血"并重,帮扶模式应在经济援助、物质帮扶、师资派遣的基础上,融合系统化培训、专业化指导、继续教育等,重视思想观念提升、教学方法改进,切实提高教育工作者的自身素养和育人水平,培养一大批本土优秀青年教师、骨干教师、学科带头人,促进西部欠发达地区教育事业高质量发展。

### (二)摸清教育系统家底

要实现教育高质量发展目标,首先要摸清教育资源禀赋和相关工作的进展情况,及时发现问题,精准研究找到改善方法和解决措施,真正把教育工作推向新的高度。因此,教育帮扶在前期调研评估基础上,结合区域实际,准确摸清当地学校的帮扶需求,确立优质学校与薄弱学校对口支教服务关系,建立工作台账,系统编制年度帮扶计划,逐步健全教师选任、教学管理、政策保障、督导评估等各项工作的制度和机制,确保扶贫工作有针对,有进展,有目标,有考核。

### (三)做好共融共享"组团式"帮扶

提高教学质量,教师是关键。临夏从教育常规管理、师资队伍建设、校本研修以及以党建带团建等多个方面,根据教学过程中的"痛点"和"重点"开展具体的帮扶工作。从课程建设、师资培训、质量考核评估和区域质量提升等方面入手,采取教学视导、送教下乡、菜单式培训、交流座谈等形式,加强对贫困地区的教育支持,在强化学校党建、教师专业成长、学校文化凝练、课程体系构建和校本研修方面提供全方位帮扶,确保"派得出、帮得好、扶到位"。在受援学校遴选一批有发展潜力的"种子教师",有计划地组织其到支援学校进行集体教研、备课、讲课、评课和专题研讨,以解决老师基本功不扎实、课标意识不强和对新教材掌握度不够等普遍性问题,带动当地教师队伍整体素质提升,充分发挥"传、帮、带"的作用,让两地、两校教育真正"融在一起"。

作者:蒲彦鑫,西南大学国家治理学院行政管理专业学生,研究方向为乡村治理;孙晗霖,西南大学国家治理学院副教授,中国西部非公经济发展与扶贫反哺协同创新中心研究员,西南大学"一带一路"反贫困研究中心研究员,西南大学公共文化研究中心研究员,研究方向为乡村治理、农村反贫困与可持续发展。

# 网格化盯人盯户上措施，常态化落实落细提质量
## ——东乡县健全完善防止返贫监测帮扶工作机制典型案例

**内容提要**：东乡县作为全国唯一的以东乡族为主体的少数民族聚居地，由于地形中间高、四周低，呈"凸"字形，深受干旱、暴雨洪涝、山体滑坡等自然灾害频发之苦，加之其位于黄土高原，自然资源匮乏，农民的生产和生活受到严重制约。自全面脱贫以来，东乡县严格落实"四个不摘"要求，全面创建调度会、重点工作推进会，解剖把脉，领导小组办公室调度推动，专责单位会商协调，行业部门齐抓共管的推进落实机制；持续推行脱贫攻坚期内的村长、社长、联户长"三长"责任制等原有责任体系，实行"双线"管理，全覆盖包抓所有农户；依托大数据建设"农户户情信息系统"，动态实时监测全县农户家庭的收入生活情况，及时给予帮扶防止返贫；聚焦就业技能培训、教育质量提升、医疗服务保障、饮水住房安全等方面，稳定促进农户增收，全方位提升了农户的生活舒适感、幸福感、满足感，奋力带领全县人民奔向小康。

## 一、基本情况

位于全国"三区三州"之一的甘肃临夏州的东乡族自治县，既是六盘山片区的深度贫困县，也是东乡族人口比较密集的少数民族聚居地。全县总人口31.47万人，东乡族占87.9%，均分散居住在1750条梁峁和3083条沟壑内。辖区总面积1510平方千米，耕地面积57.82万亩，人均耕地仅为1.51亩。由于全县平均海拔高于1735米且位于山沟深处，年均降水量远低于年均蒸发量，干旱灾情严重，洪涝滑坡频发，自然资源匮乏，经济社会发展严重滞后。对此，东乡县推行村长、社长、联户长"三长"责任制，从州县机关中抽调2300名干部深入脱贫一线工作；坚持"周调度"制度，实行"一周一会议，一周一调度"，每周召开一次调度会议，以视频形式延伸到24个乡镇，选取2~4个脱贫村，对现实问题进行分析，实行"一户一策"；围绕"两不愁三保障"底线任务，全力助推医院、医疗设施优化，通过加大教育

财政投入和接收外来企业教育援助,不断提升学前教育和义务教育保障水平,为当地群体提供职业技能培训机会;确保危房"应改尽改、应拆尽拆",注重饮用水管到村到户以及饮水安全。与此同时,2020年以来,全县全面开展"两不愁三保障"情况摸查工作,逐项建立问题清单,逐户补标提标,逐一销号清零。截至2021年底,东乡县人均国民生产总值已超40亿元,实现临夏全州排行第四,农村居民人均可支配收入超6600元,城镇居民人均可支配收入高达23000元;已基本解决"上学远""上学难""辍学率高"等问题,义务教育基本实现全覆盖;已完成所有贫困人口家庭医生签约服务,乡镇村卫生院室全部达标,诊疗水平得以提升;共埋设管道200多千米,入饮入户超1500户,有效解决了8000多人的饮水困难问题。当地居民生活富足,较贫困家庭实现动态实时监测帮扶,返贫致贫风险殆尽,对于巩固脱贫攻坚成果较难、防止返贫影响因素较多、致富阻碍因子较多的县城具有极强的参考借鉴价值。

**图1　甘肃东乡县地形地貌**
(图片来源:临夏州政府)

## 二、主要做法

东乡县按照国家和省州的统一安排部署,按照责任网格化、监测常态化、帮扶精细化、机制长效化的思路,逐步建立健全以"三类户"为重点,覆盖全体农户的监测和援助系统,牢牢坚守不出现规模性返贫的底线,为继续巩固扩大脱贫攻坚成果,实现同乡村振兴的有效衔接奠定了基础。

### (一)优化责任制度体系

责任法定化是提高防返贫致贫行政效率的有效手段。东乡县按照《中共中央 国务院关于做好2022年全面推进乡村振兴重点工作的意见》精神，严格落实"四个不摘"的要求，调整优化"三长制""双线责任制"、调度会等脱贫攻坚原有责任体系，坚持运用既有经验做法，在组织领导体制上明确防止返贫监测和帮扶的主体责任，在县委、县政府和领导小组统筹推进工作中，形成了"县委书记亲自抓、县委副书记专责抓、行业部门一起抓"的推进态势，确保工作不留空当、政策不留空白，有效避免了返贫致贫现象发生。

### (二)持续拓宽监测渠道

通过运用科技手段建立"农民户情信息系统"，实现了对6.38万农户户情数据的导入整合以及户情信息的实时监测。按照防返贫监测"早发现、早干预、早帮扶"的要求和"不落一户、不落一人"的原则，建立和完善易返贫群体的预警体系，采用农户自主申报、基层干部排查、行业预警、社会监督发现、数据比对分析五种方式，对所有农户进行监测预警，持续发挥县数据中心作用，常态化开展数据比对，及时修改错误数据，将农户户情信息系统预警监测出的疑似风险户第一时间推送至相关部门和乡镇进行核查，将符合条件的农户按程序纳为监测对象或落实帮扶措施。

### (三)注重常态督查

由县委统一安排组成联合督查组，对各乡镇户情信息管理、"两不愁三保障"巩固拓展及各项政策落实、一户一策帮扶计划制定、群众满意度等情况进行常态化督查，坚持从严从实从细、责任具体到人，通过实地走访、查看台账、询问了解等方式，从各自部门职能角度深入查找问题、反馈整改问题，通过实地督导"回头看"，确保督查反馈问题迅速有效得到整改，并对数据不实、运转率低或落实政策措施不到位、群众满意度低的单位和个人，在每次的县级周调度会上点名通报。同时，在下次调度会上安排行业部门和乡镇主要负责人对调度村问题整改情况进行汇报，并对整改情况跟进督查验收，紧盯问题逐个销号，倒逼责任落实，确保数据质量和工作成效。截至2021年底，根据省上"十聚焦十到位"行动要求对全县24个乡镇196个村6.38万农户进行了全方位核查，逐村列出了问题清单，交办相关行业部门和乡镇限期整改。

## (四)精准精细跟进帮扶

全面实施风险监测防范工程,充分依托农户户情信息系统,重点关注"三类户",建立和完善防返贫监测机制和农村低收入人口分类帮扶长效制度,持续追踪"两不愁三保障"巩固状况,严把退出质量关口,因人因户精准提供帮扶措施。对照"三类户"必须要有产业扶持、劳务输转、公益性岗位、小额信贷、兜底保障五项硬措施中的两项以上的要求,对由于就业能力弱、家庭人口多、劳动力不足等原因造成家庭经济困难、劳动力不足等困境的低收入家庭,实行多渠道就业扶持、多管齐下稳定收入的帮扶措施。对有劳动能力的低收入人口,通过开发式帮扶,以集体认领、公益性岗位安置、创业担保贷款、集体劳务输转等方式确保农户收入的稳定增长;对于没有工作和没有固定收入来源的人口,按照扶持和兜底并重的原则落实帮扶措施,对其进行及时的救助。

## (五)实施培训就业工程

东乡县确定产业发展思路,将技术培训作为稳定群众收入的关键抓手。实施大培训、大就业工程,强化与中石化、方大集团、碧桂园等龙头企业的战略合作关系,建立健全职业技术人才培养信息库,充分依托国强职业技术学校、县职校两个培训阵地和中央定点帮扶、东西部协作、碧桂园、方大集团等平台资源,结合餐饮、建筑、种植养殖、手工产品加工等产业需求,满足群众和企业两方面需求,合理设置培训工种,实行全免费技能培训,让更多劳动力成为产业工人、技术工人;加大订单培训、组织输转力度,确保有意愿劳动力全覆盖培训,有劳动力家庭至少稳定输出1人,特别是把25户以下自然村搬迁群众作为优先重点受训人群,做到培训1人、输转1人、就业1人、脱贫1户。2021年共输转劳动力9.12万人(脱贫劳动力5.02万人),较2018年同期(8.76万人)增长4%。

## (六)注重提升教育质量

东乡县着力破解"上学远""上学难""女孩失辍学率高""劝返难度大"等问题,深入推进"教育立县"战略,制订《关于加快东乡县教育教学提质发展的意见》,创新提出"腾笼换鸟"办学理念,启动东乡女童"希望工程",以强强联合、借力促成、以强促弱的思路,利用北师大附中、历城二中的高质量教育资源,结合该州扶持政策,通过联合办学、名师支教、跟班学习、资源共享等方式,加快示范学校建设,持续优化教育资源配置和结构布局,为东乡县教育提质发展奠定了坚实基础。2019年,建设和改建学校52所,幼儿园3所,由碧桂园出资建设的国强技工学校已于2020年8月正式投用。全县1299名中学生(其中女孩518名)在各州、市、县中学就读,13个无托儿所的村所皆开设学前班,持续控制缩减辍学人数,全力劝返失辍学生,就读在临夏市职教中心、县职校和县委党校职普结合强化班的452名年龄较大的失辍学生顺利结业,义务教育巩固率达到96.2%。与此同时,东乡县持续巩固控辍保学成果,落实控辍保学工作"学长"制和劝返复学学生保学机制,紧盯每名辍学学生,确保"失辍学生不入学、动员劝返不止步",并列出重点管控对象,常态化跟踪,严防"二次"辍学。

### (七)坚持"周调度"机制

东乡县坚持问题导向,聚焦脱贫攻坚期和巩固成果期两大阶段、两大任务,按照"一周一调度、一会一研判"的原则,从2019年5月份开始,以组织召开脱贫攻坚领导小组调度会、巩固拓展脱贫攻坚成果工作调度会的形式(见图2),通报全县巩固拓展脱贫攻坚成果重点项目、生态宜居搬迁、土地增减挂钩、疫苗接种、省级食品创建等工作进展情况,专题听取乡村振兴示范村情况汇报以及观看剖析视频短片。各行业部门围绕巩固拓展脱贫攻坚成果暨乡村振兴,按照乡村振兴产业兴旺、生态宜居、乡风文明、治理有效、生活富裕5个方面要求,分别汇报所管辖村在规划建设中存在的短板和下一步工作措施。对全县预脱贫村、乡村改造示范村逐个进行"解剖麻雀"式深入分析,以点带面、点面结合,切实推动创建美丽乡村。已累计召开县级层面调度会93次(其中巩固拓展脱贫攻坚成果暨乡村振兴工作调度会32次),充分发挥了以会代训、实战培训的作用,形成了推动落实的长效机制。

图2 甘肃东乡县巩固拓展脱贫攻坚成果暨乡村振兴工作第69次调度会议

(图片来源:临夏州政府)

# 三、初步成效

## (一)建成动态监测闭环体系,精准摸排拟监测对象

"摘帽不摘责任、不摘政策、不摘帮扶、不摘监督。"东乡县通过自下而上采集信息数据、自上而下推送问题清单,双向互动消除风险隐患,建立户情常态监测、行业部门主动预警、数据中心分析推送、乡镇重点跟进的动态监测闭环体系,持续加强对已脱贫户、脱贫监测户、边缘户的动态监测和措施跟进,有效防范和化解返贫风险。截至2021年,共排查出疑似风险户1266多户,经核实,确定纳入监测户79户444人,其中边缘易致贫户19户98人、脱贫不稳定户33户198人、突发严重困难户27户148人。

## (二)基本实现"两不愁三保障",饮水安全得以保障

东乡县积极与中石化、碧桂园等帮扶企业进行对接,充分利用劳务中介,不断加大订单输转、组织输转力度,提高劳务效益。截至2019年,共有5764名专业技术人员参与培训,实现收入13.5亿元。与此同时,全县已建成运行35个扶贫车间,吸纳就业1586人,帮助贫困群众特别是妇女实现了家门口就业。除此之外,将电商、旅游、光伏、生态、消费等扶贫模式进行结合,实现群众多渠道增收。截至2021年,该县"十三五"光伏扶贫项目总投资6.2亿元,总装机容量101.32兆瓦,已全部建成并网发电,覆盖全县103个贫困村,2.06万建档立卡户,年收益达1.135亿元,可持续盈利20年,带动贫困群众稳定增收。

在医疗保障上,全面落实"健康扶贫"政策,脱贫人口基本医疗保险已实现全覆盖,参保率达到100%,累计办理慢病卡18532人(其中脱贫户11081人);29家定点医疗机构、196个乡镇卫生院实现基本医保、大病保险和医疗救助"一站式"结算,群众看病不再为高昂的医疗费用发愁。全县实行组队结对医疗帮扶,省人民医院在东乡县医院设立分院,临夏州中医院在沿岭乡卫生院设立分院,医疗水平得到了整体性提高。全县乡镇卫生院、村卫生室均达标,"看病远、看病贵、看病难"的问题得到彻底解决。

在住房安全上,东乡县聘请甘肃省建材科研设计院,对东乡县的贫困家庭进行了住房安全等级鉴定,对建成40年以上的老旧房,采取拆除重建、维修加固等措施,因地制宜开展377户农房的抗震改造;通过整合各类资金,制定奖补政策,实行差别化补助,建立"一日一通报"办法,截至2019年,1132户危房改造任务全部竣工入住。同时,创新实施"住房保险",采取政府补贴和民间自费相结合的方式,为广大群众购买救助保险,将灾害风险降到最低。"十三五"时期,全县5255户28023人完成了移民安置,2193户旧宅被拆除,房屋拆迁复垦率达41.7%,住房安全基本得以保障。

在饮水安全上,全县统筹整合资金3.7亿元,积极推进农村饮水安全巩固提升工程、人饮管道改造工程等,通过建设集中供水点、储藏水窖等方式,解决了412个自然村3250户群众的饮水问题。通过对全县安全饮水情况进行远程监控监测和动态预警,落实了301名乡村两级水管员24小时动态管护机制,分片成立供水应急抢修队伍,全县农村人饮用水入户率、供水保障率分别达97%、95%以上。东乡县中西部水厂入选2021年度全国标准化水厂,城乡供水智慧信息系统和水管员管理经验在全省全国交流推广。

## 四、经验启示

### (一)以典型案例把脉全局

脱贫问题具有共性和个性,东乡县坚持"典型引路、乡村查验、县级诊断、逐项提升、顺利脱贫"的思路,全面开展脱贫工作,具体问题具体分析,逐个逐项击破影响巩固脱贫成果的瓶颈问题和短板不足,从个性问题中找出具有普遍性的共性问题,形成经验借鉴,以点带面帮助其他乡村更好地改进工作,提升脱贫质量。

### (二)以调度会议解剖不足

调度会议聚焦于如何完善薄弱环节,以开门见山的方式直入主题,通过录像等形式将工作进度呈现给与会人员,由"村长"(包村县级、科级干部)和镇领导进行综合评价和剖析,找准薄弱环节和缺陷,既能让责任部门和乡镇更加深入了解农村现状,更加扎实推进驻村包社联户工作,也能让县级政府通过乡镇、部门负责人和"村长"汇报的情况,找到问题所在,制定更具针对性的对策。

### (三)以常态督查确保成效

东乡县联合督查组通过常态化监督,及时发现和解决问题,对问题整改不力、责任落实不到位的进行通报批评,做深做实日常监督,切实压紧压牢主体责任,推动监督下沉、监督落地,防患于未然,强化监督检查和问题整改落实,推动各村改进工作、完善制度、堵塞漏洞,确保户情数据质量真实可靠,推动返贫监测工作取得扎实成效,以常态化监督护航乡村振兴。

## （四）以监测预警落实帮扶

依托大数据、云计算等现代技术手段,东乡县构建农户户情信息系统,通过"农户自主申报、基层干部排查、行业部门预警、社会监督发现、数据比对分析"五条渠道,打通自下而上采集信息数据、自上而下推送问题清单、双向互动消除风险的各个环节,实现了信息化监测、动态化管理、立体式帮扶。

作者:蒲彦鑫,西南大学国家治理学院行政管理专业学生,研究方向为乡村治理;孙晗霖,西南大学国家治理学院副教授,中国西部非公经济发展与扶贫反哺协同创新中心研究员,西南大学"一带一路"反贫困研究中心研究员,西南大学公共文化研究中心研究员,研究方向为乡村治理、农村反贫困与可持续发展。

# 宁夏

宁夏回族自治区,简称"宁",中华人民共和国省级行政区,首府银川,是中国五大民族自治区之一,位于中国西北内陆地区,东邻陕西,西、北接内蒙古,南连甘肃,总面积6.64万平方千米,下辖5个地级市22个县(市、区)。截至2021年末,宁夏回族自治区常住人口725.0万人。

宁夏是中国脱贫攻坚主战场之一,西海固地区曾有"苦瘠甲天下"之称,被联合国粮食开发署认定为"最不适宜人类居住的地区"之一。在与贫困抗争的道路上,宁夏共计派出3700多个驻村工作队、4100多名第一书记、1万多名驻村干部,同2.5万名乡村干部一道奋战在脱贫第一线、攻坚主战场,在精准攻克堡垒县、精准督战薄弱村、精准帮扶重点户政策之下,彻底解决了贫困群众基本生产生活问题,现行标准下80多万建档立卡贫困人口全部脱贫,9个国家级贫困县(区)全部摘帽,1100个贫困村全部出列,贫困地区农村居民收入由2012年的4856元增加到2020年的11624元,绿水青山带来了金山银山,宁夏大地"旧貌"换"新颜",书写了中国减贫奇迹的精彩篇章。

# 产业牵引倾情帮扶,同心"核"力精准脱贫

## ——中央单位定点帮扶少数民族贫困县的"中核—同心"模式

**内容提要**:受制于区位劣势,宁夏同心县一度被视为"苦瘠甲天下"的贫困地区,经济发展落后,群众生活困难。按照党中央安排部署,中核集团于2013年对同心县开展定点帮扶工作。在长期的帮扶工作中,中核集团立足自身优势,紧抓产业扶贫的"牛鼻子",在带动移民就业增收、引进清洁能源产业、创新北方清洁供暖方案、发展壮大村级集体经济等方面不断发力,以"造血式"帮扶推动同心县向宁夏县域经济高质量发展样板县迈进,为推进巩固拓展脱贫攻坚成果同乡村振兴有效衔接工作提供了可借鉴的"中核方案",贡献了强劲的"中核力量"。

## 一、基本情况

同心县隶属于宁夏回族自治区吴忠市,地处鄂尔多斯台地与黄土高原北部之间的衔接地带,总面积4433.34平方千米,辖7镇4乡1个开发区,142个行政村,11个社区,总人口38.55万人,其中少数民族近29万人。同心县位于宁夏中部干旱带核心区,县内沟壑遍布,中部沙漠、沟壑、山地等地貌类型占总面积的65.4%,水资源极其贫乏,土地总体质量较差,生态环境脆弱,风沙、干旱等自然灾害频发,曾被联合国粮食开发署划定为最不适宜人类生存的地区之一,未能摆脱"越穷越垦,越垦越旱"的恶性循环。受到贫瘠自然资源和恶劣气候条件的约束,同心县农业生产发展受到极大制约,粮食产量低而不稳,靠天吃饭的农民食不果腹,许多人只能被迫选择背井离乡外出谋生,民众普遍生活困难。长期以来,同心县被当作"干旱、贫瘠、落后"的代名词,贫困发生率高达33.3%,"无业可扶、无力脱贫"的贫困人口比例大,是宁夏脱贫的老大难地区。

## 二、主要做法

按照全国东西部协作和中央单位定点帮扶工作推进会部署,中核集团于2013年对宁夏同心县开展定点帮扶工作,将自身的业务优势、专业经验与地方资源相结合,帮助同心县发展多个富民强县产业,带动群众增收致富,取得了良好的社会效益和影响力。

### (一)发展劳动密集型产业

中核集团开设了多个定点扶贫项目带动贫困人员就业,其中较为典型的是中核集团设立的中核(宁夏)同心防护科技有限公司(见图1),它是同心工业园区的标杆示范性企业,也是当地帮助贫困人口就业最多的企业,主要负责为集团内部各单位25万名员工定制工服,招收技工学员,助推同心县发展劳动密集型产业,同时创新"扶贫车间+企业+建档立卡户"模式,切实保障贫困人口稳定就业,使贫困群众成为真正拥有稳定收入的产业工人。

图1　中核(宁夏)同心防护科技有限公司工人有序作业

(图片来源:同心县人民政府)

### (二)建设清洁能源产业园

中核集团借助当地生态保护和高质量发展政策推力,依托集团公司主业优势做大扶贫产业,践行"新能源+帮扶"的产业发展模式,按照自治区九个重点产业布局,围绕风电、光伏等清洁能源产业,精准谋划实施补链延链强链项目,先后投入近1亿元帮助建设宁夏同心(中核)清洁能源产业园,着力塑造产业集聚优势,有效促进当地招商引资,推动县域经济高质量发展。

2020年12月28日,中核汇能、上能电气、同心县三方共同签订了同心清洁能源产业园上能电气10吉瓦新材料项目合作协议。2021年7月22日,上能电气10吉瓦高效智能逆变器(中核)项目一期生产线正式投产。截至2022年,产值超7000万元,吸纳同心县约70名大中专毕业生就业,月平均工资超过4000元。2021年5月8日,同心县、中核汇能、英利能源三方签订了宁夏同心(中核)清洁能源产业园2吉瓦高效光伏组件智能制造项目投资协议,中核汇能计划投资0.8亿元建设一期、二期厂房及办公用房3.3万平方米。英利能源将分两期投资2.6亿元在同心县建设2吉瓦高效光伏组件智能制造项目,全部达产后预计产值30亿元,解决200余人的就业问题。

### (三)创新清洁供暖模式

同心县地处西北内陆,冬季气温低、周期长,农户取暖以煤炭为主,既污染大气环境,又存在安全隐患,加之煤炭价格持续攀升,群众生活成本增加,脱贫农户返贫致贫风险加大,巩固脱贫成果面临诸多挑战。为了化解上述问题,增进民生福祉,中核集团结合同心县自然资源条件和农户实际需求,立足当地光资源禀赋,充分发挥行业全产业链优势,通过对"光伏光热一体化功能 + 地源热泵功能 + 储能"等多模块技术耦合的研究应用,启动实施"光伏 + 农业设施技术研究及示范应用"项目,最终实践出适合在北方乡村推广的无人值守、自动化运行,少人维护、零碳排放、使用安全可靠的供暖方案,能够将年取暖费节约三分之一左右,积极创新清洁能源与乡村建设融合发展的新渠道,以"中核技术"打造北方乡村清洁供暖"中核方案",切实降低了群众的生活成本,另辟蹊径地推进了能源扶贫工作,进一步落实了"双碳"目标,提高了群众生活质量,助力了美丽乡村建设。

### (四)精准帮扶县内贫困村

河西镇旱天岭村是同心县"十一五"生态移民村,贫困发生率曾一度高达45.5%,是同心县89个贫困村之一,也是中核集团定点帮扶村。中核集团紧密结合当地实际,聚焦旱天岭村整体发展,积极响应五大振兴要求,在教育、生态、消费、产业扶贫等方面多处发力,投入了近2500万元资金,部署了水源联通工程、生活污水管网铺设、人居环境示范村建设、清洁能源供热、巷道改造提升、三期牛场扩建、生态牧草园等多个项目,通过发挥党组织引领作用、做强村集体产业链、创新市场化经营模式、推动生态环境治理、支持基础教育和文化建设、科学规划人居环境,为全力推动旱天岭村脱贫攻坚,建设乡村振兴示范村,贡献出更强劲的"中核力量"。

实现"真脱贫、脱真贫",就必须有更加稳固的扶贫产业支撑。中核集团坚持因地制宜,发挥同心县自然和传统养殖优势,按照"中核集团+党支部+致富带头人+村集体经济+贫困户"的帮扶模式,大力发展特色肉牛产业。2017年以来,累计投入1420万元,帮助村民发展肉牛养殖产业。2021年,中核集团继续投资790万元,建设三期养殖园区150亩,带动全村牛存栏达到3800头,其中村集体所有肉牛存栏达到800头,进一步扩大了旱天岭村的肉牛养殖规模,将养牛业倾力培育成村民脱贫致富的主导产业。

## 三、初步成效

贫困曾是扣在同心县当地百姓头上的一顶沉重的帽子,压得一代又一代同心人喘不过气来。2013年以来,中核集团高度重视定点帮扶同心县工作,将企业自身优势与县域资源禀赋相结合,积极开展基于当地产业发展特点的县域高质量发展工作,帮助当地人民摆脱揭不开锅的苦日子,鼓起腰上的钱袋子,为同心县高质量打赢脱贫攻坚战、迈向乡村振兴的光明未来提供了重要的"中核力量"。其主要成效如下:

### (一)使贫困人口工作有着落,日子有奔头

中核(宁夏)同心防护科技有限公司自成立以来,先后得到国务院原扶贫办及自治区党委、政府的高度赞誉,荣获"全区脱贫攻坚先进集体""AAA级信用企业"等荣誉称号。"央企+特色产业"精准扶贫模式被第七届中国民生发展论坛评为2019年民生示范工程。其现有在册员工608人,动态上班530人,其中脱贫户、劳务移民近400人,员工人均月工资4000元左右,年发放工资约2100万元,年产服装220万件(套)。在稳定内需的同时,公司还积极开拓外部市场,联系签约美特斯邦威、森马、上海伽敏、以纯等知名服装品牌的订单,引进山东鲁怡入驻清洁能源产业园,带动200人就业。截至2022年,中核(宁夏)同心防护科技有限公司累计签约订单近3亿元,工人平均年收入达到4万余元,带动500多个家庭近3000人稳定脱贫,用实实在在的"真金白银"成就了当地农村家庭妇女的产业工人梦,实现了脱贫群众家门口就业,让"农户"变成了"工人",让"乡邻"变成了"工友",促进当地群众就业增收,使人民的生活更有盼头。

### (二)实现村集体和村民的"双增收"

在中核集团的帮助下,落后贫穷的旱天岭村迎来了新的曙光,通过大力发展当地特色优势产业,探索村集体经济造福百姓、助推乡村振兴的新路径,村集体经济实现从无到有到强的转变,实现村中536户1845名建档立卡户成功脱贫,打造出村集体经济"样板间"。

中核集团对旱天岭村的倾心帮扶让当地有了脱贫致富的主导产业,提升了村集体经济抗风险能力,促进了村集体经济稳增收,使村民实实在在尝到了甜头,造就了其成为高质量发展乡村振兴示范村的今天。2020年,旱天岭村成为同心县首个村集体经济收益分红村,全村人口分红近105万元。2022年底,旱天岭村集体管控现代智慧养殖园区(肉牛养殖繁育)、牧草种植园、葡萄采摘园、集体清洁供暖系统、分布式光伏维护、村庄保洁、生态养护(经果林)、村史馆维护、节水灌溉系统、污水处理系统等产业或者公共项目建设后,村集体资产总额超过7000万元,有望真正将"旱天岭"变为"撼天岭"。

### (三)打造出"新能源 + 产业扶贫"的成功样本,推动县域经济繁荣发展

"同心模式"是中核集团扎实推进宁夏千万千瓦新能源大基地建设的重要一步,为推进"新能源 + 产业扶贫"模式探清了前路,提供了成功的鲜活样本。在建设清洁能源产业园的过程中,中核集团围绕清洁能源产业促进了一系列补链延链强链项目落地,帮助引进产业链上下游的光伏组件、逆变器等11家企业,促使资金、技术等各类生产要素流入同心县,进一步优化营商环境,解决帮扶地区产业"小、散、弱"问题,带动当地建材、运输、商贸、电力及旅游等产业发展,推动同心县清洁能源产业规模化、集群化、智能化发展,产值近3亿元,带动就业近1100人,取得了良好的社会、经济和生态效益。根据中核集团与同心县《战略合作框架协议》,未来将形成总装机300万千瓦、投资超120亿元的清洁能源产业规模,每年可提供44亿千瓦·时的上网电量,并降低54万吨的标煤消耗,减少二氧化硫排放约4600吨、氮氧化物排放4000吨、二氧化碳排放300万吨,相当于植树2600公顷,让同心县的黄土高坡成为真正的"金山银山"。

## 四、经验启示

在中核集团的帮扶下,同心地区"十三五"期间的生产总值从53.4亿元增长到103亿元,翻了近一番;工业总产值从51.8亿元增长到91.7亿元。2020年3月,同心县89个贫困村全部退出,现行标准下的27383户103844名贫困人口全部脱贫。2014年以来,中核集团通过就业、分红等多种手段切实促进贫困户多渠道增收,以"造血式"帮扶助推同心产业发展,把定点帮扶的"责任田"打造成乡村振兴的"示范田",在赢得了群众好口碑的同时,受到了党中央的高度认可,获得了"2019年度脱贫攻坚工作先进集体"荣誉称号,2017—2019年连续三年获得中央单位定点扶贫工作考核"好"等次,为央企开展定点帮扶工作贡献了值得借鉴的"中核—同心"扶贫模式。

### (一)坚持就业扶贫与产业扶贫相结合

就业是贫困人口脱离贫困最高效便捷且可持续的方法。中核集团在促进当地经济发展的同时稳定贫困户就业,通过投资建设扶贫车间、中核同心防护公司和产业园,将企业用工需求与贫困劳动力就业相结合,以一人就业促进全家脱贫为重点,坚持"扶贫车间+企业+建档立卡户"模式,高效解决了当地贫困劳动力就业乏力的问题,实现了贫困农户的产业工人梦。通过这种造血式扶贫手段,能够使曾经"无业可扶"的贫困人口自力更生,让少数民族地区群众能够走出家门,成为产业工人,改变了同心县贫困群众生产生活面貌,奠定了贫困人口的增收基础,为贫困人员铺设好就业脱贫路,促进其稳定脱贫。

### (二)协调引进绿色新兴产业,推动产业集群发展

新能源发电清洁高效、收益稳定,能够帮助贫困户长期持续稳定获得发电收益,同时促使扶贫对象在碳达峰、碳中和国家战略目标实施中赢得发展先机。中核集团立足于自身在新能源领域的技术优势,贯彻"绿色"发展理念,打造支撑县域经济高质量发展的产业新引擎,为一系列清洁能源示范项目落地提供了大量资金和智力支持,积极引进清洁能源上下游企业落户中心线,着力建设促进产业集群的清洁能源产业园,既为农村地区全面实现"双碳"目标探索具有中核特色的绿色发展道路,又为同心县高质量发展塑造产业链优势,是落实我国"3060双碳"目标、助推乡村振兴战略的良好实践,带动了当地建材、钢铁、物流、电力及旅游等一系列产业发展,成为推动同心县高质量发展的增长极。

### (三)因地制宜发展地区特色资源产业

要想富,产业是支柱。充分挖掘本土优势,量身定制产业发展路径是推动贫困地区脱贫致富的关键。由于当地善于养殖的回族人口居多,牛羊养殖业长期是同心县的传统优势产业。中核集团坚持因地制宜理念,发展与地区生产特点和实际需求相适应的产业,发挥同心县自然和传统养殖优势,将资源优势转化为产业优势,促进当地肉牛养殖等特色优势产业做大、做强,通过用好用活资源、使资源保值增值,切实保障同心县脱贫基础更加稳固,成效更加持续,推动精准扶贫从"输血"转变为"持续造血",依托特色养殖业奏响民族地区乡村振兴"和谐曲"。

### (四)发展壮大农村集体经济,拓宽群众增收渠道

村集体经济是促进群众增收致富的重要力量,能够激活村集体资源和各类生产要素,积聚合力让村里开出"致富花"。中核集团坚持"中核集团+党支部+致富带头人+村集

体经济＋贫困户"的帮扶模式,以激发村户内生动力和带动村集体经济组织为重心,发挥集体的力量,扩大一系列帮扶项目优势,壮大村级集体经济,促使群众共同增收致富。村民的腰包越来越鼓,日子越来越有奔头,激发出了敢闯敢干的进取精神。村集体经济的壮大为乡村经济发展输入了汩汩活水清流,让村民实现了有形的资金和无形的精神财富"双丰收",使村域达成集体和群众共同增收致富的"双赢"局面。

作者:侯青青,西南大学国家治理学院行政管理专业学生,研究方向为乡村振兴、返贫风险治理;孙晗霖,西南大学国家治理学院副教授,中国西部非公经济发展与扶贫反哺协同创新中心研究员,西南大学"一带一路"反贫困研究中心研究员,西南大学公共文化研究中心研究员,研究方向为乡村治理、农村反贫困与可持续发展。

# 以强有力的组织力提升乡村治理能力

## ——彭阳县中庄村从贫困到示范的逆袭

**内容提要**：宁夏彭阳县中庄村原是有名的上访村、落后村。该村坚持推行"党建+"工程，通过党建引领乡村治理，充分发挥基层组织的凝聚力和党员的先锋模范作用：组织建设上从规范村委工作作风、严格要求党员行为做起，赢得群众信任；经济发展上充分利用集体资源，将肉牛养殖、杏园建造、中药材种植等多条路径结合发展集体经济，改善落后条件；文明建设上按"以孝治村"的思路建立积分制度、"孝道红黑榜"制度，从物质和精神两个层面激励群众守孝道、讲文明。在村"两委"和全村人的共同努力下，中庄村实现了从"三无村"到"样板村"的转变。

乡村是国家治理体系的"神经末梢"。习近平总书记指出："加强农村基层基础工作，健全自治、法治、德治相结合的乡村治理体系。"宁夏彭阳县白阳镇中庄村积极推进党建引领乡村治理并取得了良好成效，为推进乡村治理体系和治理能力现代化提供了参考样本。

## 一、基本情况

中庄村是宁夏彭阳县白阳镇的一个回汉聚居村，距县城北部约15千米，拥有7个村民小组438户1672人，其中党员65名。曾经的中庄村条件落后，人居环境差，交通不便，村情复杂——"山像和尚头，有沟无水流。垃圾倒地沟，村路真难走。吵架经常有，啥都是理由。上学看病难，生计奔波愁"。中庄村紧密结合实际，科学谋划思路，积极创新工作，探索形成了党建引领乡村治理发展路子，建强了村级战斗堡垒，壮大了集体经济实力，密切了党群干群关系，激发了群众内生动力，提升了群众获得感幸福感、安全感，呈现出良好的发展态势。2015年，中庄村贫困率为28%，多数村民的年人均收入不到3000元，几乎家家都在为生计发愁。2019年，中庄村的贫困率降为零，实现全村脱贫摘帽。2021年，村集体经济收入21万元，村民人均可支配收入提升至14767元。村民们住上了砖瓦房，走上了水泥路,群众腰包鼓了,矛盾少了,中庄村成为固原市远近闻名的小康村,这为该村下一步推进乡村全面振兴奠定了坚实基础。

## 二、主要做法

中庄村坚持党组织在乡村治理中的领导核心地位不动摇,积极引导群众参与乡村治理。通过健全党组织领导下的村民自治、民主协商、社会参与等机制,让群众能够参与到关于村子发展的讨论与行动中来,让群众意识到过上美好生活不仅需要坚持党的领导,更需要靠自身团结奋斗。这种党建引领、党群合力进行乡村治理的做法取得了明显成效。

### (一)强化党的建设、筑牢战斗堡垒,提升基层组织引领力

曾经,中庄村是彭阳县有名的上访村、告状村,基层组织涣散、矛盾问题突出,人心如同一盘散沙,难以团结聚拢。而2019年,一篇新闻报道打响了中庄村的名号,中庄村已成为远近闻名的美丽乡村,这条转型之路离不开基层组织的领导。

2016年,新一届村党支部班子上任,面对复杂村情,他们敏锐地认识到,村上要想发展,必须从班子自身建设抓起,从为人民服务做起。这主要包含三大做法。一是"立规矩",让作风实起来。支部书记以身作则,村干部自立"铁规",严格实行组织生活制度,充分发挥先锋模范作用,自觉接受监督,肃清了不良习气,端正了工作作风,赢得了群众信任。严格落实"三会一课"、主题党日等工作制度,不断规范支部建设,深入实施"党建+"引领工程,推动治理能力不断提升。二是"重人才",让组织活起来。不断加强后备干部培养力度,将优秀青年和致富带头人推荐进班子,班子成员的年龄、素质、能力等方面的结构得到全面优化,夯实了能干事的基础。班子多方筹集资金20万元,与宁夏农科院建立长期合作,建立科研基地,成立人才工作站,柔性引进专家16人,挖掘培养乡土人才16名,常态化开展技术指导,做实了干成事的保障。三是"优服务",让支部强起来。以"村党支部—党小组—党员—群众"为纽带,以管理网格化、服务精细化为路径,探索建立"网格化管理、组团式服务"的基层治理模式。针对村民居住分散的现状,将新时代文明实践站、村级便民服务网点和金融服务网点搬到田间地头,为群众"零距离"宣传党的政策法规,"手把手"开展技术指导和服务,"面对面"解决实际困难和问题,党组织的"主心骨"作用日益凸显。

### (二)着眼强村富民、发展集体经济,提升基层组织向心力

中庄村坚持把发展村级集体经济作为加强和改进乡村治理的重点工作之一,不断破解发展难题,有效壮大经济实力。

一是壮大"致富牛"。成立"白阳镇信阳农村互助合作社",经过支部、银行、合作社和农民的多方努力,向银行贷款600万元,帮助群众发展肉牛产业。养殖肉牛的过程中会遇到饲料配比难、牛群生病等常见问题,村委组织致富带头人主动帮助贫困户,了解各家牛群情况,传授养牛经验,帮忙出主意,共同想办法。截至2020年,中庄村肉牛饲养总量1300多头,肉牛养殖带来了3700多元的人均收入。

二是打造"致富园"。抢抓乡村旅游发展良机,流转土地1200亩,引进彭阳县壹珍药业有限公司,建成集种苗繁育、种子采种和梯田观赏为一体的千亩中药材标准化科技种植示范园,同时在高质量推进中药材大田种植的基础上按照"科技局组织实施,乡村管护收益"原则大力发展以秦艽和柴胡为主的林下中药材生态种植(如图1)。老百姓每年直接拿到土地流转费60多万元,园区务工创收70多万元。绿波翻涌的梯田、整洁干净的农家院吸引了大量游客赏花观景,带动了乡村旅游产业蓬勃发展。

图1　组织群众在退耕还林区播种秦艽和柴胡
(图片来源:彭阳县人民政府)

三是发展"致富林"。结合村情实际和土地情况,多方争取支持,建成占地150多亩的红梅杏示范园,改造荒山1500多亩,进行以农、林、草为主的产业研究,老百姓每年通过流

转土地、务工等获得收入35万元左右,红梅杏园区挂果后预计可创收200多万元,实现了生态型林业向生态经济型林业的转变,为乡村治理奠定了坚实基础。

### (三)坚持干群互动、推行民主协商,提升基层组织凝聚力

中庄村"两委"结合村情实际,设立"三项制度"推动村民自治共治共享。一是"公示公开"制度。积极推行阳光党务、阳光村务,党员发展、低保救助、危房改造、农田建设、道路维修、产业发展、环境整治等涉及群众切身利益的重大事项及时公开公示,并通过公示栏、手机App等多种方式及时向村民推送,接受群众监督,真正做到向群众交"家底"、帮群众解"心结"。二是"双向承诺"制度。为有效落实议定事项,中庄村创新形式,探索建立干部和群众"双向承诺"制度,支部和党员公开向群众承诺办实事情况,群众向党组织承诺履行义务情况,并建立相应奖惩措施,随时接受监督,真正做到"双向承诺、双向监督、双向兑现",压实了责任,促进了信任。2019年,通过"双向承诺"制度,干群齐发力、全民总动员,全村共拆除危旧土房2427.6平方米、土棚8423.7平方米、土墙4198.6米,动员农户改造崖面168户,改造卫生厕所172户,村庄面貌焕然一新,村民院落干净整洁,成为全县农村人居环境整治的"标杆"。三是"民主议政"制度。坚持把"民主议政"作为推进村级民主管理的一项重要制度,定期召开村民会议,通报工作开展情况,听取村民的意见和建议,群众的呼声得到倾听、正当利益得到维护、合理建议得到采纳。通过民主议政,落实荒山荒沟治理0.65万亩,高标准改造梯田1万亩,硬化村组道路15.5千米,打通进户道路9千米。"民主议政"成为群众发表意见、办事和解决问题的好平台,有效激发了群众关心集体、参与村级决策的积极性和主动性。

### (四)促进融合治理、激发动力活力,提升基层组织战斗力

村"两委"班子坚持把民风转变贯穿于乡村治理全过程,渗透到法治、德治和自治各方面。

一是以"红心"葆"初心"。实行"捧着红心交党费"制度,每月交纳党费时,让党员手捧红心、面对党旗交纳党费,让每一名党员牢记党员身份,珍惜党员荣誉,坚定为民初心;深入开展新时代文明实践活动,大力弘扬社会主义核心价值观,广大群众爱党为党、爱村为村的政治自觉不断增强。

二是以"孝治"促"善治"。针对农村出现的薄养厚葬等不良陋习,村党支部探索建立"以孝治村"思路,设立"孝道黑红榜",组织开展"孝道之星"评选等活动,使民风在行为规范中得到转变,内生动力在民风转变中竞相迸发,涌现出"全国五好家庭"牛治刚家等先进典型。

村里48岁的牛治刚是有着12年党龄的党员,他和妻子田社旦一起照顾身患重病的母亲多年。牛治刚说:"人人都说要孝敬父母,但做起来真的不容易。老人要的不是吃得多好喝得多好,真正需要的是我们的陪伴。哪怕用一个小时、半个小时陪陪父母,老人就已经很满足了。"有一天村子里的戏台上唱起秦腔,妻子田社旦知道母亲想去听戏,即使工作了一天也推着母亲的轮椅出现在了戏台前,累了就趴在轮椅后的扶手上睡一会儿。纵然持家辛苦,牛治刚夫妇也坚持陪伴母亲,每天再忙都会抽出时间来陪老人说说话。牛治刚家被县文明委授予"文明家庭"称号,其事迹家喻户晓。正是有了牛治刚家这样的表率,村里的"孝道黑红榜"上黑榜空无一人,而红榜年年更新。

三是以"积分"换"新风"。结合该村实际,制定村规民约,大力推行乡风文明实践积分卡制度,将脱贫攻坚、公德美德、遵纪守法、移风易俗、环境卫生整治、矛盾纠纷调解等纳入积分制管理,为行为规范立"标尺",让新风良俗"有分值",为正向激励增"磁力",让村规民约"有价值",极大地激发了群众内生动力,有效推进了乡村治理。

走在彭阳乡间,可以听到这样的对话——"这个月的文明积分你兑换了吗?"。在这里,村民维护村内环境、帮助他人等均可以申领积分,累计的积分可在通过政府拨款、社会帮扶、村集体经济积累等渠道多方筹措资金建办的文明实践爱心超市兑换相应物资,也是精神文明奖评选的重要依据。这种双重奖励叠加的方式极大地激发了群众参与改善人居环境、村容村貌及乡村振兴、脱贫攻坚巩固提升的积极性,用"小积分"撬动文明实践"大能量",推动乡风民风持续好转。

## 三、初步成效

从调研情况看,中庄村的乡村治理模式较好契合了当地实际,对经济社会发展产生了多重效益,实现了乡村治理与经济社会协调发展的良性循环。

### (一)夯实了党的执政根基

中庄村通过"立规矩""重人才""优服务""党建＋"等一系列措施,走实了党建引领乡村治理、服务群众的路子,有效破解了农村改革发展的一些现实难题,密切了党群干部关系,巩固了党在基层的执政根基。

## (二)壮大了集体经济实力

中庄村在乡村治理实践中,从实际出发,抢抓机遇、借势发力,积极探索村级集体经济多种发展模式,壮大了集体经济实力,夯实了群众产业基础,支撑了村内环境治理、民风转变、教育扶持、文艺活动等各项工作的顺利开展,群众物质生活和精神生活不断丰富,村党组织的组织力、向心力、凝聚力不断增强。

## (三)激发了群众内生动力

通过创新开展"三项制度",搭建村民议事平台,健全完善乡村治理机制,群众的主人翁地位得到凸显,内生动力得到激发,"民事民议、民事民办、民事民管"的共治格局基本形成,群众依法行使民主权利、参与村级公共事务的主动性和积极性明显提高。

## (四)形成了良好村风民风

在不断推进的乡村治理具体实践中,中庄村逐渐探索形成了"以自治激发活力、以法治规范行为、以德治感化民风"的融合治理模式,丰富了乡村治理内涵。将红黑榜、积分制、评议活动等制度相结合,从物质层面和精神层面激励群众坚守村规民约、践行文明信念,最终涌现出"全国五好家庭"这样的先进典型,形成了崇德向善、团结互助、孝老爱亲的淳朴民风。

# 四、经验启示

中庄村在推进乡村治理过程中,走出了一条符合本村实际的党建引领乡村治理之路,对其他农村社区具有一定的启示和借鉴意义。

## (一)乡村治理必须抓好基层组织建设这个"引擎"

乡村治理是覆盖了农村政治、经济、文化、生态等方方面面的系统性工程,抓好抓实乡村治理,关键是坚强有力的基层党组织和先锋模范。中庄村因地制宜、探索创新、先行先试,把党扎根群众的政治优势、凝心聚气的组织优势转化成了治理效能,有效调动资源,充分激发了群众内生动力和自治积极性,切实保障了环境改造、村集体经济发展等各项工作的顺利推进,取得了显著成效。这充分表明,长期有效地推进乡村治理,必须始终坚持党建引领,充分发挥基层党组织的核心引领作用,把广大基层党员和农民群众的思想、行动、力量和智慧汇聚起来,形成推动乡村治理的强大合力。

## (二)乡村治理必须发展壮大集体经济这个"基础"

村庄是乡村治理的基本单元,而集体经济是村庄建设和发展的根本依托,是联合农民群众的重要纽带,是实现乡村振兴、巩固党在农村执政基础的有效途径。从中庄村相关实践看,正是因为该村牢牢抓住了集体经济发展这个根本点,村民对村集体的归属感和认同感才能不断增强。集体经济就是乡村治理的经济基础,建设有效的乡村治理体系,就要着眼于集体经济发展,探索其有效实现形式,推动集体经济实力持续增长,为乡村治理奠定坚实基础。

## (三)乡村治理必须强化乡风文明建设这个"内核"

中庄村在乡村治理过程中,从群众切身利益入手,从抓班子建设破题,通过"立规矩""以孝治村""积分制"等措施,不断推动作风向好、引领民风向善,为全村经济社会发展和乡村治理奠定了良好的群众基础,提供了坚强保障。实践证明,乡村治理不仅要抓面子,更要强里子,不仅要富口袋,更要富脑袋。必须把民风建设作为乡村治理的保障性工程,以社会主义核心价值观为风向标,探索创新有效载体,培育淳朴乡风、良好家风、良实民风,打造美好精神家园,以乡风文明赋能乡村治理。

## (四)乡村治理必须激活群众内生动力这个"关键"

中庄村在乡村治理过程中,探索创新"双向承诺""推门问政""民主议政"等措施,突出了群众的主体地位,激发了群众的内生动力,提高了群众的参与热情,解决了荒山荒沟治理、高标准梯田改造、村组道路硬化、人居环境治理等群众最关心,也是最基本、最现实的利益问题,提高了农民群众的幸福指数,让他们共享发展成果。中庄村的实践证明,乡村治理关键在于突出农民主体地位,有效激活群众内生动力,推动从自我发展向抱团发展转变,让农民群众的获得感、幸福感、安全感更加充实、更有保障。唯有如此,才能真正实现共建共治共享。

作者:何虹豆,西南大学国家治理学院行政管理专业学生,研究方向为乡村振兴、基层社会治理;孙晗霖,西南大学国家治理学院副教授,中国西部非公经济发展与扶贫反哺协同创新中心研究员,西南大学"一带一路"反贫困研究中心研究员,西南大学公共文化研究中心研究员,研究方向为乡村治理、农村反贫困与可持续发展。

# 规范农村社会治理　促进移民社会融入

## ——红寺堡区"55124"乡村治理模式

**内容提要**：红寺堡区是全国最大的易地生态扶贫移民区，先后搬迁安置宁南山区移民23.5万人。不同地域、风俗各异的移民共聚一堂，加之移民搬迁过程中遗留问题突出，基层治理任务重、难度大。为破除困境，红寺堡区推行"55124"村级治理模式，从根本上解决了村级事务不透明、村民群众不信任、干部队伍不作为等问题，有力化解了基层矛盾，改善了村风民风，夯实了基层组织，抓住了村级治理"牛鼻子"，构建起了将决策、管理、落实、监督融为一体的村级治理新机制，有力促进社会融入。2019年，红寺堡区被农业农村部确定为20个乡村治理典型案例之一，成为西北五省、自治区唯一入选案例。

## 一、基本情况

### （一）红寺堡区基本情况

红寺堡区隶属于宁夏回族自治区吴忠市，地处宁夏中部干旱带核心区，辖区面积2767平方千米。1995年12月，经国务院批准，宁夏扶贫扬黄灌溉工程正式立项，彼时的红寺堡区是森林覆盖率不足5%的不毛之地，"天上无飞鸟，地上沙石跑"是其最真实的写照。来自西海固7个国家级贫困县区、涉及14个民族的移民群众汇聚于此。2014年以来，红寺堡区共识别贫困村40个，建档立卡贫困人口13965户55650人。人员组成复杂，"锅底人群"多，而各村级组织建设滞后，基层党建工作薄弱，红寺堡区一度陷入乡村治理困境。

党的十八大以来，红寺堡区不断探索社会治理新机制。在2008年广泛开展"打造阳光村务，构建和谐乡村"实践活动的基础上，64个行政村全面推行"55124"村级治理模式。乡镇、县区等多方协调联动，基层组织队伍素质显著提高，村民自觉践行自治章程，遵守村规民约，乡风焕然一新，特色产业致富脱贫，社会治理多方参与的生动局面逐步形成。2020年，红寺堡区已退出省级贫困县区序列，现行标准下贫困人口全部脱贫，综合贫困发生率从2014年的33.46%下降到零,群众认可度达到95%以上,农村居民人均可支配收入突破万元,较最初增长近20倍。

### (二)"55124"村级治理模式

"55124"村级治理模式,即以提出议案、民主议定、公布告知、组织实施、监督落实的"五步工作法"为统揽夯实制度基础;以"五联记录本"规范会议程序和记录;以"一份议事清单"明确议决内容;以"乡村两级监督"确保工作合法合规;以乡镇、县区、地市、自治区的"四级联动督查"推动工作全面落实。

## 二、主要做法与经验

### (一)村民"自治",引领民主新风

选好村民代表是村民自治的关键。开发建设之初,来自四面八方的村民难以信任干部代表,干部与群众之间隔阂深,村民上访事件不断。红寺堡区为选出群众"代言人",在综合考虑村组巷道布局、姓氏家族等关键因素基础上,由农户自行推荐,每5到15户推选出1名村民代表参与议事,并公示选出代表的信息。代表推选坚持"三不推五优先",即长期外出务工、违法违规、诚信缺失的坚决不推,办事公道、仗义执言、群众威望高、热心村级事务的和致富能人优先推选。村民自荐,民主选举,群众能准确说出推选代表人选、推荐理由,更能明白代表能力所在,乡村政治信任得以重建,村民迈出"自治"第一步。

村民参与日常村务决策与管理是村民自治的重要环节。凡是涉及村民重大利益的事项,例如低保户名单确定、受灾补贴对象拟定等,红寺堡区均采取民主决策与管理方式,通过村民代表会议进行表决。2014年,红寺堡区乌沙塘村对3520亩土地进行流转,但因企业经营不善而未得土地流转费,村民面临生计困境。"55124"村级治理模式推行后,乡政府、村委会、村民代表等多方联动,上门给村民做工作,并召开村民代表会议集体商议决策,最后村民自愿决策入股,成立"乌沙塘土地股份专业合作社",移民变股东,流转3000亩土地进行统一种植,发展红梅杏、苹果、马铃薯等特色产业,成功实现脱贫致富。

民主监督是村民自治的重要保障。"55124"乡村治理模式中,乡(镇)政府、村监会两级监督,审议重大事项的村民代表大会召开时,监督委员会成员必须参会,且由其审核签字后,决议方能张榜公示。群众监督权得到保障,村民自治才能正常运行。在强化群众监督的基础上,红寺堡区同时突出监察考核体系,严格上下四级联动督查机制,由村委会自查、乡镇逐村检查、县区督查至地市抽查,全面激发基层党建活力,确保成效。

## (二)村务"透明",规范制度运行

村务不公开,制度运行不规范,导致村民对乡村事务管理热情不高,人心力量难以聚拢。实行"55124"治理模式后,红寺堡区将村务公开视为村民参与基层治理的重要途径,由上级管理部门统一提供一张"20+X"议事清单,为村级民主议事划定范围;编制《村务公开基准目录》,针对村民信息需求,广泛征求意见,最终形成便于操作、全区统一的《全区村务公开基准目录(标准版)》;利用"五步工作法",对村级项目建设、财务报销、惠农补贴发放、低保评议等重大事项的每步工作都建立"五联记录本"台账,落实村务信息记录,并在公开栏公示,让村民监督规范乡村制度运行。此外,为拓展村务公开渠道,红寺堡区根据村民年龄、文化程度、获取信息方式习惯,开通微信公众号、小程序等线上平台,集中发布村务信息,线下则通过增设公示栏、添置电子屏、安装大喇叭等多种方式展示,并向学校、村组小卖部等群众聚集的地方延伸,打通"阳光村务"的最后一公里。

村务公开后,红寺堡区中圈塘村村主任卢占洋表示:"中圈塘村过去是有名的上访村,村务公开以来,上访户明显减少,关心村级事务的群众越来越多。以前村务未公开,需要村干部苦口婆心地给群众做解释工作,挨了群众不少骂,现在通过'阳光村务'工程,给了农民一个明白,还了村干部一个'清白'。"

## (三)组织"强化",激发党建活力

一是强化队伍建设。人才选用方面,任用年轻干部,激励大学生返乡扎根基层,村"两委"成员年龄平均下降2.5岁,人才素质普遍提升,大专及以上学历占比较上届提高15.85%。干部能力提升方面,红寺堡区实施"导师帮带制",选派政治素质高、业务能力强、工作经验丰富的导师,通过"一对一""一对多"方式带领帮带对象增本领、提水平。

二是强化要素保障。自治区、市、县三级向乡镇(街道)调整下沉编制2700余个,增幅近40%,充实了一线工作力量。同时出台乡村干部工资待遇优厚、选拔任用优先、生活条件优待"三优"政策,自治区对乡镇的资金保障由每年1.6亿元增加到4.8亿元,乡镇干部年均增资近1.1万元,村级办公经费提高到6万元,乡村治理经费不少于10万元,村干部报酬与乡镇干部基本持平,全面调动起乡村干部干事创业积极性。

三是强化党建引领。红寺堡区成立街道"大工委"、社区"联合党委"、小区"党小组"等各个大小党组织,全面覆盖城市乡村社区。推广"党支部+合作社+企业"等模式,积极争取中央、自治区重点扶持村级集体经济项目,党建引领创新乡村产业发展模式,让村民变股民,把"流转土地租金、集体收入股金、就近务工薪金"悉数纳入囊中。

## 三、初步成效

### (一)加强了党对基层组织的领导

在基层党组织坚强领导下,自治组织和其他各类组织各司其职、各尽其责,村级权力规范阳光运行,村级事务民主决策,增进了干群关系,基层党组织战斗力、凝聚力显著增强,推进产业结构调整、项目建设和民生政策落实更加顺畅,进一步夯实了党的执政基础。开展软弱涣散村党组织整顿以来,红寺堡区评定三星级以上支部120个,占比63.83%,先后培育"一抓两整"示范村44个,"基层党建引领基层治理示范点"16个,自治区级、吴忠市级先进基层党组织10个。

### (二)促进了村级事务公开透明运行

把村民代表作为乡村干部履职尽责、联系群众、扩大监督管理面的桥梁纽带,凡涉及村民利益的重大决策,均需召开村民代表会议集体商议,并形成文字记录,留下影像资料,存入"55124"台账,同时在多渠道公布,建立"阳光村务"体系。(见图1)使村民得以及时了解村务情况,激发其参与日常村务治理热情,从而建立群众与干部之间的"连心桥",推动权力运行从"封闭操作"向公开透明转变,避免了群众的疑虑和猜测,有效减少了因权力滥用而引发的群众上访事件。

图1 红寺堡区2020年政务公开工作会议
(图片来源:吴忠市人民政府)

### （三）畅通了村情民意反映渠道

开通线上线下村情民意反映途径，把村民代表作为反馈的重要渠道，同时也通过村民代表广泛宣传党的惠民政策，大事群众定，村务村民管，加快了农村脱贫攻坚和各项工作的深入开展。在村民代表的参与支持下，农村惠农资金兑付、"两险"收缴进度快、效果好，群众参与脱贫攻坚、产业发展、环境整治的热情高涨。

一些村民代表深有感触地说："原来大事都是村干部说了算，我们只是知道结果，想说句话都没机会，这下好了，咱也有权在会上表决了。"

### （四）有效提升了乡村治理水平

"55124"村级治理模式的建立完善了村级事务监督体系，保障了群众对村级事务的知情、参与、决策和监督等各项权利，突出了市县乡村四级的跟踪督查。以此规范基层民主、规范无序诉求、规范干部行为，保证了每个环节、每个步骤都有章可循、有法可依。实现从"各行其是"到"照章办事"，领导干部既不办"糊涂事"，也不办"人情事"，老百姓放了心，移民的归属感、认同感也显著增强。如图2所示，为充分发挥乡镇人大监督职能，红寺堡镇人大主席团组织代表对民生服务中心工作展开评议，活动选取了14名人大代表、6名村民代表以及民生服务中心全体成员参与。

图2　红寺堡镇人大主席团组织代表评议民生服务中心工作
(图片来源:红寺堡区人民政府)

### (五)促进了干部作风转变和民风建设

村级权力运行更加规范,涉及低保调整、土地确权、精准扶贫、惠农补贴发放等方面的重大事项,各村都严格执行"五步工作法",村干部在决策中不再为人情所困,不再因公开不彻底遭猜疑、受委屈,融洽了干群关系,理顺了群众情绪,激发了村民自治的活力。对如土地纠纷等较为突出的矛盾纠纷,由村民代表协调解决,调处成功率达88%以上。民风建设上,在安置点落实乡村文明实践"积分卡""清单制",分别覆盖145个和129个安置点。培育社区社会组织216个,开展活动637次,参与群众达到2.73万人次。开展文明创建活动1097次,3.5万人次参与,常态化开展小手拉大手活动,5652人次参与,通过深化社会主义核心价值观宣传,以精神文明铸魂润心,推动形成文明乡风、良好家风、淳朴民风。制定村民自治章程,完善村规民约,持续推进移风易俗,高额彩礼、大操大办、人情攀比等陈规陋习得到有效遏制,赌博酗酒、顶牛闹事儿的少了,争当"五好"家庭、带头参与村组公益事业的多了,健康文明和谐的乡村新风尚日益浓厚。

## 四、经验启示

红寺堡区移民构成复杂、矛盾多发,要确保乡村振兴、支农惠农政策落实到位,基层组织得到群众信任,实现长治久安,在加强农村党组织建设的基础上,必须注重发挥村民自治的作用。实践证明,红寺堡区"55124"村级治理模式做实了村民代表大会制度,充分保障了群众的知情权、参与权、决策权和监督权,通过民主管理形成了和谐共融、人心思齐、安定有序的良好局面。

### (一)强化组织领导,健全乡村治理机制

红寺堡区委、区政府高度重视村级组织建设和基层民主自治工作,把推行"55124"村级治理模式作为加强基层党建的重要抓手,纳入效能目标考核和区委、区政府年度重大督查事项,由区纪委监委、区委组织部和民政等部门根据工作职责分工协作,齐抓共管,研究解决存在的问题,强化组织保障,推动治理模式不断丰富,并在63个行政村全面推广,村级规范化管理显著提升,基层组织建设得到明显加强。由此可见,加强党领导基层组织建设是推动乡村民主自治、健全乡村治理机制体系的首要关键。强化乡村组织领导,一方面应完善考核评价体系,将乡村治理纳入乡村振兴考评和效能考核,推动重点任务落实落地;另一方面应凝聚组织力量,如通过建立自治区统筹、厅局配合、地市协调、县区主责、乡村

落实的联动工作机制和"五级书记一起抓"推进机制,形成合力,加强组织领导内部联系,畅通乡村治理路径。

### (二)推动民主管理,提升共治共享水平

要形成人人有责、人人尽责、人人享有的社会治理共同体,就要推动乡村民主自治管理,提升共治共享水平。红寺堡区开展"一村一年一事"行动,发挥搬迁群众的主体作用,村民自主议事定事,聚焦基础设施、产业发展、公共服务等突出问题,区市县乡村五级合力推进,村"两委"实施、村监会监督、村民自行建设,每年为每个安置点办好一件实事。鼓励681名退役军人、返乡大学生、农民工、致富能手等参与乡村治理。在安置点一体推进做实村民代表会议"55124"村级治理模式、村(居)务公开和村监会建设,推进村级小微权力清单制度,整治村民自治领域涉黑涉恶问题,约束"微权力"、治理"微腐败"。建立"村民微信群""乡村公众号",推进村级事务及时公开,加强群众对村级权力的监督。因此,推动民主管理,一要促进村民主动参与乡村事务商议决策,通过畅通村情民意反映渠道推动村民自行建设;二要鼓励村民加入基层组织队伍,完善乡村治理自治体系;三要推动村民自觉行使监督权,对领导班子以及村级事务进行日常监管。

### (三)突出程序规范,完善乡村事务制度

程序运行规范是促进乡村事务有效开展的有力保障。在既定规范下进行关乎民生的重大议事项目探讨,既能让村民"看得懂""理得清"村务,又提高了基层组织工作效率。红寺堡区构建乡村事务制度体系的过程中,进一步完善科学决策、民主决策、依法决策制度,坚持"三重一大"和"末位表态"制,聘请政府法律顾问积极参与违建拆除、房屋拆迁、信访维稳等事项,党委、政府重大事项、重大问题严格按照程序依法依规进行决策,在做出重大行政决策前,坚持将合法性审查作为行政决策前置必经程序,严格执行行政规范性文件"三统一"制度,出具法律意见书,依法决策、依规决策水平不断提升。因而,突出程序规范,须把握两个关键,一是科学指导程序运行,通过聘请行业专家或顾问协助基层领导处理乡村事务,二是法律保障程序规范,即对乡村重大项目决策进行合法性审查,自觉接受法律监管。

### (四)加强信息公开,构建权力监督体系

红堡寺区严格按照合法、全面、准确、及时的要求公开政府信息,明确职责、程序、公开方式和时限要求,严格推行权责清单,明确行政职权,逐一厘清责任事项、责任主体、责任

方式,强化政务公开,举办"开放日"活动,邀请人大代表、政协委员、群众代表等社会各界共同参与,主动接受群众监督,主动接受区人大的法律监督和区政协的民主监督,进一步促进权力运行的规范化和透明化,做到权力在法治阳光下运行。由此可见,加强信息公开,构建乡村权力监督体系,首先应接受群众监督,促进村民行使自治权、监督权,其次应接受法律监督,确保乡村事务基本的正确方向,最后应接受民主监督,接纳批评和建议,提高工作效率。

作者:唐丽霄,西南大学国家治理学院文化产业管理专业学生,研究方向为乡村建设、乡村经济发展;孙晗霖,西南大学国家治理学院副教授,中国西部非公经济发展与扶贫反哺协同创新中心研究员,西南大学"一带一路"反贫困研究中心研究员,西南大学公共文化研究中心研究员,研究方向为乡村治理、农村反贫困与可持续发展。

# 夯实家底子，痛改"贫困貌"

## ——宁夏吴忠市盐池县脱贫经验

**内容提要**：吴忠市盐池县坐落于陕甘宁蒙四省、自治区交界地带，是宁夏回族自治区国家级贫困县之一，也是宁夏回族自治区第一个实现脱贫摘帽的贫困县。从2014年第一次建档立卡识别脱贫人口，到2017年12月向宁夏扶贫开发办公室提交退出国家级贫困县的申请，再到2018年9月顺利通过国家专项评估检查，盐池县在短短四年内就啃下了脱贫攻坚这块"硬骨头"，贫困发生率从2014年23.7%骤降到2017年的0.66%。之所以能成功打赢脱贫攻坚战，顺利迈向乡村振兴，其背后的秘诀就在于"从绿水青山中解锁致富密码，用小滩羊带来脱贫致富大转变"，走出了一条"依托金融创新推动产业发展，依靠产业发展带动贫困群众增收"的富民路子。

## 一、基本情况

盐池县地处陕甘宁蒙四省、自治区交界地带，又位于毛乌素沙漠南缘，在县城北、东、西南方向分布着大小20余个天然盐湖，故而被命名为"盐池"，广阔的干草原和荒漠草原从县境的东南蔓延至西北。"一年一阵风，从春刮到冬。风吹沙子跑，脚底不见踪。沙子满地跑，沙丘比房高。"这句老话生动形象地描述了当地的气候环境。受自然环境限制，盐池县生态十分脆弱，农业发展举步维艰。过去，盐池县总是这样"介绍"自己：革命老区、边远山区、贫困地区。这"三区"的结合就像是一张难以撕掉的"贫困标签"，一直制约着盐池县的发展。"种地没亩数，走路没里数，吃饭没顿数"展现了盐池县人民"地广人稀广种薄收，吃了上顿没下顿"的困难处境。2014年，盐池县开始精准识别贫困村和建档立卡贫困户。共计识别贫困村74个，贫困户11228户34046人，贫困发生率23.7%，该地也成为宁夏脱贫攻坚的主战场之一。

与此同时,盐池县也是"中国滩羊之乡"——作为宁夏唯一的牧区县,盐池县拥有800余万亩天然草场。滩羊产业成为当地农民脱贫致富的主导产业。但融资难问题一直制约着产业的发展。为此,盐池县聚焦以滩羊为主导,牧草、小杂粮、黄花菜、中药材为辅助的"1+4+X"特色产业,通过金融创新,有力解决了资金难题。在此基础上发挥"盐池滩羊"知名品牌优势,建立特色产业体系,实现了产业和金融的良性循环。在滩羊等产业带动下,2018年9月,盐池县成为宁夏西海固地区9个贫困县区中首个脱贫摘帽的县区。截至2019年底,盐池县历史性实现现行标准下绝对贫困人口"清零",人均GDP迈进1万美元。盐池县连续三年受到国务院督查通报表扬,并在全国脱贫攻坚总结表彰大会上被授予"全国脱贫攻坚先进集体"的称号。如今,贫困的帽子摘了,百姓的钱包鼓了。盐池从教育、金融、产业等方面持续巩固脱贫攻坚成果,传好乡村振兴"接力棒"。

## 二、主要做法

### (一)生态优先,夯实发展基础

要想发展好,环境保护少不了。盐池县坚持"生态立县"战略不动摇,以建设黄河流域生态保护和高质量发展先行区为契机,以山林权改革为抓手,坚持"北治沙,中治水,南治土"的总体思路,按照"草为主、灌为辅、零星植乔木,封为主、造为辅、重点抓修复"的原则,依托国家三北工程、天保工程、退耕还林(草)、草原生态修复治理等重点生态治理项目,持续加快国土绿化进程,深入推进生态文明建设(见图1)。盐池县草原保护举措便是其"生态立县"战略的实际运

**图1 盐池高效节水灌溉**
(图片来源:宁夏回族自治区乡村振兴局)

用。从地形上看,盐池处于鄂尔多斯台地向黄土高原过渡地带,当地发展滩羊产业不可避免会受到草畜平衡和灌溉水缺乏的制约。2002年11月1日,盐池县在全区率先实行草原禁牧、饲料养殖,并逐步探索完善禁牧激励和考核机制,全面推行村民自治禁牧制度,多种举措确保草原休养生息,以实现生态保护、人类生存和滩羊养殖三者之间的良性发展。

生态好不好,地方农户才有发言权。孙忠是盐池县王乐井乡孙家楼的农民代表,他说孙家楼在没有开展草原生态修复之前,简直没法住,春天一刮风,门都打不开,到处都是明沙丘。

盐池县全县"过去因气候干旱,过度放牧,乱采乱挖等原因,草原退化较为严重,局部地区出现明沙丘"。从2003年开始实施封山禁牧、退耕还林之后,生态环境才逐步改善。2020年,盐池县更是依托自治区草原生态修复重点项目,在区域内采用隔带浅翻松土整地方式,完成机械补播5035亩,采取"草方格+人工撒播"方式治理明沙丘648亩。

## (二)产业扶贫,助推农民增收

扶贫需要扶长远,长远还得看产业。产业增收是脱贫攻坚的主要途径和长久之策。盐池县大力发展以滩羊为主导,黄花菜、小杂粮、牧草为辅助,适合家庭经营小品种为补充的"1+4+X"特色优势产业。再依托龙头企业或重点项目,让贫困户获得生产性、财产性、劳务性和资产性等四个方面收入,增强自我发展能力和造血功能,让产业扶贫扶到点儿上、扶到根儿上,让贫困群众走上致富快车道。

53岁的刘萍便是依靠滩羊产业脱贫致富的一个鲜活的案例。她是盐池县花马池镇郭记沟村村民,在2017年时被确诊为子宫癌,做手术便花光了家里全部的积蓄。村里考虑到她家的实际情况,在2017年年底将刘萍一家列为建档立卡贫困户。"原来主要靠养殖几只羊和外出打工维持生活。2017年被列为建档立卡户,2018年和盐池县同

图2 脱贫致富的"金羊羊"
(图片来源:宁夏回族自治区乡村振兴局)

步脱贫,现在老公外出打工,家里存栏40只羊,还有50亩水浇地,去年纯收入10万元左右。"刘萍感叹,"这几年,国家有这么多好政策,政府给的支持力度也很大,我更得好好干,让家里人过上更好的日子。"

## (三)金融创新,盘活发展资金

产业发展离不开金融活水。为解决贫困群众发展产业缺乏资金的难题,盐池县创新开展互助资金、评级授信等多种金融扶贫小额信贷工作,形成了独具特色的金融扶贫"盐池模式"。从2006年开始,盐池试点互助资金信贷,即以村为单位成立互助社,村民自愿入

股,政府配套资金,村民依靠诚信在社内获取小额贷款。2012年,盐池农村信用社联合贫困村互助社共同推出"千村信贷",对获得互助资金借款后仍不能满足发展需求的社员,由互助社推荐、农信社给予1~10倍的贷款,重点支持村民发展滩羊产业。

"2013年从盐池农村商业银行贷了3万元,第二年贷了10万元,往后年年贷,年年还,日子越来越红火。不还?要上黑名单的,邻里都瞧不起!"冯记沟乡平台村的王海说着他的"诚信故事"。

盐池创新建立评级授信系统,根据诚信度、家庭收入、基本情况将全县农户信用情况分为4个等级,政府、银行等各方面共同评定、共同认可、共同应用,信用等级越高,享受贷款优惠越多。

此外,为防止贫困户返贫,守住来之不易的扶贫成果,盐池县为全县农户量身打造了"2+X"菜单式"扶贫保",由农户自主选择。"2"包括家庭综合意外伤害保险和大病补充医疗保险,"X"指选择性险种,包含特色农业保、羊肉价格保等系列产业保险。在政策支持下,群众结合自身实际情况,组合购买"扶贫保"。"扶贫保"的出现不仅兜住了因病因灾因意外致贫返贫的底线,也增强了群众发展产业的信心。

"多亏了'扶贫保',要不然我又要返贫了。"杨儿庄村的贫困户周金根不禁哽咽。2013年父亲患癌症,他东挪西借20多万元,欠了一身债。后来好不容易还清了,结果2021年母亲又病倒,手术费花了4万多元,周金根差点崩溃。不过,这次通过农村基本医保、大病医疗保险、大病医疗补充保险等方式解决后,他只掏了3000多元。周金根的遭遇,不是个例。盐池县建档立卡贫困人口中,因病、因灾致贫率高达38.6%,是脱贫攻坚路上的最大"拦路虎"。为此,盐池走出了一条通过金融保障解决返贫难题的新路子。

## 三、初步成效

### (一)现代畜牧业绿色生态良性发展

截至2020年,盐池县累计完成营造林20.13万亩,其中人工造林4.47万亩、封山育林4万亩、未成林抚育提升及退化林改造11.51万亩、生态经济林0.15万亩,草原生态治理23万亩,森林抚育19万亩。截至2021年底,全县留存林木面积374.6万亩,共保护484万亩天然草原,森林覆盖率达27.41%,草原综合植被盖度58.5%,先后荣获"全国林业建设先进集体""全国防沙治沙先进集体""自治区文明单位",成功举办了全区柠条平茬现场观摩会,承办了三北工程精准治沙和灌木平茬复壮试点工作现场观摩会。盐池县坚持在生态环境保护、绿色低碳发展等方面持续发力,实现了现代畜牧业绿色生态良性发展。

## (二)产业链条趋于完善

2021年盐池滩羊全产业链产值达64.5亿元,全县预计3万余户农民收入来自滩羊产业,盐池滩羊全产业链对农民增收贡献占比80%以上,形成了"致富一个、带动一批、辐射一片"的农民增收聚集效应。全县先后培养农产品加工龙头企业203家,开发各类优质高端绿色农产品1284个,在全国28个省、自治区、直辖市的50个大中城市均有盐池农牧产品销售。预计年销售滩羊肉2.8万余吨、优质黄花菜3000余吨、优质小杂粮5000余吨,全县农产品加工产值达40多亿元,加工转化率达75%以上。

## (三)金融"水池"不断扩大

2016年以来吴忠市累计投放扶贫小额信贷88.8亿元,扶贫小额信贷覆盖率超过80%,实现了有劳动能力、有发展意愿、有贷款需求贫困群众贷款全覆盖。截至2019年9月底,盐池县8000多户建档立卡贫困户享受到6.67亿元贷款,户均贷款7.4万元,贷款覆盖率高达86%,应贷尽贷,满足了贫困群众发展产业的资金需求。金融扶贫"盐池模式"的有效性在实践中得到检验后,中央深化改革领导小组将盐池县相关脱贫经验在全国印发推广。

# 四、探讨评论

盐池县在宁夏9个贫困县区中率先实现脱贫摘帽的消息,点燃了这个革命老区。它从"老、少、边、穷"的代名词转变为现如今的"中国滩羊之乡""中国甘草之乡"。"再见贫困,你好小康。"简单的一句话,表达出盐池县与贫穷困苦的郑重道别,也展现了"苦瘠甲天下"的西海固人民对全面小康最炙热的期盼。与我国东部县(市、区)不同,西部地区尤其是贫困地区自然环境恶劣,教育欠发达,县域经济发展滞后,但以盐池县为代表的西部贫困县,走出了一条"依托金融创新推动产业发展,依靠产业发展带动贫困群众增收"的富民之路。其推广经验如下:

## (一)奋斗精神创造美好生活

路漫漫其修远兮,盐池县人民仍然上下求索。当地既没有独特的地理优势,又没有宜居的自然环境,更没有广为人知的名声,盐池想要完成一场华丽的转身,无疑是一场艰苦卓绝的挑战。而支撑人们翻山越岭的,归根结底还是人们对于美好生活的期盼,是一股子不达目的誓不罢休的奋斗精神。靠着这股奋斗精神,盐池县摘下了贫困"帽子"。但贫困"帽子"虽摘,奋斗精神却永不止息。盐池县今后将从教育、产业、金融各方面持续巩固脱贫攻坚成果,为实现乡村振兴蓄能。

## (二)金融扶贫铺就致富坦途

如果说精准定位滩羊产业是盐池县脱贫攻坚迈出的关键一步,那么将金融活水引入产业肌体、打通"任督"二脉,则是其"脱贫链"上的关键一招。2012年以来,盐池结合产业发展在全县农村大力推动金融扶贫落地生根、全面开花。多个落后乡村、贫困村民在金融活水的滋养下,实现脱贫致富,斩断了贫困代际传递的穷根。在金融助力下的盐池脱贫路径,也为其下一步"三农"发展打下了坚实基础——借市场之手规范农民行为,激发内生活力,养成风险意识,打牢诚信基础,形成争相致富的氛围,为全面建成小康社会积攒了充沛的能量。

## (三)基层党组织保驾护航

盐池县脱贫攻坚的辉煌成绩,离不开基层党组织这个过硬的"领头羊"的保驾护航。盐池县共选拔产业型、市场型、创业型"三型"村党组织书记44名、致富带头人137名进入村"两委",打造村级党建示范点18个,整顿提升软弱涣散基层党组织33个,形成了党员带群众、先富带后富、携手奔小康的工作局面。在打赢脱贫攻坚战中,盐池县把党支部、党小组建在扶贫链上、产业链上,建立以村级党组织为核心,以种养基地、合作社、龙头企业等为支撑

图3　宁夏回族自治区党委书记、人大常委会主任陈润儿(中)在西吉县偏城乡高崖村看望困难群众海占川一家
(图片来源:宁夏回族自治区乡村振兴局)

的"一核多元"精准扶贫组织体系,积极发展集体经济,帮助农民群众增收致富。(见图3)

作者:刘衷,西南大学国家治理学院行政管理专业学生,研究方向为乡村振兴、公共文化服务;孙晗霖,西南大学国家治理学院副教授,中国西部非公经济发展与扶贫反哺协同创新中心研究员,西南大学"一带一路"反贫困研究中心研究员,西南大学公共文化研究中心研究员,研究方向为乡村治理、农村反贫困与可持续发展。

# 内蒙古

内蒙古自治区，简称"内蒙古"，首府呼和浩特。地处中国北部，东北部与黑龙江、吉林、辽宁、河北交界，南部与山西、陕西、宁夏相邻，西南部与甘肃毗连，北部与俄罗斯、蒙古接壤，横跨东北、华北、西北地区。总面积118.3万平方千米，辖12个地级行政区，其中9个地级市、3个盟。截至2021年末，内蒙古自治区常住人口2400万人。

内蒙古是全国脱贫攻坚的重要战场，经过八年精准扶贫、五年脱贫攻坚，内蒙古57个贫困旗县全部摘帽，3681个贫困嘎查村全部退出，157万建档立卡贫困人口全部实现脱贫，历史性地解决了绝对贫困问题，贫困人口生产生活水平显著提升，走出了一条具有中国特色、内蒙古自治区特点的减贫之路。

# "小荞麦"做成"大产业"

## ——库伦旗荞麦产业助力脱贫致富与乡村振兴案例

**内容提要:**产业发展是打赢脱贫攻坚战的关键举措和有效途径,是推进乡村振兴的不竭动力和重要抓手。内蒙古库伦旗是以蒙古族为主体、农牧业为主、自然生态环境禀赋相对不足的少数民族贫困县。在脱贫攻坚过程中,库伦旗立足县域实际情况,充分利用"中国荞麦之乡"的独特优势,将荞麦作为农村牧区脱贫致富的主导产业,通过政策引导、资金驱动、科技保障、品牌建设,整合社会力量与贫困农牧民形成紧密的利益联结,探索多元融合发展道路提升荞麦产业致富活力。通过项目实施,巩固夯实了荞麦产业发展的基础,初步形成了融合特色民族文化、餐饮文化、生态旅游资源的高价值特色产业链,打破了荞麦产业收益面窄、农牧民增收有限的固有瓶颈,探索了一种通过发展传统特色产业促进农牧民增收的民族地区脱贫致富模式。

# 一、库伦旗基本情况概述

## (一)库伦旗基本情况

库伦旗位于内蒙古通辽市西南部,地处燕山北部山地向科尔沁沙地过渡地段,是我国北方农牧交错带的典型区域,总土地面积4709平方千米,耕地面积262.97万亩,林地面积169.57万亩,草牧场面积261.9万亩,矿产、农牧业、文化、文旅资源等较为丰富,被誉为"中国荞麦文化之乡""中国安代艺术之乡""中国蒙医药文化之乡"。

库伦旗是以蒙古族为主体、农牧业为主要产业的少数民族贫困县,"山多草木稀、地多产粮低、沟多无清水、雨急地扒皮",这是对40年前库伦旗荒凉景象的写照。过去的库伦旗用"最佳交通工具——毛驴,最美味食品——荞麦面"来形容当地十分落后的经济状况。由于受地理环境、基础设施、自然条件、传统农业等因素制约,农牧业带动农牧民增收有限,一二三产业发展长期在低水平徘徊,过去的库伦整体上是一个贫困落后、资源匮乏、气候干旱的小县。1994年,库伦旗被纳入592个国家级贫困旗县之一,2002年被确定为国家扶贫开发工作重点旗。2014年全旗建档立卡贫困户9113户,贫困人口26320人,分布在179个嘎查村,其中有88个贫困嘎查村①,贫困状况呈现点多面广、贫困程度深、减贫成本高的特点。"十三五"期间,在党和政府大力推进脱贫攻坚战和乡村振兴战略的大背景下,库伦旗聚焦脱贫攻坚任务,积极打造特色扶贫产业,持续加大帮扶力度,带动全旗经济效益、社会效益、生态效益同步提升,于2020年3月成功实现整县2.6万名贫困人口脱贫、88个贫困嘎查村全部出列,综合贫困发生率从2014年的19.07%降至2019年底的0.14%,②历史性地解决了绝对贫困,走出了一条适合地方发展的特色产业精准扶贫新路子。

### (二)荞麦产业发展现状

库伦旗是一个以农为主、农林牧相结合的区县,形成了"南农北牧、南荞北饲、南驴北牛"的产业区块,其产业扶贫构成了以荞麦、肉牛为主导,食用菌、中药材、牧草、杂粮杂豆、种鸭等多种经营为补充的特色优势农业产业体系。荞麦产业是库伦旗带贫减贫的主导产业,荞麦种植历史长达1000多年,长年种植面积稳定在10万亩以上,产量稳定在1500万千克以上,居全国首位。2006年库伦荞麦获得国家工商总局原产地商标认证,2008年获得无公害产品商标标识使用权,2018年被农村农业部认定为地理标志农产品,2022年区域公用品牌价值达到11.29亿元。③

2015年以来,库伦旗紧紧抓住荞麦这一优势产业,从种植、管理、生产、加工、销售各个环节着手,引导农户种植适销对路、市场前景好的荞麦品种,依托像库伦旗库伦镇丰顺有机杂粮农民专业合作社这样的60多家家庭加工厂和种植合作社进行荞麦面粉加工和产品销售,发展订单农业,延长荞麦产业链条,不断提高荞麦的产品附加值,使之成为拉动库伦旗经济增长的重要支柱。

## 二、主要做法

### (一)立足资源产业优势,发挥政策驱动活力

根据自然地理、气候条件等特点精准选择产业类型是产业扶贫的重要前提。库伦旗地处山区、沙区,属温带大陆性季风气候,春季干旱少雨,年降水量仅400毫米左右。因此,

① 库伦旗政府办:《库伦旗脱贫攻坚战取得2018年末贫困率下降到2.75%的显著成效》[EB/OL].(2019-09-24)[2022-10-03].http://www.kulun.gov.cn/klq/c100023/2019-09/24/content_533b074673b147f888c8717c38db9976.shtml.
② 张立峰:《2020年政府工作报告》[EB/OL].(2020-04-29)[2022-12-03].http://www.kulun.gov.cn/klq/c100022/2020-04/29/content_d20AAAA11ae6fc4239bf3be90608AAA2cAAAA.shtml.
③ 田凤元:《内蒙古库伦旗:全力打造库伦荞麦区域公用品牌》[EB/OL].(2022-06-23)[2022-12-03].https://nm.cnr.cn/yaowen/20220623/t20220623_525878262.shtml.

选种抗旱耐贫瘠、生长期短的粮食作物是库伦旗农业生产的显著特色,由此演化孕育了区域传统特色产业——荞麦产业。库伦旗立足荞麦的产量、区位、文化、品牌优势,以市场需求为导向,大力推进荞麦种植,将其作为减贫增收的特色优势产业,给予政策、资金、技术等多方面的扶持。

一是完善强农惠农政策,发挥政策引导作用。旗政府制订实施荞麦振兴计划,利用各项强农惠农政策,加大金融信贷扶持、创新产业扶贫保险,鼓励支持种植区农牧民自种,同时在优势产区建立绿色无公害荞麦种植基地,大力推广规模化种植,使全旗荞麦常年播种面积稳定在20万亩,总产量达到3万吨,农村牧区除去草牧场和适合种植大田作物高产田外,荞麦种植覆盖面达95%,覆盖人口达12万人,种植区内人均1.5亩。

二是优化招商引资政策,大力培育引进荞麦产业项目。库伦旗坚持把"抓招商、引项目、扩投资"放在产业发展的重要位置,持续强化招商要素保障,优化营商环境,培育创新型企业,为荞麦产业化发展提供强大支持。制定《库伦旗招商引资优惠政策》《库伦旗2021年优化营商环境工作实施方案》,通过扩大资金扶持、优化土地使用方式、加强基础设施建设等措施持续优化营商环境,培育引进荞麦种植、荞麦深加工等重大项目,如玉米荞麦轮作项目以库伦镇文都板嘎查等50个嘎查村为重点,发展集中连片荞麦核心种植区10万亩;2021年与杭州知地农业科技有限公司签订关于库伦荞麦大健康产业综合项目[①],推动地方就业、提高农业产能。

### (二)强化基本要素保障,夯实产业发展基础

健全的产业发展要素是特色农业产业发展的重要基础。库伦旗坚持优化产业发展的生态环境和经济环境,促进土地、设施、技术、人才等基本要素汇聚乡村,助力荞麦产业规模化、优质化发展。

一是持续推进水土治理,提升土地生产力。耕地是增强农业生产力的根本保障,库伦旗曾长期受困于自然地理环境恶劣之苦,由于山地丘陵居多、全年降水量偏少,土地瘠薄、肥力不足,水土流失严重,农田基础设施薄弱,农业产业化发展受到多方阻碍。库伦旗基于现实考察,狠抓全旗水土治理、耕地保护、生态建设工作,实施土地平整、高效节水灌溉、耕地质量提升等工程,不断扩建高标准农田规模,大规模开展水土保持综合治理,提高了土地利用质量和效益。截至2020年底,库伦旗已建成高标准农田规模43.91万亩,投资总额5.71亿元。

二是依靠技术服务产业,推动产业提质增收。一方面,围绕荞麦产业发展的重点环节,构建"产学研用"联合协作机制,加强校企产学研合作与科技项目建设,与内蒙古民族

---

① 库伦旗政府:《库伦荞麦大健康产业综合合作项目》[EB/OL].(2021-08-24)[2022-10-03].http://www.kulun.gov.cn/klq/zsdt/2021-08/24/content_a57a866a78e64b8AAA2f881AAAd31cdf06.shtml.

大学、中国科学院、中国农业大学等院校签定校地合作协议,建立农业科学实践基地、产业技术创新联盟等,攻克技术难关、集聚技术人才、转化技术成果。另一方面,强化科技兴农、智慧兴农,加大品种选育、种植技术攻关、管护方式升级等力度,着力推行"三个统一",即统一选种、统一病虫害防治、统一田间管理等标准化栽培技术,降低种植成本,提高种植收益;建立种植技术基地、种子繁育基地、良种选育和提纯复壮圃、种植对比示范区等,引进培育适应性强、丰产性好的优良品种,探索节水高效种植(见图1)、机械化耕作模式,提高荞麦生产的轻简化、高效化、规模化和集约化,为荞麦产业发展注入强劲的技术驱动力。

图1　播种机正在紧张有序地进行荞麦播种作业
(图片来源:库伦旗人民政府)

三是有效激发科技人才活力,提供产业扶贫人才支撑。一方面,发挥对口协作帮扶优势,联合推动科技人才下沉,帮扶单位选派驻村第一书记、驻村干部、科技员等入驻各村镇,以"项目引进人才"方式吸引科研团队进驻,如中国科学院自2013年起就对口帮扶库伦旗,派遣科技副职入旗,针对贫困户、贫困村通过"一对一""点对点"的培训指导方式,普及推广荞麦高效栽培、病虫害防控等实用技术。另一方面,精准化培养乡土人才,激发内生动力,通过乡土人才自荐或他人举荐参加各种技能竞赛的形式,遴选出具有专长的实用型人才;出台相应的乡土人才培养方案,成立人才培训专项资金,建设乡土人才实训基地、田间课堂,以集中培训、田间现场指导的方式培育荞麦种植能手,提高乡土人才技能水平和带富能力;鼓励乡土人才开办技术中介服务机构,面向农民普及荞麦种植知识,并推荐优秀乡土人才参加"科尔沁英才"等评选活动,提高知名度,发挥其聪明才智和榜样作用。[①]

① 李凤楼:《库伦旗:精准化培养乡土人才》,《实践(党的教育版)》2016年第8期。

## (三)加强产业管理和扶持,创新资产收益扶持机制

产业扶贫的最终目的在于激活贫困人口的脱贫内生动力、实现贫困人口的增收致富。库伦旗因地制宜创新荞麦产业的经营管理模式与扶贫机制,探索实施产业融合、项目带动、村企"联姻"等多元资产收益扶持机制,多方建立与农牧民的利益联结机制,推动村集体经济扩量提质增效,农户持续稳定增收。

一是依托党支部领办合作社引领增收。创新"党支部领办合作社 + 基地(公司) + 农牧户""党组织 + 合作社 + 企业 + 贫困户"扶贫模式[1],将集体"三资"折股量化、参股入社,引导农户以土地、资金、技术、劳动力等多种形式入股,有效推动资源变资本,资金变股金,牧民变股民,带动集体经济增收、农牧民致富。2020年,示范党支部领办合作社32家,让更多农牧民收益的同时也增加集体经济收入,通过示范项目扶持嘎查村集体经济平均增加1万元以上[2],充分发挥了基层党组织的带头引领作用。

二是通过村企社合作抱团发展促进增效。建立"公司 + 合作社 + 基地 + 农户"的经营模式,大力培育龙头企业,积极扶持壮大本土非公企业,与农村牧区资源优势对接共建扶贫基地,引导多个苏木乡镇、嘎查村与荞泰生物科技、蕴绿菌业食品、绿洲食品、绿研农业等龙头企业建立良好协作关系,通过与合作社联合经营、发展订单式种植、庭院种植、提供就业岗位等,实现抱团协同发展。

## (四)优化供产销环节,推动产业链延展升值

库伦旗在发展荞麦产业推进农村牧区脱贫致富过程中,从种植源头到终端消费持续注入资金、科技、市场活水,鼓励发展荞麦龙头产业,培育新品种、研发新产品,加快延展荞麦产业全链,逐渐使荞麦走上科学化种植、标准化生产、产业化发展和高附加值经营的道路。

一是抓好荞麦集中连片规模化种植,实行统一种植、技术指导和管理,提升荞麦品质与市场占有率。库伦旗大力引进推广荞麦新品种种植和绿色种植技术应用,建设荞麦核心示范区和标准化示范基地(见图2),以绿色有机为主攻方向,以标准化种养为手段,提升荞麦产量与质量,扩大荞麦市场占据份额,增加农业收入。

二是提高企业精深加工能力,开发荞麦高附加值产品,延展价值链。积极打造以库伦荞麦为主的现代农牧业产业园,培育和引进绿色农产品加工龙头企业,建设荞麦初加工、精加工、深加工生产线,深化产品研发,在传统荞麦米、面等产品基础上研发出了荞麦酒、茶、蜂蜜、药品等产品,融入民族文化元素,开发出"科尔沁荞壳文化枕"等系列产品,实现荞麦产品系列化、多样化和品牌化,推动产业链延展升级,提升库伦荞麦产业价值和影响力。

---

[1] 包旭东、梅英:《库伦旗:多元化发展推动嘎查村集体经济提质增效》,《实践》(党的教育版)2021年第2期。
[2] 通辽党建:《库伦旗:党建引领激活乡村振兴"红色引擎"》[EB/OL].(2022-09-19)[2022-12-08].https://m.thepaper.cn/baijiahao_19973552.

图2  荞麦产业种植集中连片种植示范区
(图片来源:库伦旗人民政府)

三是推进电子商务发展,延伸营销网络,提升荞麦产业变现能力。库伦旗抓住互联网销售的机遇,通过搭平台、强队伍、优服务,大力发展电子商务、培育电商主播,开设网店、微店,拓展荞麦产品销售渠道,采取"线上平台＋线下订单"销售模式,线上在"人民优选"公众号、抖音、快手等网络平台销售,线下通过与商超、餐饮对接和特色农产品进京、展销会等方式签订订单合同,推动荞麦产品销往国内外,提升产业扶贫效益。

### (五)强化品牌建设,提升产品市场优势

库伦旗紧紧依托"库伦荞麦"既有品牌优势,加快实施品牌巩固提升、品牌创新融合等工作,聚力提升"库伦荞麦"品牌核心竞争力。

一是抓好品牌宣传,提升现有品牌知名度。加快荞麦产品"两品一标"认证,提高农产品品牌意识,从提高荞麦产品源头品质着手,对规模化种植和加工产品进行无公害农产品和绿色有机食品认证,树立产品公众形象;联合采取"政府搭台、市场运作、企业参与"的模式,组织优秀企业积极参加大型展销会、交易会,开展宣传推介活动。

二是打造文旅、绿色健康等融合品牌。依托"中国荞麦文化之乡""中国安代艺术之乡""中国蒙医药文化之乡"等国字号文化名片,通过开发优质荞麦加工产品,打出"低脂、低卡、轻食、均养"口号,推出荞麦食疗、荞麦保健等品牌,举办"荞面、拨面、饸饹"等美食节和"荞麦花节",打造万亩"荞麦花海"观光旅游项目,大力推动荞麦产业相关的餐饮、文化、旅游的融合发展,提升荞麦的生态价值、经济价值、食用价值,带动低收入群体多渠道增收。

## 三、发展成效

库伦旗围绕着做强做大做优荞麦产业的目标，不断优化产业结构、调整布局，补齐短板、发挥优势，全旗荞麦生产基地日益壮大、产业体系日趋完善、辐射带动能力明显增强，为实现乡村振兴奠定了坚实基础。

### (一)荞麦产业发展形势良好，品质更有保证

在全旗大力支持和推进下，荞麦产业发展势头迅猛，通过建基地、育龙头、引技术等措施，改良新品种、升级播种手段，库伦荞麦已从十年前的粗犷种植转变为科学、精准种植，单产稳定提高、种植成本最小化、种植收益最大化，农牧民不再把荞麦当作"救灾救命作物"种植，而是发家致富的优先选择，有效巩固了产业发展的源头保障。目前，建成集中连片荞麦标准化示范基地1万亩、集中连片荞麦核心种植区10万亩、荞麦种子繁育基地1000余亩，荞麦种植面积长年稳定在20万亩，总产量达3万吨，保障了产业链源头。注重荞麦种质升级，与多个专家团队合作，先后引进了20余个甜、苦荞品种进行试种，实现种植优种化，甜荞亩产从100千克提高到150千克，亩增收200元，苦荞单产从120千克提高到170千克，亩增收250元，农牧民种植收益得到有效保证。2019年起，在中科院西北所技术和物资支持下，库伦旗开展了燕麦＋荞麦的复种技术模式示范，大幅提高了库伦荞麦的品质和产量，实现土地资源和产业发展双增效。

### (二)产业链条纵深推进，品牌影响力持续扩大

随着荞麦振兴计划的持续推进，库伦旗大力培育精深加工企业、强化品牌优势建设和高附加值产品开发，使"库伦荞麦"品牌价值得到了提升、品牌价值链不断延展，催生了库伦荞麦产业带动周边市县荞麦种植的"洼地效应"。通过打造"产购储加销"于一体的全链条现代化农业产业园，丰富产品体系，推广精深加工及产品研发等工作，统一种植标准、技术规范、监管体系，共培育壮大年销售5000万元以上的荞麦产品及衍生产品生产龙头企业4家、合作社1家，全旗荞麦商品加工转化率达到80%以上[1]，特色荞麦产品生产、加工、销售企业已初具规模。充分发挥库伦荞麦"地理标志保护产品"品牌优势，发布了"库伦荞麦"区域公用品牌，培育了"荞管家""包果实"等精深加工品牌，打造了一批省级名优特荞麦产品，远销日本、韩国、俄罗斯等国家；有效衔接融合了特色民族文化、餐饮文化、生态旅游资源，形成了高价值特色产业链，打破了种植、加工等荞麦产业基础链条益贫范围窄、增收受限的"天花板"，成功将农产品变成商品、资源优势变成经济优势。

① 库伦旗政府:《库伦旗积极发展荞麦产业助推经济高质量发展》[EB/OL].(2021-08-26)[2022-12-06].https://www.tongliao.gov.cn/tlzfwz150500/qxdt/2021-08/26/content_38f1f51be2df45878ed688625bd2f8fc.shtml.

### (三)产业扶贫成效凸显,辐射带动能力不断增强

库伦旗以发展荞麦产业为抓手,以农牧民创收入、增收益为目的,立足经济社会发展实际,通过精准帮扶、政策引导驱动、社会力量推进,达成了传统特色产业发展提升与农牧民增收脱贫的双赢。促进龙头集中,提升荞麦产业带富活力,以内蒙古荞麦生物有限公司为龙头,建立了公路沿线荞麦观光区;荞泰生物科技有限公司入驻库伦旗,通过深加工和有机食品论证提高荞麦收购价,使每户每年增加纯收入1500~2000元,人均年增收400~500元。同时制定相应补偿政策鼓励企业吸纳低收入群体固定就业、灵活就业,解决他们的日常生活问题。①重点推进订单农业项目,引导绿研农业开发、绿洲食品有限公司流转土地6200亩,谷龙塔商贸有限公司与农户签订3000亩荞麦种植订单等,利益联结机制不断深化,带贫减贫效果逐渐凸显,贫困农牧民获得了稳定的好收益。

## 四、经验启示

### (一)积极发挥政府职能,集聚发展要素保障产业发展

政府是地区优势特色产业发展的主导力量,要发挥好规划引领、政策支撑、要素保障等作用,形成资金、人才、产业汇聚的良性循环。一是强化顶层设计引领,做好产业扶贫设计,聚焦过渡期的"巩固拓展"和"有效衔接"重点工作,因地制宜出台产业发展的相关政策,创新产业发展模式,推动产业扶贫与产业振兴的有效衔接。二是抓好人才培育关键,完善产业发展智力支撑。通过"外引内育",创新人才引进政策,深化与科研院所、科技部门等人才协作机制,引进产业技术人才、科技创新人才,提供农业种植、生产、加工技术指导;抓实本土人才挖掘和培育工作,整合培训资源,创新产学研示范基地、田间课堂等教育培训方式,开展针对性强、方式多样的培训,着力培养一批新型职业农民,夯实巩固产业扶贫成果的人力资源基础。三是加大招商引资,培养龙头企业,增强金融支持。通过改善营商环境,完善涉农资金统筹整合长效机制,积极协同各大金融机构,引进和培育创新型、成长型企业,破解融资难题,带动本地区农牧业规模化、产业化发展。

### (二)因地制宜精选产业,全链条培育优势特色品牌

因地制宜地选择特色产业,是产业精准扶贫的前提,深刻影响到农民的增收与农业农村的长远发展。一是立足本地资源禀赋优选产业,深入分析地区的产业构成和对地区经济的贡献度,遴选兼具本土化发展潜力大和市场化适应能力强的特色产业项目,避开替代

---

① 张铜会、王竑盛,韩永滨:《内蒙古库伦旗科技扶贫活动的实践与思考》,《中国科学院院刊》2018年第10期。

性强的产业和短平快的项目。二是精心谋划产业发展,遵循纵向延伸、横向拓宽的产业发展思路,夯实产业发展基础,强化科学技术支撑,从种植、生产、加工各个环节着手,提高良种率、推进规模化机械化种植,纵深推进产业链条朝着深加工和精加工方向延伸,不断提升产品附加值;横向拓宽扶贫产业链,加强地方优势产业整合,推动特色扶贫产业与地区文化、自然、饮食等资源相结合,实现一二三产业融合发展,提升产业扶贫益农的辐射能力和覆盖面。三是实施品牌战略,扩大农产品品牌效应,着力从扶贫产业品牌设计、品牌宣传、品牌保护等方面提升产业产品知晓度、认可度与美誉度,建立完善农业品牌保护协作机制和激励机制,鼓励引导企业申报产品商标、进行产品认证,参加大规模展销会推介会,让农业品牌的竞争力、影响力、带动力显著提升。

### (三)提升产业发展质量,构建产业发展长效机制

以生态保护为前提的绿色产业发展是维系生态、经济、社会三方动态平衡,实现乡村产业高质量、可持续发展的内在要求。一是处理好产业发展与环境治理的关系,突出绿色发展理念,走保护生态绿色发展之路,走品质提升、优化种植结构之路,强化农业技术,创新发展绿色农业,将丰富的生态资源转化为生态资本再转化为生态产品,创造财富惠及更多脱贫人口。二是引导脱贫群众转变思想观念,从曾经的"靠山吃山"转变为"养山富山",靠能力、靠技术增强内生动力,巩固拓展脱贫成果同乡村振兴有效衔接,形成生态保护与经济发展的良性互动格局,促进逐步实现共同富裕。

### (四)建立和完善利益联结机制,调动农户参与积极性

合理的利益联结机制是调动农户参与积极性、让农户充分享受农业发展红利的重要一环。一是构建有效的利益联结机制,根据产业发展、市场需要等具体情况,培育一批管理规范、运行良好、带动能力强的专业合作社和企业,创新和推广采用联建联种模式,以"合作社＋""企业＋"等形式将贫困户融合到合作社和企业中协同发展,形成集体合力并产生带贫增收的强大效力。二是培育多元帮扶主体,通过推动企业、高校、社会组织等多方协作,集聚社会力量,提供产业发展技术、人才、资金等支持,形成产业发展合力。

*作者:李永雪,西南大学国家治理学院社会工作专业硕士研究生,研究方向为社会工作与乡村振兴;刘新智,西南大学经济管理学院教授,博士生导师,研究方向为城乡融合发展。*

# 立足禀赋活产业　特色农牧换新颜

## ——以内蒙古察右前旗发展产业脱贫为例

**内容提要**：产业脱贫是增强贫困地区造血能力，打赢脱贫攻坚阻击战的根本之策。内蒙古乌兰察布察右前旗在充分调研当地资源禀赋的基础上制定脱贫方案，把住产业脱贫"铁抓手"不动摇，统筹资源综合运用特色农牧种养扶贫、生态农业扶贫、产业转移扶贫、电商产业扶贫、光伏产业扶贫以及乡村休闲旅游扶贫等模式，盘活资源要素、打造特色产业集群，实现贫困群众稳定增收，从而激活贫困地区的发展活力和内生动力。整体来看，察右前旗通过"三个强化"振奋扶贫工作队、发展特色农牧推动群众增收以及承接转移产业稳定人民就业等举措带动贫困群众脱贫致富，为加快农业农村现代化奠定坚实基础。因此，脱贫攻坚要深入汲取本土资源养分，注重一二三产业协同发展，千方百计保证居民稳岗增收，协同脱贫攻坚成果同乡村振兴有效衔接。

内蒙古乌兰察布察右前旗曾是国家扶贫开发重点旗县，地处内蒙古自治区中部地带，一度深受贫困问题困扰。"十三五"以来，察右前旗响应党中央打赢脱贫攻坚战号召，乘时代机遇，发挥地处北方交通枢纽的区位优势，深挖农牧条件、矿藏能源、人文景观等资源禀赋，大力推广现代化特色农牧产业，积极承接首都转移产业，狠抓基层驻村队伍政策落实，当地特色产业蓬勃发展，带动经济效益、民生水平、人居环境稳步提升和改善，成为现代化农业助力脱贫的先行代表，为减贫事业提供了良好的借鉴意义。

## 一、基本情况

察右前旗全名为察哈尔右翼前旗，隶属内蒙古自治区乌兰察布市，辖区面积2440平方千米，总人口20.85万人，农村常住人口6.1万人。"察哈尔"在蒙古语中表示"边"的意思，因地处边外而得名。作为国家扶贫开发重点旗县，察右前旗原有重点贫困村77个，其中深度贫困村21个,建档立卡贫困人口6356户13368人,贫困发生率较高。①在全党凝心聚力打响脱贫攻坚战之际,察右前旗立足当地区位优势与资源禀赋,化时代挑战为发展机遇,确定了现代化农牧产业发展的造血式扶贫导向,不仅在2020年实现脱贫摘帽,更打响了绿色可持续发展的旗号,并成功入选"第五届自治区文明城市""农业现代化示范区"以及"第三批国家农业绿色发展先行区",在脱贫旗县中极具先进性与典型性。

## (一)区位交通条件优越

在地理位置上,察右前旗背靠首都北京,位处北方交通要塞,区位优势得天独厚。察右前旗东距首都北京仅320千米,西至呼和浩特138千米,且呈U形环绕乌兰察布中心城区,地处环渤海经济带、京津冀城市群和呼包银榆经济圈结合部,是连接东北、华北、西北三大经济区的交通枢纽,也是西部地区距离北京最近的旗县之一,在承接京津冀地区产业群中具有领先优势,为产业对口帮扶、招商引资以及产业园培育等创造了良好的先天条件。

在交通运输中,察右前旗境内公路、铁路干道四通八达,已初步融入全国高速、高铁、机场等交通网络,并正式加入北京"人流一小时交通圈""物流三小时经济圈"。其中,乌兰察布高铁站区致力于将自身打造为"立体交通的枢纽、中心城市的亮点、商务经济的高地和面向国际的窗口",以实施"两横四纵"的道路建设和景观水系工程为重点,起到了互联互通的关键作用。②

## (二)具备产业资源禀赋

察右前旗自然地理条件优越,适宜发展现代化农牧产业。地处黄旗海冲积平原地带,察右前旗土地肥沃,总耕地面积达72.8万亩,含水浇地25亩,有利于实现农牧业专业化、机械化、集约化生产,推广更加高效的现代农业生产技术,为培育现代化农业产业园区奠定了基础。同时,当地以特色农畜产业作为支柱产业,种植马铃薯、甜菜、燕麦、小麦、莜麦等果蔬粮食作物,并开展生猪、肉鸡、肉牛、肉羊、奶牛等规模化养殖。

此外,该旗拥有丰富的自然资源和文化旅游资源,具备原材料加工、旅游资源开发优势。目前,全旗已探明的矿藏储量高达18种,当地可利用树脂粉、木材、金属、清洁能源等资源优势广泛招商引资,进一步延长产业链条,聚力打造现代化循环经济示范先行区。在

---

① 察右前旗融媒体中心:《察右前旗:凝心聚力打赢脱贫攻坚战》[EB/OL].(2020-06-10)[2022-11-20].http://www.nmgsjw.cn/nmgsjzzsapp/ztlm/202006/t20200605_6698.html.

② 察右前旗人民政府:《前旗简介》[EB/OL].(2022-11-20)[2022-12-07].http://www.cyqq.gov.cn/information/cyqq_zf11378/msg2821356892181.html.

文旅资源中,察右前旗属于多民族聚居地带,具备蒙、满、回等多元民族文化特色,可融合民俗体验与草原文化打造风情小镇;当地还保留了黄海旗湿地、元代集宁路遗址、沟子庙遗址等自然人文景观,是壮大旅游业的宝贵财富。

## 二、主要做法与经验

### (一)"三个强化"凝聚扶贫主力军

在脱贫攻坚阻击战中,察右前旗坚持将组织优势转化为发展动力,坚持贯彻"三个强化"有力举措,凝心聚力提拔融得进去、沉得住气、留得下来的扶贫工作队,有效提振了驻村干部助推脱贫的精气神,保证当地高质量完成减贫任务,能接受国家和人民的考验。

其一,强化工作机制落实,狠抓基层管理落实到位,确保每名干部各司其职、履职尽责。通过建立召回机制将不能胜任工作岗位的驻村干部及时调回,选派组织骨干人才驻守脱贫一线,着力培养留得下的扶贫新生力量。通过建立督查问责机制划定乡镇党委责任,发挥多方主体监督作用,倒逼基层扶贫干部落实政策、做出成绩。运用履职考评机制对驻村队伍进行季度考评,将其作为考核、提拔、评优的重要依据。其二,强化教育培训提升,采取"训、学、考"三步法,推动帮扶工作精准到位。察右前旗统筹各部门采取"集中培训、巡回培训、视频培训"三种模式,将线上线下"学"相融合,并颁布了"季度考试"制度,结合帮扶工作实际考察驻村干部,力求开阔工作队的学识眼界。其三,强化激励机制,给予资源保障。察右前旗各机关秉持"政治激励、组织关怀和待遇保障"的原则关心基层干部,极大地激发了干部工作热情。[①]

### (二)特色农牧书写"大文章"

察右前旗依托京蒙产业帮扶机制,精选特色农牧产业项目,大力发展以果蔬、安格斯肉牛为主导的特色产业,坚持走特色化、品牌化、规模化、生态化发展道路。目前察右前旗已成为举国闻名的番薯之都,更被誉为首都的"中央厨房",为当地创造了巨大的经济效益。

其一,大力推广土地流转,实现规模化集约生产。据统计,当地土地流转面积达20.2万亩,规模化种植率达27.7%,农业单项机械覆盖率达到90%以上。其二,发挥政府招商引资作用,引进扶持龙头企业,实现特色化生产。察右前旗依托北京大兴区农业龙头企业众

---

① 乌兰察布党建网:《察右前旗聚力打造不走的扶贫工作队 提振驻村干部精气神助推脱贫攻坚》[EB/OL].(2019-03-21)[2022-10-22].https://www.wlcbzg.gov.cn/wlcbdjw/view/316531.html.

多、农业技术水平成熟的优势,着力引进扶持了沃圃生、中泰农旅、老宋瓜王以及兴蒙源等种植型龙头企业、加工型龙头企业与流通型龙头企业,通过引进先进技术实现了农产品增收提质,借助加工型企业加快了当地产业升级,与流通型企业签订溢价包销协议,收购全旗滞销农产品。同时,全旗蔬菜种植面积达到10万亩,产量突破40万吨;马铃薯种植面积达15万亩,产量16万吨,生猪、肉牛、肉羊每年分别出栏12万口、2万头、65万只。其三,发挥品牌化效应,做强"蒙"号招牌。当前察右前旗共用品牌"前旗优鲜"正式启用,"三品一标"累计认证37个,其中甜菜与燕麦获评地理标识产品,28家企业纳入国家农畜产品质量安全监管追溯信息平台。其四,重视培育农业产业园区,补齐配套基础设施短板。为促进当地养殖业发展,2020年北京市投入京蒙资金2965万元,为43个村购买1900余头安格斯牛,当地共投资1.2亿元建成11个肉牛养殖园(见图1)。同时,为补齐保温大棚与果蔬保鲜设施短板,北京市累计投入京蒙资金4726万元,目前已建成冬暖式保温大棚137座,认购大棚80座,并投入650万建成用于果蔬保鲜的气调库和恒温库。[①]其五,依托电子商务平台打开销路,探索"互联网+消费扶贫"新模式,开拓销售路径促收益。察右前旗与北京市对口协作打通了进京"七进"销售渠道,并开创性地建成了全国首家智慧扶贫旗舰店"乌兰瑰宝"。

图1 察右前旗安格斯牛养殖业发展
(图片来源:察哈尔右翼前旗人民政府)

---

① 人民网:《京蒙产业帮扶助力察右前旗——以"产业扶贫"为引擎 驶入"脱贫致富"快车道》[EB/OL].(2020-09-04)[2022-10-22].http://rmfp.people.cn/n1/2020/0904/c433051-31849693.html[2022-10-22]。

### (三)承接产业转移带动就业

借助背靠首都的优越区位,察右前旗积极承接京津冀城市转移产业,不仅推动了本区域产业协同发展,更扩充了贫困户的就业渠道,带动了居民消费扶贫。察右前旗立足区域地理位置和交通优势,积极培育产业园区,推动产业集群。如两地合作成立的察右前旗京蒙合作产业园区已入驻工业企业181家,目前已成为招商引资的重要载体,仅2019年就实现工业总产值162.89亿元,固定资产投资完成37.79亿元,实现利税9.89亿元。同时,察右前旗以自然资源为基础,以产业集聚为导向,完善京蒙合作产业园区和天皮山园区基础设施,大力发展原料加工工业,目前已形成农畜品加工、冶金化工、木材家具、装备制造的产业格局,致力于建成自治区循环经济示范园。(见图2)此外,察右前旗始终秉持绿色可持续发展原则,竭力推广清洁能源开发,引进技术人才、强化环境保护。当地建成了总投资8.6亿元的香岛现代化农业设施园区10万千瓦光伏电站、总投资10亿元的洁源燃气综合利用项目以及总投资2亿元的扶贫电站项目。

图2　位于察右前旗的多得蒙公司,主导冶金化工生产
(图片来源:乌兰察布市人民政府)

## 三、初步成效

### (一)产业振兴效益高

察右前旗坚持发展产业脱贫不动摇,持续深化农业供给侧结构性改革,并通过工业园区的平台搭建大力发展二、三产业,不断优化产业结构,创造了大量就业岗位和增收途径,

为当地经济带来巨大收益,当地居民生活水平得到提升。据统计,全旗经济运行稳步向好,2021年完成地区生产总值78.1亿元,较上一年增长0.7%;500万元以上固定资产投资62.5亿元,增长12.9%;一般公共预算收入5.2亿元,增长4.6%;社会消费品零售总额18.15亿元,下降6.1%;城镇和农村居民人均可支配收入分别达到31815元和13548元,分别较上一年增长1.5%和9%。主要经济指标总量和增速位居全市前列。[①]

同时,察右前旗正在加快建成国家现代农业产业园项目,规划占地面积1200平方千米,覆盖当地5个乡镇、70个行政村,总投资15.98亿元,以"全域产业化""全域生态化"和"全域特色化"为发展框架,以马铃薯、果蔬产业为主导产业,打造"一核两翼三园"的产业发展格局,可辐射带动察右前旗19万亩马铃薯、8万亩果蔬以及乌兰察布400多万亩马铃薯、70多万亩蔬菜规模化发展,将有效形成优势特色主导产业集聚,提升联农带农成效,促进产村融合发展,为推动乡村振兴发挥示范引领作用。[②]

### (二)公共服务稳民生

公共服务作为建设和谐文明社会的重要保障,事关民生问题的方方面面,是决定贫困群众生活满意度和幸福度的关键环节。察右前旗人民政府经济效益、人民利益两手抓,全力协调经济发展与群众快速增长的公共需求之间的矛盾,竭力打造服务型政府。据统计,当地70%的公共财政预算支出用于民生事业的发展,将解决落后地区人民发展需求摆在首位。"十三五"期间,共计投入民生资金91亿元,城镇累计新增就业4470人,城镇和农村居民人均可支配收入年均分别增长6.4%和9.2%。对独居老人、空巢老人、大病患者、残疾家庭、多子女家庭等低收入特殊困难群体逐步实现了社会保险全覆盖,增强了其防范化解危机、抵御重大风险事故的能力。学前教育、义务教育均衡发展,职业中学校企联合办学成效显著。此外,察右前旗政府不断补全医疗基础设施,改善乡镇社区医疗卫生条件,增强居民防范健康风险能力。当地新建旗医院和疾控中心核酸检测实验室,提升了公共卫生应急管理能力。[③]

① 内蒙古自治区人民政府官网:《2021年乌兰察布市察右前旗政府工作报告》[EB/OL].(2021-10-22)[2022-12-07]. https://www.nmg.gov.cn/zwgk/zfggbg/ms/Ulanqab/202103/t20210318_1193219.html.
② 人民网:《察右前旗国家现代农业产业园开工》[EB/OL].(2022-10-22)[2022-12-07].http://nm.people.com.cn/n2/2020/0528/c196667-34047956.html.
③ 闫廷、王鹏程:《内蒙古察右前旗让人民群众在绿色发展中拥有更多获得感幸福感》[EB/OL].(2022-10-22)[2022-12-07].https://www.163.com/dy/article/GON0B4S705372TVG.html.

### （三）绿色宜居可持续

为改善贫困群众人居环境，逐步实现退耕还绿发展战略，察右前旗坚持落实易地扶贫搬迁项目，自2016年以来，新建易地扶贫搬迁集中安置点48个，彻底将贫困群众"挪出穷窝"，圆了脱贫群众的安居梦。同时，各级政府积极解决老旧小区居民生活难题，为居民提供更好的人居环境和高品质的生活空间。

为治理污染问题，缓解城镇化与产业化发展难题，当地路灯启用智能控制系统、实现智慧亮灯，新增绿化19.3万平方米，赛汉污水处理厂日处理能力提升至3万吨。土贵乌拉镇，工业街、土贵山路等11条道路及配套管网全部完工，新增绿地3万平方米，20个老旧小区完成改造，850户非成套住房改造开工建设，居民小区物业管理实现全覆盖。乡村生活垃圾分类试点在平地泉镇花村、南村启动实施，玫瑰营镇王贵沟村被评为国家森林乡村，9个行政村绿化覆盖率达到35%，乡村公益性墓地完成选址，整治交通沿线乱埋乱葬492处。同时，蓝天、碧水、净土保卫战持续发力，空气质量优良天数比例达91%，饮用水水源地水质达标率稳定在100%，土壤环境质量整体良好，中央环保督察及"回头看"和草原生态环境问题专项督察反馈意见全部办结，污染防治攻坚战阶段性目标任务圆满完成。

## 四、经验启示

### （一）实事求是发挥资源禀赋优势

整体来看，乌兰察布察右前旗党委与各级机关正是在充分挖掘本地资源禀赋的基础上，联合调动土地、气候、矿产资源、清洁能源以及生态景观等资源优势，协同做好脱贫攻坚全局规划蓝图，打造集农牧业产业扶贫、"菜单式"扶贫、文化旅游扶贫、光伏扶贫、生态扶贫、电商扶贫于一体的精准脱贫重点工程，从而取得脱贫摘帽、产业振兴的巨大成效。因此实现减贫目标必须统筹战略发展全局，因地制宜发挥本土资源优势，组织专业考察团队深入基层调研走访，掌握当地发展的一手资料，做好减贫发展"建设文章"与"规划文章"，切实做到量体裁衣、精准施策、动态调整，在坚持扶贫的同时，下足绣花功夫，逐一击破重大民生问题，切实提高贫困群众的安全感、满意感和幸福感。

### （二）引导扶持一、二、三产业协同发展

产业脱贫作为察右前旗的一大优势，其产业结构却仍然是以一二产业占据主导优势，环境污染、资源消耗现象较为突出，服务业等新兴行业发展潜力巨大。减贫政策制定要引导一、二、三产业协同发展，坚定走绿色发展、生态优先的可持续发展道路，推动经济实现

高质量发展。因此,产业脱贫一要做到因地制宜科学规划后续产业建设蓝图,引导培育产业园区,补齐产业园区配套设施。二要鼓励多样化产业均衡发展,完成产业转型升级。产业建设中要秉持"宜农则农、宜养则养"的发展原则,推广高效的生态农业种养模式,鼓励农产品深加工,完成产业链延伸,利用品牌效应做大做强加工产业,积极开发当地旅游文化资源。三要充分利用合作组织和帮扶机制,统筹可用资源招商引资,运用电子商务打通销售渠道,做强本土经济。

### (三)千方百计扩充增收渠道

察右前旗的群众能过上脱贫致富的生活,正是将鸡蛋放进了不同的篮子里的结果。一名劳动者可能同时从事着果蔬种植业、畜牧业,非农忙时段则在扶贫车间做工,通过多渠道就业确保收入稳定,从而具有更强的风险抵御能力。因此,要扩充多渠道增收途径,一靠成立跟踪帮扶小组,按户制定多渠道增收方案,可运用大数据制定每家每户的就业帮扶台账,统计各村落的收入水平、就业需求与就业经历,统筹当地发展规划制定发展方案,并持续实时更新就业帮扶台账。二靠统筹整合各地资源,千方百计促进群众就业。要立足地域现有资源,运用好对口协作机制,扩大就业辐射面积,增补群众就业岗位。持续贯彻落实劳务输出就业、以工代赈就业、公益性岗位托底就业、整合资源促创新就业、帮扶车间就业、产业培育就业以及互联网信息就业,实现多样化、多领域、全民性就业。三靠树立先进致富典型,集中民智带头创业。各地要甄选优秀脱贫案例和创业致富能手,广泛宣传先进事迹,开展创业经验宣讲会和动员会,在创业能手带领下打造"先小范围试点后各村镇推广"的创新创业模式。相关部门要通过提供小额信贷、无息贷款等方式鼓励民众创业致富。倡导群众自发组织集约化农业生产合作社、公私合营企业等生产联合体,提高生产效率和产品质量,通过分红等方式切实增加农民收入。

作者:彭欣,西南大学国际学院汉语国际教育专业硕士研究生,研究方向为汉语国际教育与乡村振兴;刘新智,西南大学经济管理学院教授,博士生导师,研究方向为城乡融合发展。

# "点餐带跑"兴产业,"原生优势"富家园

## ——内蒙古兴和县产业发展助脱贫摘帽案例

**内容提要**:内蒙古乌兰察布市兴和县作为国家扶贫开发重点县,肩负着让全县贫困户脱贫致富、保持"四个不摘"、实现可持续发展的重大使命。自脱贫攻坚战打响以来,兴和县委及政府带领兴和县民众积极践行脱贫摘帽,发展产业致富,实施"点餐式""龙头企业带领式"等多模式并存的产业扶贫、带贫减贫机制,从农户的实际利益出发,因地制宜地发展生态化农业、工业及旅游业产业,为兴和县量身规划产业振兴道路,挖掘原生资源优势,大力拓宽农户就业面,切实落地居民脱贫政策,为今后的产业振兴铺就道路。

内蒙古自治区乌兰察布市兴和县地处蒙晋冀三省交界处,素有"鸡鸣闻三省"之称,是内蒙古距离首都最近的县。兴和县可利用土地资源丰富,农牧业兴盛,兴和县委及政府采取了"点餐式""龙头企业带领式"等多模式并存的产业扶贫、带贫减贫机制,致力于补短板、强弱项,做好长效脱贫、防返贫工作,因地制宜发展特色农牧业、旅游业项目,保障贫困农户的收益,做到了产业发展生态化、可持续化和民众致富有保障。

## 一、基本情况

### (一)兴和县地理位置及贫困人口现状

兴和县位于内蒙古自治区乌兰察布市东南部,毗邻晋冀两省,是京津冀、呼包鄂乌两大经济圈的重要节点。同时,作为革命老区,兴和县也是国家扶贫开发重点县、国家"燕山一太行山"集中连片特困扶贫县、自治区深度贫困县。[①]在党和政府的坚强领导下,兴和县各族群众上下同心、尽锐出战,圆满完成"摆脱贫困"的历史使命:全县87个贫困村全部出列,9034户20427名贫困对象全部脱贫,贫困发生率历史性地降为0,全县脱贫人口人均纯

---

[①] 张杨、赵新宇:《兴和县:贫困户住上了砖瓦房》[EB/OL].(2019-05-30)[2021-11-20].https://baijiahao.baidu.com/s?id=1634855850605964340&wfr=spider&for=pc.

收入由2014年的2563元增加到2021年的12355元。[①]

## (二)种植业及养殖业现状

截至2021年11月底,兴和县统计总耕地面积246.1万亩,享有丰富的土地资源。兴和县主产的粮食作物有马铃薯、玉米、蔬菜、油料(胡麻)及其他杂粮杂豆。以甘蓝、洋葱、红萝卜、西芹、白菜为代表的蔬菜,已获得自治区无公害农产品及生产基地、销售点挂牌认证和国家有机农产品转换认证。家畜、家禽主要品种有奶牛、寒羊、当地绵羊、绒山羊、生猪、獭兔、柴鸡、肉鸡等。其中奶牛饲养量3.2万头,肉羊饲养量38.83万只,生猪饲养量6.72万头。

兴和县的特色农牧业产业发展取得显著成果,充分提高了各项产业的综合能力和整体竞争力,从原有的以规模取胜思维向追求效益质量转化,实现了粗放式经营向集约式经营转变。区域内凭借原生优势,重点建设了一批特色农畜产品产业带,包括马铃薯、冷凉蔬菜(见图1)、以燕麦为主的杂粮杂豆,以及生猪、肉牛、肉驴、肉羊等,充分发挥地域联结优势,致力于打造面向京津冀地区的绿色农畜产品生产加工输出基地,并同步推进对应的农牧业基础设施建设。

图1　在兴和县大库联乡蔬菜种植基地,当地村民正忙着采收西芹、红萝卜等蔬菜
(图片来源:兴和县人民政府)

---

① 乌兰察布市乡村振兴局:《兴和县:十年来 脱贫攻坚"稳成果" 乡村振兴"加速度"》[EB/OL].(2022-01-06)[2021-11-20].http://fpb.wulanchabu.gov.cn/information/wlcb_fpb11715/msg2962958578561.html.

## 二、主要做法及经验

自2017年以来,兴和县政府大力推进产业扶贫,灵活实施多种模式的帮扶手法,包括"带资入股"扶贫、"订单经营"扶贫、"捆绑点餐式资金"扶贫、村集体经济带动式扶贫、龙头企业带动式扶贫、旅游业致富脱贫、光伏扶贫及农村电子商务发展等,保证各贫困农户完成与合作社、龙头企业及农业产业园的对接,根据自身劳动能力落实就业并获取实际收益,切实落地"精准扶贫"政策,确保了户户有增收项目、人人有脱贫门路。

### (一)产业蓬勃促兴旺

产业兴旺是乡村振兴的基础,但要从头建设一门产业,不仅需要资金与技术的支持,更不可或缺的是对产业发展的宏观思考与扎实的知识储备。对于长期深居于贫困农村的广大贫困户来说,这些都是迫切需要满足的前提条件。兴和县政府围绕该基本矛盾,进行了多方面的产业项目推进工作。

兴和县张皋驼绒絮片加工创业园利用原生服装加工产业优势,定向发展羊绒絮片加工产业项目,从而推进全县产业扶贫工作。该项目秉承物尽其用之原则,将乡镇闲置场地转化为厂房,以有劳动能力的贫困人员为主体,以来料加工为主要生产方式,吸引投资商前来经营管理,从而解决贫困人口就业问题,同时维持工厂稳定经营。该创业园投入运行后每年为当地创收集体经济5万~10万元,解决了当地100多人的贫困人口的就业问题,带动了精准扶贫户100户,每户每年增收500~1000元,推进本地商贸、餐饮、旅游等行业的发展,极大地带动了区域经济和社会发展,是兴和县开展产业脱贫工作进程中颇具成效的重大一步,为后续脱贫工作提供了优秀的案例。

兴和县以促进农民增收为核心,大力推动农牧业规模化、专业化、现代化经营,同时提升农牧业的基础设施水平,保证绿色农牧业有序推进,完善服务体系建设。农牧业的特色化培育主要体现在"四个农牧业优势产业"上,即马铃薯、冷凉蔬菜、杂粮杂豆和生猪肉鸡肉羊的产业发展。马铃薯种植已成为兴和县第一大农业主导产业,种植品种以冀张薯系列、荷兰系列、希森系列、V系列、华硕系列等新品种为主,至2020年总产量达到55万吨以上,充分带动了周边农户的种植发展。全县通过马铃薯种植流转土地20万亩,发展建设马铃薯合作经济组织20个,积极引进马铃薯全粉和淀粉加工企业,延伸产业链条。兴和县土豆已成为当地农民致富的"金豆"。同时,在产品培育之外,企业也不忘对农产品进行"品牌化塑造",加大农畜产品"三品一标"认证力度,打造优质绿色农畜产品品牌。通过与京津等地市场的对接,开拓农产品市场多方销售渠道,加快建设农产品外销平台,提升农畜产品市场占有率。

## （二）"集中点餐"促就业

为响应精准扶贫的号召，兴和县立足"培训一人、就业一人、脱贫一户"的工作原则，采取"集中式""点餐式"等培训法，向建档立卡贫困劳动者提供定向就业技能培训，提升了相当数量劳动者的就业能力。在兴和县的一个村镇里，数名贫困人员、低保户人员按自己的意愿组成了一支队伍，被带领到乌兰察布市参加了重载汽车驾驶、机电维修、汽车修理等就业技能培训，"需要什么技能就点什么"，这样的"点餐式"培训为贫困户自主选择就业项目扫除了障碍。精准扶贫农民李俊成就是"点餐式"扶贫的受益人之一。他在帮扶干部的指引下，从原来一事无成的醉汉，改头换面成了精通山羊饲养的养羊大户（见图2）。"集中式"培训旨在进一步提高劳动者就业能力，促进劳动者就地就业。各乡镇开展多项专项技能培训的同时，也为本地相关产业链输送了劳动力、提供了人员保障。

2019年8月，兴和县围绕"贫困人口脱贫、贫困村退出、贫困县摘帽"任务目标，加大了"点餐式"项目扶持力度。遵循到户到人的农牧业产业扶持原则，将总体对象确立为"全县除标注已脱贫不再享受政策以外的所有建档立卡贫困人口"，其中，对有劳动能力和技能的贫困对象，给予每人6000元的发展资金；对弱劳动能力和半劳动能力的贫困对象，给予不低于3000元扶贫资金支持。[①]贫困户可根据发展意愿对照"菜单"进行"点餐"，鼓励贫困群众通过自身努力实现脱贫。

图2　精准扶贫户农民李俊成和他的山羊群

（图片来源：兴和县人民政府）

---

① 兴和县人民政府：《我县六项举措全力推进产业扶贫》［EB/OL］.（2019-08-28）［2021-11-25］.https://www.xinghe.gov.cn/information/xinghe11593/msg2323157967465.html.

政府重点支持能够促进贫困户稳定增收、持续见效的特色农牧业、特色规模养殖业及种植业产业发展,兼顾促进贫困户快速增加收入的短平快项目,注重贫困户实际效益,确保贫困人口收入稳定、持续发展、产业壮大。例如,重点扶持贫困户发展马铃薯、杂粮杂豆及蔬菜种植和肉牛、肉羊、肉驴、生猪与肉鸡养殖。同时,兴和县保险公司为降低养殖风险、提高养殖效益,帮助贫困户在牛、驴、生猪、肉羊等畜牧养殖业上办理了风险担保,进而稳定增加产业收入。2019年8月,兴和县与农业银行和信用联社签订了"点餐式"项目贷款协议,贫困户若购买肉牛、驴等大畜,可贷款3000~10000元。该贷款协议有效解决了贫困户自筹能力不足的问题。

"集中式"产业扶贫,旨在结合贫困户实际情况,围绕扶贫中存在的自主发展劳动力欠缺、无大额资金来源等问题瓶颈,集中优势资源,因地制宜开展产业扶贫以达到长效扶贫的目的。其主要做法是发展种植或养殖产业,并在保障贫困户权益的前提下,按照一定比例给予贫困户一定分红,充分发挥产业扶贫的持续性和可靠性作用。

### (三)集体经济带发展

村集体经济带动式发展,就是利用村集体经济发展过程中的集体资产收益、财政涉农涉牧整合资金以及"三到村三到户"项目资金的资助,来进行精准帮扶、带动贫困户增收。①

一是,集体文化产业收益为贫困户提供资助。兴和县张皋镇榆树天村将集体养殖场出租给兴和县兴远农牧业专业合作社发展特种养殖,每年租金5万元,用于解决村中贫困户的困难和问题。张皋村在原关帝庙遗址上现建有张皋文化大院,并同期恢复端午节传统庙会和元宵节民俗文化活动,从而吸引了周边群众到此旅游,带动周边餐饮、农副产品销售产业发展。村集体将以上的文化旅游收益全部用于扶持贫困户发展。

二是,农牧业专项基金为贫困户提供帮助。例如,在杜波羊养殖计划中,兴和县兴远农牧业专业合作社和兴和县海义双丰农牧民专业合作社共养殖杜波羊220只,两个合作社连续6年每年向所属村委会缴纳8.8万元收益作为村集体经济收入,用于精准扶贫。其他典型的资金来源还包括黑枸杞种植收益、扶贫结余资金入股收益等。近年来,兴和县发展了中药材、花卉种植、特色种养业、电商扶贫、乡村旅游、光伏扶贫等六个重点扶贫项目,多方面增加贫困户的收入来源。2018年11月,兴和县161个行政村集体经济实现"清零",73个村集体经济收入达到了5万元以上,覆盖全县所有贫困村、贫困户。至2019年8月,全县9

---

① 兴和县人民政府:《我县张皋镇通过三种方式实现村集体经济全覆盖》[EB/OL].(2018-03-15)[2021-11-25].https://www.xinghe.gov.cn/information/xinghe11452/msg2323257263809.html.

个乡镇161个村全部实现"清零"目标。截至2019年7月底,已有123个村集体经济收入达到5万元及以上,占总数的76%,收入达10万元以上的村有24个,全县村集体经济收累计达942.42万元。[①]

## (四)龙头企业领先锋

兴和县政府引导团结"扶贫资金+龙头民营企业或合作社+贫困户"三方力量,辅助"订单经营""财政资金保本分红""畜牧良种补贴""养殖托管"等形式,拓展了扶贫开发路径,保障贫困户后续不再返贫。政府围绕"北薯、中菜、南杂粮"的布局规划来发展具有优势特色的种植业,在投放产业扶贫资金的同时,引导企业合作社和贫困户形成利益连接机制。至2019年,全县共有8家龙头企业、51家企业或合作社,带动贫困户2194户4856人,其中包括北京东昇、大北农、振华国富、内蒙古中亦达、苏宁易购等知名企业,[②]积极探索了龙头企业与农牧业专业合作社扶贫带动模式,加快推动贫困户以合作、入股等方式拓展增收渠道。

## (五)"光伏"入村惠人民

得益于独特的地理位置,兴和县光照资源充足、日照时间长。政府充分利用了该优势,大力发展光伏产业,助力乡村振兴,成功带动了附近村民就业增收,让更多群众获得了"阳光收益"。

兴和县村级光伏帮扶电站是国家实施的"十三五"规划第一批光伏扶贫村级电站之一。该项目于2018年11月开工建设,2019年6月24日全容量并网发电。项目总规模50.902兆瓦,总投资30020.29万元,共建设村级光伏帮扶电站35个,涉及全县9个乡镇,87个村,6749户,占地面积2000亩。

据统计,村级光伏帮扶电站收益共解决了3069个公益岗位,使每人每年收入增加6000元,同时,光伏电站收益用于全县9个乡镇87个村的人居环境整治、小型公益事业,支出1690万元,奖励补助支出51万元。

---

① 兴和县人民政府:《我县六项举措全力推进产业扶贫》[EB/OL].(2019-08-28)[2021-11-25].https://www.xinghe.gov.cn/information/xinghe11593/msg2323157967465.html.

② 侯佐民:《我县产业扶贫成效明显》[EB/OL].(2019-08-28)[2021-11-25].https://www.xinghe.gov.cn/information/xinghe11551/msg2323157759973.html.

## (六)"电商"下乡流通旺

在互联网技术蓬勃发展的时代,农村居民对生活品质的追求也随之提高。为推进兴和县乡村振兴,兴和县电子商务公共服务中心提出"电子商务进农村",大力发展电商经济、促进电商快速发展,从而带动群众增收,以电商为"引擎",助力乡村振兴"加速跑"。

兴和县委党校举办了"百村千户"电商技能提升培训班。该培训以"电商知识下乡,培养'三农'电商政策解读,助力乡村人才振兴"为目的,重点开展农村电商政策解读、模式分析及农产品电商运营的实操训练,实现"网货下乡"和"网货进城"的双向流通模式。农户特色产品的售卖需求得到满足,电商也会获得正向反馈,从而提高产品的网络经营效益,实现良性循环,促进农村经济发展。同年组织了以"乌优生活,尽情嗨购"为主题的惠民促销节,累计交易8869笔,交易金额290.35万元,优惠金额62.52万元。[①]

同时,为了更好地推动产品在电商市场的知名度和可信度,兴和县工信局联合县扶贫办开展了扶贫产品认定工作,对象为全县具有明确带贫减贫效用的农特产品生产企业。截至2021年年底,县内雄丰农牧业、察尔湖农业等6家扶贫消费品企业完成农产品进京销售金额1683.76万元,同比增长15.15%。已认定国家消费扶贫产品15款,认定扶贫产品价值总量1.75亿元。

在公共服务体系建设方面,兴和县已建成县级电商服务中心1个,乡镇及村级电商服务站99个,已全部按照统一风格装饰装修和配备配套设施,持续发挥电商带动作用;农村电子商务交易情况可观,农村电商培训正在有条不紊地进行。兴和县物流体系建设方面,新增了配送车次及配送件数。

## (七)青山绿水兴家园

为使人们深切感受历史文化的魅力,兴和县将悠久的文化与自然风光结合,以旅游业带动贫困户发展。兴和县大力推进"乡村旅游＋扶贫"项目,依托山水林田湖草等自然风光,深入挖掘历史文化资源,加快京津冀区域间资源共享和高水平战略合作,建设"零碳"景区和精品生态旅游线路,让绿水青山成为助推乡村振兴的"金山银山"。

兴和县苏木山凭借良好的地势生态环境与可观的平均坡度,入选为国家登山训练基地、健走基地,同时成为内蒙古第十四届运动会圣火采集地,2017—2018年相继举办了"中国健身名山·苏木山登山节"、中国国际露营大会、苏木山徒步穿越比赛等大型体育赛事。据专家测算,苏木山每年在涵养水源、稳固水土、固碳释氧、徒步旅行等方面提供的生态服

① 兴和县人民政府:《兴和县电子商务稳步发展》[EB/OL].(2021-11-06)[2021-11-25].https://www.xinghe.gov.cn/information/xinghe11715/msg3218658578095.html.

务价值高达2.67亿元。2019年以来,苏木山脚下的卢家营村凭借极佳的地理优势,努力开发绿色生态旅游产业。兴和县卢家营党支部还依托苏木山旅游景区发展,以农家乐、民俗村和设施农业为特色,重点打造了卢家营民俗文化村,大力发展了乡村旅游业。目前,卢家营村获批全国乡村旅游重点村,年均接待游客20多万人次,带动周边村民每年户均增收2万余元。

## 三、初步成效

### (一)产业发展就业广

通过"集中式""点餐式"的产业扶贫项目、"村集体经济及龙头企业"的带动发展,兴和县实现了有效脱贫摘帽,就业人口基本全部覆盖。2020年3月,内蒙古自治区人民政府经研究,同意兴和县退出贫困旗县序列。截至2021年来,全县87个贫困村全部出列,9034户20427名贫困对象全部脱贫。贫困户能够自发选择适合自己的工作,真正做到了人人有致富门路。

兴和县致力于调结构、促转型,原生农牧业优势得到充分开发利用,2021年粮食产量再创新高,达到1.4亿千克。立足马铃薯主产区优势,积极探索"龙头企业+合作社+订单基地+农户"发展模式,在大库联乡建设了2340亩"麦当劳薯条原料种植示范基地",帮助农民从"靠天吃饭""凭经验种植""丰产不丰收"向"以销定产、科学种植、以质定价"转变,践行生态优先、绿色发展的农业高质量发展道路。除马铃薯种植外,冷凉蔬菜种植、燕麦种植面积稳定,实现了规模化集约化种植。新认证绿色及有机产品15个,兴和小米、兴和荞麦、兴和燕麦粉、兴和胡麻油入围全国名特优新农产品名录,海丰、雄丰农牧业农民专业合作社被评为国家示范社。普育、大北农等7家大型农牧企业建成投产。规模养殖场达到26家,牲畜年均出栏80万头(只)。占地7000亩的现代农业产业科技示范园建设快速推进,引进企业8家,川顺、助华建成投产。农牧业产业化进程明显加快,农畜产品加工企业达到14家,产品加工转化率提高到66.8%。[①]同时,兴和县充分发挥近京的地理优势,借助了农业物联网技术,通过"数字化"赋能,推动农业工业化进程。加快了现代农业体系建设,推动产业链发展,打造面向首都的"大菜园",成功做到"兴和县绿色食材端上北京市民的餐桌"。产业的蓬勃发展,带动了农户的广泛就业,形成了产业—就业协同发展的良好态势。

---

① 兴和县人民政府:《兴和县现代特色高效农业迈上新台阶》[EB/OL].(2021-11-10)[2021-11-25].https://www.xinghe.gov.cn/information/xinghe11714/msg2323158572452.html.

## (二)"品牌"屹立名声响

在发展产业脱贫的道路上,兴和县搭乘"原味乌兰察布"区域公共品牌快车,大力培育了绿色、有机、地理标志产品,配合电子商务进农村的项目,加快特色农产品销售体系建设,带动农户脱贫致富。

为扎实推进乡村振兴战略,深入推进农牧业供给侧结构性改革奠定坚实基础,兴和县的"金字招牌"——"兴农和牧"区域公共品牌落地。在拥有马铃薯、冷凉蔬菜、杂粮豆、牛羊猪肉等优质特色资源领域的企业中,实现了应用公用品牌的入围企业8家以上,覆盖20个大品类,并打造了企业规模化、标准化的产品生产基地,在产品包装、企业展厅、对外沟通、传播等方面,建立"兴农和牧"公用品牌和企业自有商标"双品牌"的传播机制。[①]

内蒙古兴和县贺氏粮油商贸有限公司,主要从事油脂与杂粮的生产,同时包揽其研发、种植与市场销售。它的优势在于有效结合了互联网电商技术。电商中心在贺氏粮油胡麻种植基地应用了质量追溯系统,将农产品溯源结合物联网、云计算、大数据、移动互联网等技术,通过感知设备、通信网络RFID、防伪标签和二维码等设备技术,实现基地出产、加工畅通、农残检测等信息的全过程追溯,打造"贺氏香坊"品牌,实现追根溯源。贺氏粮油实行上行销售加下行配送模式,利用互联网的直观高效、形式与内容丰富、交互性强、信息网络更新迅速、根据用户偏好定向推送等特点,促进买家下单、降低跳失率、提高转化率,为提高粮油产品销量提供了强大的动力。同时,依托电商中心提供的品牌建设优势,"贺氏香坊"在品牌包装更新上下足了功夫,兼顾了传统与创新的平衡,也保留了品牌本身的特色信息,引导消费者进行选择,帮助企业打开市场。[②]

## (三)资源活用富家乡

兴和县利用了地理优势和丰富的自然资源储备,发展农牧业、工业经济带动脱贫致富。由于光照时间长,光伏发电项目设施得以完善开发;山地特色畜牧业及种植业的优势也十分凸显。除此之外,在发展绿色生态产业的进程中,兴和县成功挖掘了绿色农业、生态风光、美丽乡村等旅游元素。

"百美村宿"项目由中国扶贫基金会于2013年发起,是一项以发展乡村旅游为中心的创新型产业扶贫项目。该项目探索了新型乡村发展模式——"乡村旅游扶贫+",搭建乡村和外部联结桥梁,以贫困村自然景观为基础,借特定产业为跳板,宣传原生绿色产品,发

---

① 电子商务办:《兴和县电子商务进农村综合示范项目兴和县"兴农和牧"公用品牌落地实施方案(2019—2021年)》[EB/OL].(2021-11-20)[2021-11-25].https://www.xinghe.gov.cn/information/xinghe11634/msg3218658172581.html.
② 电子商务办:《"兴农和牧"+"贺氏香坊"电商中心为入围企业量身定制全方位服务》[EB/OL].(2021-11-20)[2021-11-25].https://www.xinghe.gov.cn/information/xinghe11643/msg3218658218472.html.

扬历史人文传统的影响力,让村民眼中平凡之物显现出其特有的价值与光辉。兴和县在涝利海旅游扶贫项目建设中将重点实施生态保护、产业发展、基础提升、城乡建设等工作,并要求相关部门加强协作配合,有序推进项目点建设,高标准推进涝利海旅游点规划建设,打造独具特色的民族村落,打造集民族风情体验、休闲度假养生、观光旅游于一体的度假小镇。

苏木山自然风光不胜优美,守在山门前的兴和县卢家营村便以自然景点开发带动了周边旅游业、餐饮业、农产品销售业的发展,并尝试与周边地区建立旅游合作机制,开发特色旅游产品,建设市民游客服务中心,延伸拓展演艺演出、节庆会展等配套服务。

## 四、经验启示

### (一)党建引领是根本

脱贫致富的根本在于制定适合当地民众基本情况、符合生态环境要求的发展方针,最重要的是切实坚持党的领导,做好基层党建工作,干部与民众上下联合,保证政策落地实施,让农户收获看得见的效益。

在兴和县城关镇二台子村中,党员脱贫攻坚示范岗成功建立了起来,脱贫帮扶变"N＋N"为"1＋1",党员与贫困户一一对接共同解决该户实际面临的问题和挑战,强调了帮扶的目标性和针对性。党员除了帮助解决贫困户的生产生活实际困难,还要重点帮助贫困群众解放思想,转变观念,帮助有劳动能力的贫困户理清发展思路,提升致富和发展能力。村党支部还带领村"两委"干部携手工作队成员进行多次实地调查,"对症下药"针对不同类型的贫困户制定帮扶政策,做到"一家一户"一个扶贫计划、"一家一户"结对帮扶及回头跟踪扶贫效果。依据不同自然村农户的种植环境、种植习惯和养殖经验,向各村分配不同的种养任务,如狼茂营村为养猪村,北营子、西营子、十号村为养鸡村,二台子村为种植黏玉米村,三十九号村为果树种植村。贫困户能从短、平、快的畜牧养殖业中获得可观的收益,其积极性也有所提升。玉米、马铃薯、杂粮杂豆的种植模式也已初步形成。面对村集体经济空白的状况,党支部积极争取资金和项目,使村集体经济从无到有,从收入"清零"到不断发展壮大。到2019年,二台子村集体经济累计收入89.1万元[1],为村容村貌整治、庭院经济、贫困户劳务奖补、公益性岗位开发提供了充足的资金来源。

① 宋洁、刘佳妮:《兴和县:凝心聚力抓党建 上下同心奔小康》[EB/OL].(2021-10-20)[2021-11-25].https://m.thepaper.cn/baijiahao_10098485.

### (二)推动就业是大道

多模式合作助推产业扶贫的好处在于,能够调动大部分劳动力来填补各产业项目的人员空缺,还能促进有劳动能力的贫困户积极主动参与脱贫进程。"点餐式"最贴合贫困户的自主需求,针对性地满足其技能培训需求和就业愿望。"党支部+合作社养殖+贫困户"模式的主要做法,是利用养殖场的租金及保本扶持基金来扩大养殖规模,最后创收的资金归于集体经济,用于贫困户精准扶持。"土地流转"项目也是通过获取租金差来精准扶贫。"合作社养殖+政策补贴"是最常见的扶贫模式,合作社带动数十家精准扶贫户一起养殖牲畜,并每年向贫困户分红,从而带动扶贫户脱贫。"乡村旅游"模式是利用景区景点优势,打造创业就业一条街,用以发展商贸、带动贫困户脱贫。

以上数种模式的带贫减贫方式各有亮点,其共同目标都在于满足贫困户就业、获利需求,能让贫困户看到努力之后的实际收益,心里有保障、手上有实劲,脱贫摘帽后还能一鼓作气在其擅长的领域发展壮大。同时还能鼓励和带动其他农户积极创收,形成欣欣向荣的创业氛围。

### (三)发挥优势是亮点

要做到"扬长补短",即发展原有的基础优势产业,进行现代化创新的同时弥补弱势产业的不足。兴和县拥有马铃薯等作物的多年种植经验与优势,同时也围绕农业精细化,加快现代农业体系的建设,统筹粮经饲、种养加一体以及农牧有机结合。粮食安全是重要保障,兴和县为此大力推进高标准农田建设,提高水土资源利用效率,切实增强农田防灾抗灾减灾能力。周边区域产业间的联结作用得到充分发挥,形成了具有系统规模的产业链,以实施创新驱动发展战略和乡村振兴战略为引领,以培育和壮大新型农牧业经营主体为抓手,大力发展绿色农畜产品加工仓储物流配送一体化产业链条。同时,兴和县紧跟时代、搭乘互联网快车,2018年申报了电子商务进农村综合示范项目,同年9月被列为全国电子商务进农村综合示范县,利用"电商进村"政策做好农产品宣发,拓宽线上线下销售渠道,增加了农户就业机会,打响了品牌,做好做足了本地特色产品宣发,为商品染上了当地独有的文化色彩,提升了人民自信心。

除农牧产业外,乡村旅游业的开发潜力也不容小觑。近年来苏木山自然风景区的旅游项目发展形势大好,从曾经的不毛之地,到人工林场,再到今天的旅游胜地,"塞上愚公"董鸿儒通过植树造林让苏木山重焕光彩,依山傍水的村民们也靠悉心培育这片山脉与土地,终于振兴了自己的家乡。产业发展离不开生态保护和绿色开发,要选择适合当地实际情况的振兴方针,有韧性有节奏地步步推进,带领村民走上脱贫致富之路。

通往乡村振兴的道路上,往往需要一双慧眼去探索挖掘,展现其纯正原始的风光与魅力,并融入现代社会的高速经济发展模式,既要可持续地开发自然资源、拓宽致富道路,也要留住大自然给予的宝贵广袤土地与青山绿水。

作者:曾先兰,西南大学国际学院汉语国际教育专业硕士研究生,研究方向为汉语国际教育与乡村振兴;刘新智,西南大学经济管理学院教授,博士生导师,研究方向为城乡融合发展。

# 陕西

陕西，简称"陕"或"秦"，省会西安，位于黄河中游，东邻山西、河南，西连宁夏、甘肃，南抵四川、重庆、湖北，北接内蒙古，总面积20.56万平方千米，截至2022年，常住人口3954万人，下辖10个地级市（其中，省会西安为副省级市）、31个市辖区、7个县级市、69个县，是中华民族及中华文化的重要发祥地之一。

陕西地处中国内陆腹地，地形复杂多样，北部陕北黄土高原沟壑纵横，南部陕南秦巴山地蜿蜒崎岖。由于地理环境限制和历史欠账，辖区内秦巴山、六盘山、吕梁山均属于国家集中连片特困地区，全省共计国定贫困县（区）56个，建档立卡贫困村7040个。党的十八大以来，陕西省把脱贫攻坚作为全省头等大事、第一民生工程和重要政治任务，坚持精准扶贫、精准脱贫方略，聚焦深度贫困地区脱贫攻坚，攻坚克难、尽锐出战，脱贫攻坚工作取得决定性进展。从2011年到2019年年底，全省共计减贫570余万人，贫困发生率由21.40％下降到0.75%，56个贫困县已经全部脱贫摘帽。

# 陕西旅游第一村:袁家村

**内容提要**:袁家村从"空心村"到全国乡村旅游示范村,从全村外出务工的"破烂村"到人均年收入超过10万元的"富裕村",完美地诠释了关中地区农村如何通过发掘自身优势,不断创新发展模式,推动实现产业振兴,坚持发展集体经济,走上共同富裕之路。袁家村从2007年起,在结合自身优势资源的基础上,依靠村集体和致富带头人的合理自主谋划,不断创新,经过了民俗风情展示、乡村旅游、农副产品生产加工三个主要的发展阶段,同时,紧密结合时代的发展,精细化分析消费者的新需求,不断更新和扩大自己的经营范围和盈利模式,善于利用外部资源为自身谋发展,妥当处理村集体和村民的利益关系,积极组建合作社,走出了一条金色的具有中国特色的乡村振兴之路和中国农村集体经济的共富之路。

## 一、袁家村基本情况

袁家村拥有优越的地理位置、悠久的历史传统、浓厚的关中文化,坐落于中国陕西省关中平原腹地,地势西北高、东南低,地貌以台塬和丘陵沟壑为主,面积约为0.4平方千米,共62户人家,人口约286人,紧邻省会城市西安和副中心城市咸阳,位于著名的历史文化旅游景区唐昭陵辐射范围之内,周边有多条高速公路可达。作为我国著名的传统村落,袁家村始建于宋代,房屋为传统的南北朝向布局,方正有序,街道遵循地形地貌,无不显示出人和自然、现代和历史的高度和谐统一。不仅如此,袁家村还拥有悠久的历史文化资源,其中建于唐代的保宁寺是昭陵园区内唯一一座古寺;保存完好的独特的关中民居,如左右客、绒花阁、碧山堂、康庄门楼等都是当地有名的建筑瑰宝;特有的民间演出艺术——弦板腔皮影戏独具魅力,目前已被列入国家级非物质文化遗产。[①]

---

[①] 人民资讯:《旅游产业赋能乡村振兴,看典型案例"袁家村"》[EB/OL].(2022-07-19)[2022-09-17].https://baijiahao.baidu.com/s? id=1738762489543021731&wfr=spider&for=pc.

从2007年起，该村开始根据当地优势，集中力量发展综合性乡村旅游业，取得了巨大的经济和社会效益。2021年，袁家村人均收入约10.7万元，年接待游客600万人次，旅游总收入超过5亿元，吸纳3000多人就业，1000多人创业，走出了一条极具当地特色的、成功的中国乡村振兴之路。[1]近年来，袁家村先后被国家住房和城乡建设部、文化部、财政部授予"中国第二批中国传统村落"的殊荣，被纳入"中国乡村旅游典型案例""民俗文化依托型"典型案例，成为国内乡村振兴、乡村旅游的带头示范地，是全国著名的网红村，陕西旅游第一村。（见图1）

图1　袁家村手绘图

（图片来源：袁家村村委会）

## 二、袁家村的主要做法与经验

20世纪70年代以前，袁家村十分贫困，1970年在老村主任的带领下开始大力发展粮食生产，成为当时远近闻名的模范村；改革开放后，袁家村坚持走集体经营的道路，大力兴

---

[1] 澎湃新闻：《他山之石　可以攻玉——临夏市乡村振兴发展之路 袁家村的这些先进经验可以启发借鉴》[EB/OL].（2021-07-17）[2022-12-02].https://m.thepaper.cn/baijiahao_13632717.

办村办工厂,成为集体经济工业企业的典范;进入90年代后,袁家村的工厂逐渐凋敝,成为"空心村",大多数年轻人都走上了外出务工的道路。①

2007年,老村主任的儿子郭占武回村担任村主任,经过对本地资源优势和劣势的客观冷静分析,郭占武决定带领袁家村走发展乡村旅游之路。10余年过去了,如今的袁家村是集旅游、休闲、消费、农副产品生产销售于一体的大型综合体,年接待客流在600万人次左右,居民人均年收入早已超10万元。从以前的"空心村"到如今的"陕西旅游第一村",取得如此大的经济和社会成就背后,袁家村藏着一系列先进的探索和做法。

### (一)利用自身优势,精准对接市场

袁家村客观分析且充分利用自身具备的优势资源,精准结合市场需求,制定出务实的发展路线。首先,该地距离省会和副中心仅45分钟左右车程,位于省会半小时经济圈内,交通条件好,巨大的都市消费人口为其乡村旅游发展提供了必要的基础条件。其次,袁家村紧挨国家著名历史文化旅游景区唐代昭陵,属于其主要的旅游辐射范围。袁家村充分利用了这一优势,成为西安1000多万人口以及外地游客的关中文化体验基地。最后,袁家村建于宋代,历史悠久,较为完好地保存了原汁原味的关中文化。这些自身的优势为袁家村发展乡村文化体验旅游提供了必要的前提条件。因此,从2007年起,袁家村以本地民俗风情为纽带,开展如辣子、油、面、醋、豆腐等的制作过程展示项目。随着游客的不断增多,从2012年起,袁家村开始推出关中美食街和民宿项目,让游客可以获得更多沉浸式的体验。②再后来,又相继成立了酸奶、醪糟、粉条等农副产品合作社和生产基地,极大地满足了都市人群对关中民俗文化、回归乡村质朴生活、消费健康绿色食品等精神和物质两方面的需求。

### (二)创新业态,增强核心竞争力

在发展的过程中,袁家村不断扩大中心功能区域。首先,建设初期,袁家村对已有房舍进行了合理的规划、改造,从一开始的老厂房,到新建成的康庄老街,现在村子包含美食街、酒吧街、民宿街、游乐园、动物园、作坊街、书院街、祠堂街、艺术长廊等主要街道(见图2),从各个层面、各个维度最大限度地满足游客对体验原汁原味的关中乡村生活、本地文化的需求。在此基础上,考虑到都市人群的消费习惯,袁家村引入了星巴克咖啡等商户,最大

① 界面新闻:《袁家村:乡村自主振兴的范本——四十年再出发·三农》[EB/OL].(2018-12-28)[2021-12-02].https://m.jiemian.com/article/2745708.html.
② 文旅中国:《陕西袁家村:找准定位 以旅游新业态推进乡村振兴》[EB/OL].(2021-09-10)[2021-10-02].https://baijiahao.baidu.com/s? id=1710494841352939211&wfr=spider&for=pc.

限度地给予消费者舒适和便利。其次,袁家村特别重视对基础设施建设的投入和管理。如免费提供大型停车场,所有商铺均由村集体统一改造装修等。此外,在实践过程中,袁家村积极吸引了大批社会资本来投资和经营,不断创新业态和思想。从2015年起,社会资本和创客集中来到袁家村,如书院街、艺术长廊等均是联合创新的成果,这极大地推动了全村新业态和创意的发展。最后,袁家村非常重视自身品牌的传播和扩张,"袁家村"早已成为远近闻名的注册商标,"袁家村关中印象体验地"连锁店在西安等地开业,开启了袁家村品牌外扩之路。

图2　袁家村街景

(图片来源:袁家村村委会)

## (三)高质量招商引资,走集体经济之路

袁家村通过高质量的招商引资,走集体经济之路,让农民以入股的形式成为袁家村真正的老板和员工,充分调动起他们的工作积极性。首先,为避免重复性的同质化的招商,袁家村在资源布置方面进行了科学规划。以关中美食为主要内容,所有的店铺均免费招租,还为店铺提供一定的运营补助,但是村集体要求入驻商户每个产品种类必须独家经营,且必须满足村委会统一制定的高质量、高服务的标准,并对其进行生产服务的全过程监督。此外,为了保障村民和村集体的收益,袁家村要求成功入驻的商户在生产和销售过程中使用的原材料必须向村集体采购。与此同时,为保障原材料供应,村集体组织村民相

继成立了豆腐、醪糟、辣椒、酸奶、醋、民宿、农家乐等不同的合作社。合作社是村民的组织，村集体和村民都是股东，这样就把村民的收益从租金转移到了原材料的供应上。同时，一部分村民也可以选择在村集体创办的企业中工作，挣取相应的工资。这种模式一方面非常有利于监督和控制商家的产品和服务质量及运营过程，对消费者的利益进行了很好的保护；另一方面，集体合作社模式极大地调动了村民的参与和工作热情，增加了他们的经济收入，提升了他们的专业技能。目前，各种农副产品的销量一路走高，仅酸奶一年就能盈利上千万元，切实增加了村集体和村民的收入。当前，袁家村正积极筹建食品工业园，农副产品生产和销售已经变成袁家村重要的收入来源之一。

### （四）重视内生能力建设和外部影响力输出

首先，袁家村在取得了巨大的成功之后，注册了"袁家村"农字号品牌，并在西安等市开了数十家体验店，以此来满足都市人群的消费需求。顾客在体验店里面除了可以品尝各种关中美食外，还能购买当地的农副土特产品。其次，由于袁家村的成功模式在全国引起了极大的轰动，各地竞相组团参观学习，带头人郭占武也被邀请到全国作经验分享演讲，这为袁家村的市场推广起到了更大更广的宣传作用。最后，在自我能力提升方面，袁家村持续邀请全国专家和各大创业团队到袁家村来实地调研，建言献策，共谋创新发展的新路径。且袁家村十分重视自身的学习和进步，村委会为村民免费长期开设文化课程和职业技能课程，组织他们到国内外考察学习先进思想和做法。各种培训丰富了村民的文化知识，开阔了他们的眼界，提升了他们思想创新、业态创新的能力。[①]

## 三、袁家村的初步成效

### （一）稳固的消费者群体

从2007年开始发展旅游业以来，袁家村拥有了以西安及周边地区的本地游客为主，以及来西安、咸阳和昭陵旅游的外地游客的客户群体。年均旅游接待人数和旅游收入均超百万，即使在受新冠肺炎疫情影响的2020年，旅游人数也超300万人次。这足以说明袁家村目前已经拥有一个固定且成熟的消费群体，在当地旅游市场上占有举足轻重的地位，不愧为中国乡村旅游第一村、沙溪旅游第一村、关中第一村。

① 陕西省地方志办公室：《旱腰带地区产业扶贫的调查与思考》[EB/OL].（2020-05-29）[2021-09-29].http://dfz.shaanxi.gov.cn/sqzlk/sxnj_16138/sxnjwz/xys_16200/xynj/xynj2019/202005/t20200529_964251.html.

## （二）健全的综合业态

袁家村长期对市场和消费者需求保持高度的嗅觉，不断建立健全自身的业态，发展模式也经历了从民俗风情展示，到乡村旅游，再到农副产品生产加工的循序渐进、不断创新的过程。目前，袁家村已形成了包括酒吧街、回民街、游乐园、动物园、民宿、祠堂街、书院街等集吃、喝、玩、乐、买为一体的综合性旅游业态，一跃成为全国AAAA级旅游景区，袁家村模式也成为中国乡村振兴的一种可供借鉴的成功模式。

## （三）双赢的合作模式

如今，袁家村的游客们能在一条百米长的大街上品尝到独特的高质量关中美食，也能欣赏到它们具体的制作过程，更能够在不大的村子里面逛动物园、欣赏文物建筑、喝星巴克咖啡、观看皮影戏、去祠堂体验传统文化等，这背后离不开一套集规划、招商、生产、服务、购买于一体的全方位的服务监督体系。村集体在这里面起到了主导作用，除了和商户之间建立了良好的互利监督关系之外，也极大地保护和尊重了村民的收入和权利，尤其是通过成立合作社的方式，让他们入股，年终的按股分红以及劳动工资收入已成为村民增收的主要来源，他们既是老板又是员工，而那些组建起来的农产品合作社现已成新阶段袁家村食品产业园的重要组成部分。

## （四）持续的能力建设

随着袁家村取得巨大经济和社会效益，文化和旅游部、国家乡村振兴局对袁家村模式给予了高度肯定。目前，袁家村已经成为新时代乡村旅游发展的金字招牌，成为地方和全国学习的榜样。袁家村的社会效益和经济效益的发展是相辅相成、互相促进的：社会效益吸引着全国各地的游客、考察团队的到来，袁家村最多一天能接待上百个参观团，也促进了其经济效益的发展。为了保持自身的先进性，袁家村一直重视基层干部的培养，拥有一支高素质服务人才团队。村民们也在数年与外界接触的过程中，各方面素质和能力都得到了很大提升，精神文明建设取得很大进步。

# 四、对袁家村模式的探讨评论

袁家村在短短的15年的时间内，取得了如此显著的成果，成为陕西乡村旅游第一村、全国乡村振兴的示范地，其模式也成为全国乡村振兴的一道闪亮的金字招牌，除了自身拥有先天的地理和历史优势条件外，也离不开持续不断的创新思维和商业模式、基层政府务实的有序的组织和完善的制度保障、致富带头人的个人智慧和实干精神,以及坚持发展集体经济走共同富裕之路。[1]

第一,对自身的先天的地理和历史优势条件进行了客观、深入的分析,并结合市场需求进行合理规划布局。首先,袁家村离陕西省会和副中心仅45分钟左右车程,周围数条高速公路相通,交通极其便利,这是其能成为1000多万都市人口乡村旅游目的地的前提条件,都市人口对乡村生活的向往,是袁家村成功必不可少的因素。加上其拥有厚重的历史底蕴,距离著名的昭陵仅几千米之远,充分利用了历史文化资源来发展自己,极大地增大了消费空间。

第二,凸显地方特色,避免同质化和单一化,谋求高质量发展。首先,民以食为天,袁家村打造特色美食品牌,集结了关中地区所有的特色小吃,并且把全国闻名的"回民街"搬到了此处,极大地利用了这个免费的金字招牌,让游客在乡村也能享受到高质量独特的产品,获得了良好的市场效益。其次,袁家村实行的美食"唯一性"原则,既让美食市场富有极大的吸引力,又很好地规避了同类产品之间的恶性竞争,因此100多种不同的美食在此处都各美其美,极大地了满足顾客对美食的需求。同时,袁家村保持对市场需求的高度敏感,认真分析消费市场,随市场的变化而不断创造多元化新业态。袁家村打造成了除美食外,集住宿、游乐场、动物园、酒吧、祠堂、土特产礼品采购于一体的完备的乡村旅游综合体,做到了吃、喝、住、行、看、买的有效结合,完美切合都市大众短期旅行的目的,精准对接了各个层次、各种年龄阶段消费者的需求,做到了可持续发展。

第三,实现经济收益模式的转变,坚持走发展集体经济实现共同富裕之路。袁家村的发展离不开集体经济,这种新模式是所有权、经营权、股份权和收益权的高度统一,将集体资产进行股份制配置,集体保留38%,其余的62%量化到户,每户均可入股,每年参与分红,尊重村民的利益贡献,充分发挥其主体作用和自主性,把广大农民群众置于长期利益发展链条中,走出了一条共同致富的可持续发展之路。

第四,充分依靠致富带头人,加强高质量服务型基层干部队伍的建设。袁家村的成功在很大程度上归功于其致富带头人、村干部郭占武,同时他领导下的村委会基层团队的服务意识和组织能力也是该村成功必不可少的因素。要重视基层干部队伍的培养,让为村民服务的理念更好地渗透到乡村振兴工作中,有效地处理集体和村民的关系,充分尊重村民的权利,保障村民的利益,为村民提供好切实、细致的服务。

作者:罗晨曦,西南大学外国语学院副教授,西南大学外国语学院西班牙语国家研究中心主任,研究方向为中拉关系。

[1] 王建康:《乡村振兴的袁家村经验与启示》[EB/OL].(2019-01-07)[2021-12-03].http://www.sxsky.org.cn/single/4559.

# 茶马古道上的致富之路

## ——陕西省咸阳市泾阳县茯茶小镇扶贫案例

**内容提要**：陕西省泾阳县作为全国重点产茶县，享有"中国茯茶之源"的美誉，当地政府积极响应国家"一带一路"倡议和陕西省"陕茶振兴"发展战略的号召，依托茯茶文化发展历史，开发建设具有当地文化特色的茯茶产业文化特色镇，当地政府多措并举，通过深挖历史文化内涵、拓宽宣传渠道、加大政策扶持力度、创新产业链升级等方式，建设智能化、历史化的特色小镇，并衍生出多种形式的产业链条，为当地居民带来收入红利，提升当地的经济效益，促进当地文旅产业的发展。

## 一、基本情况

泾阳县位于陕西省关中腹地，素有关中"白菜心"的美誉。全县现管辖8个镇、1个街道办、148个行政村，面积606平方千米，人口约40万人。辖区内交通便利，区位优势凸显，国道、省道与高速公路、咸铜铁路等纵横交错。泾阳县拥有丰富的自然资源，比如良好的地下水资源和丰富的石灰石、砂石等矿产资源。

一条沟通了亚、非、欧三大洲的古商贸路线——丝绸之路，路过陕西省泾阳县。有"黑色黄金"之称的茯茶（见图1），正是通过这条东西方文化交汇的桥梁运往各地。自1951年至今，该茶被重新开发，一座以泾阳县双赵村提升改建为基础，以"茯茶文化"为依托打造的历史文化特色小镇——茯茶小镇，正将那茶马互市的热闹景象重现在世界眼前。当地从事茯茶生产销售的企业就

图1 泾阳茯茶
（图片来源：泾阳县人民政府）

达60余家,年综合收入32万元,带动就业人数达1.8万人,为农户年创收3.2万元,在巩固拓展脱贫攻坚成果和迈向乡村振兴的道路上走出了因地制宜的新路子。

## (一)人文资源

在陕西省泾阳县流传着这样一句人人都耳熟能详的俗语"自古岭北不植茶,唯有泾阳出砖茶"。茯茶文化的起源地就在泾河北岸的泾阳县,这里是丝绸之路的重要转运站,古时大量运往西域、欧洲的物资都需要在泾河码头卸载整顿后,再重新踏上丝路西行。由于地处交通要塞,茶叶等大量物资囤积于此,为日后泾阳县茯茶文化的传承以及产业发展奠定了重要的文化、经济基础。陕西泾阳的茯茶有"一年为茶,三年为药,七年为宝"之称,因泾阳独特的地理位置和茯茶特殊的生产工艺,茯茶在陈放、发酵的漫长过程中会产生一种特殊的"冠突散囊菌",在其作用下,茶中所含有的多酚类物质不断氧化,转化为更高含量的黄酮、茶氨酸和咖啡因等成分,使茶叶具有神奇的药理功效,因而泾阳茯茶被称为"黑色黄金"。茯茶冲泡后呈现出橙红透亮的色泽,口感醇厚悠长,是一种纯天然的保健食品,也正因如此深受茶友们喜爱。

## (二)文化资源

陕西省泾阳县依托历史悠久的茶文化[①],将茯茶小镇逐步打造为集茯茶衍生产品开发、丝路文化展示、民俗文化旅游等非遗、文创、土特产多个板块相结合的现代化创意型文化产业园。在此基础上,充分挖掘陕西民风俗文化特色,在小镇举办相关民俗文化活动,如陕南茶歌、陕北说书、折子戏等文化活动,秦腔戏曲表演、"秦岭四宝"巡游、脸谱文化体验等民俗活动,茶艺品鉴体验、祭茶神大典等多种特色文化活动,为游客们带来不一样的文化盛宴。

## (三)自然资源

茯茶小镇建筑面积约为2200亩,2019年被确定为国家AAAA级旅游景区。整个小镇是泾阳古建筑保留较完好的村镇之一:回眸间,青砖黛瓦,杨柳依依,小桥流水,青石窄巷,如诗如画……勾勒出富有古韵的茯茶镇。漫步在古色古香的街巷中,可以看到"双楼子赵"作为当地的标志性建筑,矗立在道路中央,默默守着这座古镇,不急不缓地讲述着光阴的故事。茯茶小镇清幽古朴的环境、古风浓郁的建筑,每一处景致,似乎都在诉说着耐人

---

① 搜狐网:《茯茶镇:1000年前的关中老街和老味道》[EB/OL].(2017-06-06)[2021-12-09].https://www.sohu.com/a/146516460_351156.

寻味的故事,使游客们在漫步小镇、品味淡淡茶香中感受到历史与现代、科技与传承中所蕴含的独特魅力。

## 二、主要做法与经验

泾阳县不仅将茯茶开发为一种饮品,还将茯茶产业链与当地旅游业相结合,推进茯茶产业与历史文化深度融合,并积极开展相关茯茶体验项目,挖掘茯茶文化背后的历史故事,丰富本土茯茶文化,使茯茶产业成为泾阳文旅融合发展的创新点,带动相关产业持续发展。

### (一)深挖历史内涵,打造文化小镇

一是挖掘文化内涵,延长文化链条。泾阳县政府在每年特定的节假日,如中秋节、国庆节等,都会在景区举办各种文化活动,以挖掘特色产品的深层内涵,延长民俗文化服务链条,吸引游客参与制作关中美食或特色美食。同时,将茯茶元素融入当地小镇的建筑风格、工业品创作、特色美食制作中。成立专门的茯茶生产企业,从茯茶的采摘到销售,形成系列产业链,打造独具地域特色的"工业 + 旅游"模式,延伸产业链,进一步开发具有创意性、个性化的乡村旅游产品。

二是加强校地合作,文化赋能经济发展。学校既是优秀人才的荟萃之地,也是创新和创造力的发源中心,更是科技创新和技术开发的前沿阵地。因此,泾阳县政府于2019年与咸阳师范学院共同创办"泾阳茯茶文化研究与传播中心",将茯茶文化的开发研究落实到学校,结合当地茯茶产业、文化,开展特色办学、创新教育等,高效促进产学研一体化合作向纵深发展。[①]这有助于引导学生将科研论文写在乡村小镇,把学习技能融入社会实践,既有助于学校和地方建设协同发展,也能为当地经济发展添砖加瓦。

三是打造茯茶文创品牌,提高品牌文化价值。如今是品质消费的时代,文化创意产品甚至逐渐在文化消费中占据主导地位,成为新一代文化消费的热点。泾阳县尤其重视加强品牌文化建设,对茯茶文化的开发不仅仅停留在茶本身,还向外延伸出各种文创产品,如设计茯茶品牌LOGO、动漫形象等电子文创,以及印有泾阳茯茶LOGO的水杯、书签等实体产品,在提高经济效益的同时还能有效提升泾阳茯茶品牌影响力和品牌形象,多层次、多角度地吸引专业人才参与与之相关的品牌文化建设。

---

① 泾阳政协网:《关于我县"十四五"时期茯茶产业发展规划的建议》[EB/OL].(2021-02-22)[2021-12-05].http://zx.sn-jingyang.gov.cn/yzjy/86334.htm.

## (二)拓宽宣传渠道,建设智能化小镇

一是采取线上、线下结合的双渠道宣传模式。首先,利用"线上获客"的方式,打造"舌尖上的茯茶小镇"的美食形象IP,通过旅行社渠道峰会、热点城市路演推广、交通形象墙展示、抖音、微博等全媒体联动传播的宣传营销方式,推广推介茯茶小镇的美食、美景,全方位带动茯茶小镇八大类美食的个性化宣传。其次,采用"线下联动"的方式,如2020年茯茶小镇景区推出的"赛百味信物大作战"联动游客消费与有奖征集,引发广大游客参与;金茯坊中央广场的"梅花奖精品秦腔展演",吸引无数关中地区秦腔戏迷们驻足欣赏;"五茶共舞""黑白双雄""茯来花开"等多种新品茯茶免费品尝活动,让更多年轻游客了解茯茶背后的故事。

二是利用"互联网+"技术打造智慧小镇。互联网发展进入移动化时代,全方位改变了人们的社会生活,也给旅游业带来了巨大的影响与变革。泾阳县政府通过利用互联网、新媒体平台等技术,全方位打造智慧景区,通过构建线上智慧管理平台,着力突出高科技给游客带来的便捷体验,为游客提供智慧服务,在景区实现智慧管理。茯茶小镇作为智慧旅游的试点景区,也将以点带面,推动实现建设智慧小镇的目标。

## (三)提高旅游服务质量,提升政策支持力度

一是明确发展方向。2019年,农业农村部批准"泾阳茯茶"为农产品地理标志保护产品。为更好传承和发扬茯茶文化品牌,泾阳县政府结合国家有关产业发展规范的要求,编制了《泾阳茯砖茶产业发展规划》,对当地茯茶产业的发展进行了全方位、系统化的新布局规划。自此,泾阳茯茶定位为"茶之茅台·陕西名片",一张响亮的茶文化名片,由此亮相国内外。

二是政府鼓励支持。首先,在茯茶小镇建设过程中,泾阳县政府以改造代替拆迁,立足现实,放眼未来,政府各部门、民营企业联合出资4000多万元,以关中明清建筑风格美化、净化、亮化村内街道3条,改造群众住房192户,[①]既解决了失地农民的居住问题,又为后续带领村民发展关中民俗旅游奠定了坚实基础。其次,在国家有关政策的支持下,鼓励创新创业,不断引进专业化人才,完善乡村特色小镇的人才培养机制。泾阳县政府对参与茯茶小镇项目建设等相关产业的创业者提供税收优惠、资金扶持、技能培训、创业指导等帮扶措施,提升茯茶产品质量和市场竞争力,也为当地村民再就业提供保障。最后,成立集体股份制企业,鼓励村民入股投资,每年参与分红,使茯茶小镇建设成果实现全村村民共建共享。

三是人才带动发展。泾阳县政府积极创新人才培养方式,同职业技术学校、社会组织共同筹划开展茶艺、茯茶加工技能、评茶员等网络培训、线下培训近20期,充分发挥教育在

---

① 风度养生网:《"我在茯茶镇等着你"——泾阳茯茶镇新型城镇化建设纪实》[EB/OL].(2021-09-14)[2021-12-09].https://m.fengdu.com/chazixun/20423.html.

培训工作中的重要作用,有效提高人才队伍建设的前瞻性,累计培训2000余人次,为当地茯茶产业发展提供了专业保障、人才储备及智力支持。同时,为增强线上宣传力、销售力,邀请专家、茶业文化达人、茶艺师进行专业的直播带货方面的培训,提高直播带货人员的专业素养。(见图2)

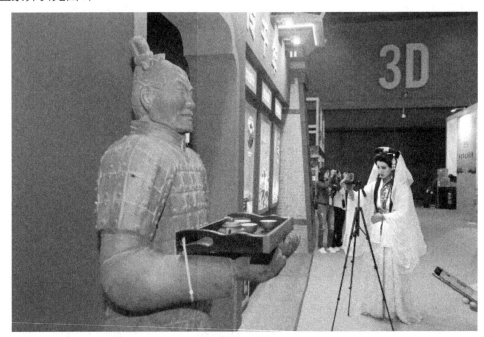

图2 "兵马俑"端茶迎客迎来"白娘子"现场直播
(图片来源:陕西省人民政府)

### (四)创新产业链升级,推动可持续性发展

一是政府政策主导,企业协同发展。泾阳县政府采取协同发展的模式,自主制定与市场相适应的标准,建立规范的新型标准体系,形成政府政策主导、市场活力驱动、企业经营为主、社会多方参与的运行模式,协同推进茯茶产业链逐步实现多层次、标准化、全覆盖,推动茯茶产业迈入高产出、高品质的效益新时代。

二是加快企业转型升级,延长产品产业链。为促进产业集群发展,茯茶小镇设立了茯茶厂商直营一条街,按照一厂一店的原则引进企业。①园区不断创新经营模式,加快企业转型升级,政府通过资金扶持、技术支持等方式,发展壮大茯茶生产企业,重点培育特色小镇龙头企业,推进企业技术创新,打造具有特色竞争力的产业,以此有效助推茯茶产业链延伸,促进一、二、三产业深度融合发展,为增强茯茶产业的竞争力和可持续发展能力提供坚实保障。

---

① 肖力伟、胡明宝:《关中古道茶事新——陕西泾阳县茯茶小镇转型观察》,《农村·农业·农民》2018年第4期。

## 三、初步成效

以村镇经济发展和旅游开发建设为目标,结合旅游产业、康养产业、地域特色等,形成独具风格的文化小镇。茯茶小镇在建设和发展中,坚持政策规划引领,强化系统服务支持,壮大当地龙头企业,打造独有特色品牌,促进当地文旅产业发展,带动村镇居民致富增收,推动茯茶产业链条向高质量、集约化、规范化方向发展,逐步打造成为现代化智慧景区的典型范例。

### (一)智慧农业园区

陕西泾阳县建设的智慧农业园是西北地区首家以农业为主题的公园,占地面积700余亩,是集农业生产、花卉培育、科研展示、观光体验于一体的农业产业综合园区,将现代农业与旅游业高度融合,着力打造一、二、三产业融合的现代化农业发展新模式。

智慧农业园是以花卉馆、生态馆、蔬菜馆为主要展示区的现代农业示范园区,园区内设有特色展区,如智能温室花卉、特种飞禽、特种鱼养殖等,可供游客们了解高档花卉、蔬菜、水果的现代化农业生产模式,是一个"接地气、有人气,也有烟火气"的"好去处"。每逢节假日,很多家长会选择带小朋友来这里游玩,在享受温馨亲子时光的同时,也能学习自然科学知识。建设完成后,园区陆续举办了郁金香花博会、菊文化艺术节等活动,色彩缤纷的花朵与百年建筑相映成趣,与街旁的人气相汇相融,形成"智慧园区"的泾阳色彩。

### (二)茯茶文化旅游区

茯茶小镇项目于2015年8月建成,包含民俗文化体验区、茯茶品牌集中展示区、时尚文化潮流创意街区和风俗度假休闲体验区[①],年均接待游客达500万人次。茯茶文化旅游区作为主要景点之一,是关中民俗文化宣传、输出的主要阵地,也是重构丝路茯茶文化沟通交流的平台。泾阳茯茶历史久远、文化底蕴深厚,在园区内的茯茶文化博物馆中,一幅幅历史图片、一座座生动雕塑都诉说着茯茶历史文化的变迁和传统制作工艺的传承,用泛黄的牛皮纸包裹的茶砖,不仅重现茯茶在茶马古道上曾创造的辉煌历史,还是引领游客开启陕西茶业的圆梦复兴之旅的神秘钥匙。在茯茶文化旅游区,游客们不仅可以全方位地了解有关茯茶制作生产的过程,还能沉浸式地体验制茶、品茶的乐趣,在淡淡茶香中感受泾阳茶文化,体会传统文化的独特魅力。

---

① 杨怡、关倩、李宁宁:《泾阳县茯茶小镇发展探析》,《南方农业》2021年第23期。

## (三)泾阳茯茶创业园

陕西泾阳县政府耗资3.4亿元打造的泾阳茯茶创业园，不仅是集科技研发、生产、加工、研学、休闲五大板块于一体的创业园区，同时还是泾阳茯茶产业的首个综合性园区。截至2021年，已引进11家茯茶加工企业，其中，2家已完成建设，进入运营阶段，其他9家企业正在进行建设①，形成为推广茯茶文化系列产品提供坚实基础保障的茯茶产业链业态。

泾阳县充分贯彻落实党的二十大精神，坚持科技自立自强、人才引领驱动，持续发挥校地合作的优势，与西北农林科技大学合作成立茯茶研发中心，并组建一支由19名来自不同学科的科研专家组成的团队，通过市场调研、合作探索，研发出近百种茶叶新品以及茯茶含片、茯茶红酒等系列产品，茯茶产业链得到进一步拓展。截至2021年，"泾阳茯茶"区域公用品牌价值经评估为7.36亿元②，年产量5000余吨，产值近11亿元③，为当地提供就业岗位近500个。

# 四、经验启示

一个具有地域特点、市场基础的特色产业小镇——茯茶小镇，正在崛起。文化是旅游的灵魂，旅游是文化的载体，泾阳县政府充分挖掘茯茶背后的历史文化内涵，借助"文化搭台、产业唱戏"的模式，坚持走产业化发展道路，坚持推动文旅融合、城乡融合、产业融合，旨在将泾阳县茯茶小镇打造成为具有历史底蕴的现代化特色文化小镇。

## (一)找准定位，紧抓市场主线

中国的茶文化历史悠久，茶不仅是老百姓生活的调剂品，更是中国精神文化的一种重要体现。随着人民生活水平的不断提高，茶文化越来越受到大众百姓的重视，这促使茶文化及相关产业日益兴盛，迎来蓬勃发展的新阶段。而特色小镇的所谓"特色"，应当是与众不同，或资源，或产业，或服务，或生态，有一种"人无我有"的不可复制性，这才足以称为"特"。只有在泾阳才能产出带有金花的茯茶，这就是泾阳的特色。纵观中国各地，以历史文化为卖点的旅游小镇比比皆是，其实质为换个地点和噱头大搞仿古建筑和小吃街，能让游客过目不忘的小镇实在太少，以往靠修一条水街卖餐饮走民俗旅游的路子是行不通的。

① 泾阳县人民政府网:《咸阳二季度重点项目观摩》[EB/OL].(2021-06-21)[2021-12-09].http://www.snjingyang.gov.cn/zfxxgk/fdzdgknr/jgsz/jgsz_20377/xzfgzbm2022/xzfxhggj/zdxm/202106/t20210621_1530066.html.
② 泾阳县人民政府网:《咸阳二季度重点项目观摩》[EB/OL].(2021-06-21)[2021-12-09].http://www.snjingyang.gov.cn/zfxxgk/fdzdgknr/jgsz/jgsz_20377/xzfgzbm2022/xzfxhggj/zdxm/202106/t20210621_1530066.html.
③ 人民论坛网:《2021年泾阳茯茶质量评比大赛颁奖仪式暨〈地方标准〉〈团体标准〉发布会在西安国际会展中心举行》[EB/OL].(2021-12-13)[2021-12-19].http://www.rmlt.com.cn/2021/1213/634548.shtml.

如今,找到新发展方向的泾阳县正紧紧抓住"茯茶文化"这一主线,随着工艺的不断创新、传承,泾阳茯茶制作技艺被列入陕西非遗名录,成为在"千镇一面"的危机中存活下来的筹码。

### (二)产业集聚,形成市场业态

"茯茶特色产业"的定位被明确下来,首要任务是形成特色产业的集聚效应,打响茯茶产业品牌。茯茶小镇通过挖掘、推广茯茶文化与茯茶产业,将茯茶培育成泾阳县产业转型发展的核心产业之一,不仅成功创建智慧景区并试点营业,还带动周围村镇居民实现致富增收。建设各种旅游园区,也将使更多游客了解泾阳茯茶的历史文化。一是泾阳县政府充分运用泾阳茯茶核心产区得天独厚的自然优势,依托政策支持、人才引进等举措,使茯茶已俨然成为当地的一张特色"名片",使茯茶产业真正走上了规模化、标准化、品牌化发展的"快车道"。二是充分利用互联网技术和多媒体平台,通过开展一系列线上线下相结合的宣传推介活动(见图3),扩大茯茶文化的影响力,提高其知名度,如走进茶乡系列报道、主播实地探访、陕西茶文化访谈等。三是政府以引进资本和项目为纽带,带动技术输入,实现从传统引资向"引资 + 引技"的战略转型,成为泾阳县茯茶产业开发的重要特色和亮点。

图3 "丝路陕茶"泾阳茯茶制作工艺展示引来众多媒体采访

(图片来源:陕西省人民政府)

### (三)聚力创新,延伸产业链条

当地为大力挖掘茯茶文化内涵,拓展茯茶产业链,采取了如下措施。一是泾阳县政府充分借助泾阳茯茶文化的本土优势,采取强强联合、携手共赢的方式,与泾河新城政府联手打造产业小镇,整体计划围绕四个关键词展开,即名茶、文化、传承、创新,开发建设一个以茯茶文化为核心内容,围绕关中民俗文化、关中生活文化等的一体化、综合型的茯茶产业小镇。正是这样的精诚团结、齐心协力,才使泾阳茯茶这沉寂了近百年的茶文化又重新被世人知晓,使古老的制作工艺重现在世人眼前,使这条由丝绸之路孕育而生的茯茶文化脉络逐渐清晰,使陕西的秦风茶韵得以重整旗鼓。二是由学校教授、专业团队牵头投入科研力量,对产品的材料、工艺、技术等进行整体改善,如今已经实现"金花开满六大茶系",鼓励商户推出茯茶米酒、茯茶酸奶、茯茶鸡等系列衍生产品,为消费者提供更多的购物选择。三是茯茶小镇商店多为个体经营,"小而散"是当地市场的主要弊端。因此,茯茶小镇创新性地推出集标准化仓储与借贷功能于一体的"茶业银行",为当地茯茶产业发展插上"金融"的翅膀。四是泾阳县政府加大政策、资金倾斜力度,设立专项基金,专款专用于园区专业化开发、建设;聘请优秀专家团队加强技术研发;多措并举扶持品牌建设,完善市场、网络等销售渠道,相继建成了手工艺体验馆、博物馆、产业园等一批专业园区,以带动更多的村镇居民增收致富,促进茶乡整体振兴,让非物质文化传承品牌泾阳茯茶的名声更大。

*作者:刘小琳,西南大学国家治理学院社会学专业硕士研究生,研究方向为应用社会学;罗晨曦,西南大学外国语学院副教授,西南大学外国语学院西班牙语国家研究中心主任,研究方向为中拉关系。*

# 陕西平利：跳出秦巴贫困区，绘制美丽乡村画

**内容提要：**自脱贫攻坚战打响，平利县坚持以脱贫战略为工作重心，聚拢多方力量合力攻坚，借助"总队长"制度、社区工厂帮就业、红黑榜、打造特色产业、创新消费扶贫模式等经典做法，探索出了一条秦巴山区高质量发展助力脱贫攻坚的工作新模式。该县在2019年脱贫后，紧跟"巩固拓展脱贫攻坚成果同乡村振兴有效衔接"的时代主题，在高质量脱贫基础上持续发力，不断创新，夯实特色产业根基，打响"金"字招牌，挖掘农耕文化，创建云农场，扶持农产品电商等，初步探索出了一条乡村振兴引领共同富裕的追梦之路。

## 一、基本情况

平利县位于陕西东南部、陕鄂渝三省市交界处，面积2647平方千米，辖11个镇137个村6个城市社区，总人口17.9万人。这里山清水秀、气候宜人，拥有76%的森林覆盖率，天书大峡谷、长安硒茶小镇、芍药谷、桃花溪等众多靓丽的自然风景吸引了众多游客前来观赏。2017年，平利县被评为"全国美丽乡村建设示范县"，同时成了陕西美丽乡村建设的模范。

与此同时，作为秦巴山区连片特困地区重点县，平利县的137个村中有79个是贫困村，贫困发生率40%以上的村超过50个，贫困发生率最高的达75.41%。全县有44811名贫困群众居住在高山深沟危险地段，县财政收入不足1亿元。面对严峻的贫困形势，全县从领导班子到村民百姓迅速达成共识——以"四个全面"战略布局为中心，深入贯彻"新发展理念"，将党的建设作为牵引，把追赶超越作为目标，用扶贫项目作为载体，抓住以脱贫攻坚为主线的绿色产业、生态保护、城乡统筹、改革开放、民生保障五大重点，最终平利县于2019年成功完成脱贫目标，脱贫攻坚成效考核连续5次居全省第一，卓越的脱贫成绩传遍三秦大地。在高质量打赢脱贫攻坚战的基础上，该县又紧跟"巩固拓展脱贫攻坚成果同乡村振兴有效衔接"的时代主题，坚持特色产业筑根基、"归雁经济"聚人才、农耕文化注动能、绿色发展优生态、干部引领强保障，全面推进乡村振兴，书写秦巴山区脱贫致富的新篇章。

## 二、主要做法

### (一)一针一线的"绣花匠"

2019年,平利县迎来了脱贫攻坚的"硬骨头"阶段,能否成功摘帽就看此年。在这关键时刻,没人愿意出来担任村子的扶贫工作总负责人,他们都觉得这是件吃力不讨好的苦差事。然而平利县县委书记郑小东和县长陈伦富却主动提出亲自驻村,当起了村里的总队长,与贫困户们同吃同住,深入老百姓的生活之中,实实在在地了解他们的生活状况。在郑小东担任长安镇金沙河村脱贫攻坚总队长期间,时常可以看到他和群众围在院坝里,针对村里的基础设施建设和产业规划展开激烈讨论,他总是认真倾听着群众的反馈,热烈的讨论每每持续到深夜才结束,郑小东也总是在凌晨才回家。

像郑小东这样的"绣花匠"还有很多,他们一针一线地做着村上的脱贫攻坚工作,高效地解决了扶贫责任不清、统一指挥无力、办事效率低下、形式主义频出等问题。(见图1)如果换作以前,群众反映给村委的问题,需要汇报到镇再到县,至少一两个周才能解决,但是推行总队长制度以后,村民们只需要等驻村干部来到现场就能把问题解决好。

图1　平利县委书记郑小东在该县长安镇金沙河深度贫困村召开脱贫攻坚群众院落会议

(图片来源:陕西省人民政府)

### (二)足不出村把钱赚

一直以来,由于农村就业难、就业工资低,村民外出务工的现象十分普遍,家中通常只能看见老人和小孩,乡村建设需要的有效劳动力流失严重。深刻认识到问题的严重性后,平利县政府深入实施"三乡三业"能人返乡工程,出台人才引进激励政策,充分利用务工在外的村民积累起的行业技术、管理经验、人脉资源和销售渠道,在易地搬迁社区内创办工厂和农村合作社,吸纳周边贫困户进厂进园就业,解决了不少村民的就近就业问题。

在宏俊富硒种植养殖专业合作社的带领下,洛河镇通过栽桑养蚕、种养结合循环利用,让当地农户的腰包一天天鼓了起来,同时也给村子增添了美丽风景、带来了人气。线河村的邹成学说:"自打加入合作社,仅仅在春夏秋三季养蚕,一年下来就能够挣十多万元,比外出务工挣得更多,还不用背井离乡。"

寻梦农园绞股蓝合作社的做法也很典型。2019年,王秀梅作为领头人,和村内51户种植绞股蓝的贫困户成立了该合作社,生产特色绞股蓝产品进行电商销售,同享电商的经济收益。(见图2)王秀梅是当地第一位嗅到网络直播带货商机的人,为了搭上这趟科技的顺风车,她挨家挨户说服了合作社成员,承诺客户可以试喝,且30天无理由退换货,用满满的诚意换得消费者的信任。正是因为有这样甘

图2 平利县电商脱贫带头人王秀梅(左)正在央视直播间
参与农民丰收节直播
(图片来源:陕西省人民政府)

愿将青春年华奉献给家乡的年轻人,平利县的产业脱贫项目才能开展得轰轰烈烈。

平利县的社区工厂扶贫模式,完美实现"家在楼上住,钱从楼下来"。自2011年以来,平利县大力实施移民搬迁工程,成功将这些群众搬离"穷窝",但是新的问题也随之而来,这些群众世代住在深山里面,靠山吃山,依靠土地就能基本维持温饱,搬至安置区后,他们没有土地没有收入,最终要么背井离乡进城干苦力,要么重返贫困。平利县政府很快发现了这个问题,迅速启动社区工厂专项扶贫项目,通过毛绒玩具、服装手套、电子元件、手工艺品等产业园区开展就

图3 平利县老县镇锦屏社区居民在社区工厂内工作
(图片来源:陕西省人民政府)

业扶贫,"社区＋工厂"的模式给予农户村内就业更多自由度和灵活性,提高了搬迁户的非农业收入水平。(见图3)

居住在药妇沟社区的居民吴丰珍回忆道:"社区工厂让我'楼上居住、楼下就业',结束一天的工作后就去跳广场舞,生活安稳又幸福。"平利县创新的"社区＋工厂"扶贫模式不仅使当地贫困户"搬得出、稳得住、能就业",更解决了农村留守儿童、老人和社区管理问题,其成功经验对于其他欠发达地区具有很好的借鉴意义。

### (三)树"榜样"治"懒病"

古人曾云"人穷志不穷",脱贫致富路上,"扶不起墙的阿斗"是最让人犯难的。在早期,"输血式"扶贫是主导的脱贫攻坚方式,很多贫困户为了享受优惠政策而不愿脱贫,或者"破罐破摔"地当起了懒汉,导致当地脱贫攻坚任务进展十分缓慢。村内也是频出令人犯难的贫困"钉子户"。为此,平利县积极推进许多促进民风改善的活动,如"道德评议会"(见图4)、民风积分爱心超市、"大宣讲、大走访"等,还绘制扶贫扶志文化墙,评选表彰自强励志标兵,帮助贫困群众摆脱"衣来伸手饭来张口"的精神贫困陷阱,树立"脱贫靠自己"的意识,激发贫困群体的内生脱贫动能。《脱贫山歌路上挑》《十谢共产党》《懒汉脱贫》等扶贫扶志文艺节目在县内巡回演出,广泛地打击了"懒汉"思想,营造了良好的民风。

长安镇金沙河村50岁的光棍杨某,一直以来邋里邋遢、好吃懒做、无事生非。在道德评议会上,杨某被作为后进典型例子评议,21名道德评议会委员将他的种种懒惰行为公之于众,帮助他认清自己的问题,最终让这位懒汉红了脸。很快他就洗心革面,一改好吃懒做模样,去山里捡板栗、猕猴桃挣钱。同村的村民纷纷惊讶于他的前后变化,并对其表示了认可。

图4　平利县长安镇双杨村组织开展了"群众说事、乡贤论理、榜上亮德"道德评议大会

(图片来源:陕西省平利县人民政府)

### (四)打响"金"字招牌

平利县老县镇蒋家坪一直以来都有种茶的传统,但是改革开放以后村民迫于生计纷纷外出务工,从此1000多亩茶园被荒废了几十年。幸运的是,恰逢平利县政府大力促进产业扶贫,并把目光瞄向了茶产业,蒋家坪趁机打了翻身仗,并且在"茶产业+旅游"的模式改造下,摇身一变成为"网红村",每年都能吸引不少慕名而来的外地游客,带着村民们告别贫困,走向致富之路。

为了让茶产业持续焕发活力,平利县政府制定发布了《女娲茶标准综合体》和《绞股蓝茶标准综合体》等标准,严格管控茶业农产品的质量,打响了品牌名片。"平利女娲茶"品牌价值更是高达28.07亿元,自此平利茶业产品的美誉度和市场竞争力得到迅速提高。在2020年,平利县获批成为全国"绿水青山就是金山银山"实践创新基地,这对于平利县未来的发展具有深远意义。经过20年的坚持不懈,平利县让茶产业成为该地乡村振兴的支柱产业,实现了"因茶致富、因茶兴业",从此平利茶产业为平利县亮出了"绿"色名片、"金"字招牌,持续地使当地乡村振兴焕发活力。(见图5)

图5　人们来到平利县老县镇蒋家坪凤凰茶山游览
(图片来源:陕西省平利县人民政府)

### (五)锦绣"钱"程予乡村

为了让秦巴山区的特色农产品走出这片深山,送到大山之外的人手中,平利县大胆创新消费扶贫模式,提倡农民将土地资源流转给农业经营主体进行集中种植。但是"酒香也怕巷子深",于是政府与企业合作,通过电子商务营销、宣传推广促销、文化三产热销、第一书记带销、社会组织帮销等五种营销模式打通农产品销售的"最后一公里",让特色农产品走出大山,奔向锦绣"钱"程。(见图6)

为了畅通消费扶贫渠道,平利县政府主动联系拼多多开展战略合作,利用拼多多平台打造"多多农园＋绞股蓝",提高社会对平利农产品的关注度。同时,平利县开设第一书记扶贫超市、"扶贫超市O2O"进行线下推广,采取"以购代捐""以买代帮"等方式促进贫困群众的产品和服务的销售,创新"产销精准对接、农企互利共赢"的消费扶贫模式。更具开创性的是,一些村子挖掘起了农耕文化,利用互联网技术创建"云农场",借助线上网络直播当地有机蔬菜传统人工种植过程。与此同时,相关负责单位线下开设绿色有机农产品直营店,通过"点单+配送"的方式,使贫困农村的绿色健康农产品畅通无阻地出深山。

新冠肺炎疫情期间,农产品这类不易存储、易变质的特殊产品惨遭滞销,日子一天天过去,农民们眼看着就要"颗粒无收"。就在这紧急时刻,牛镭主动联系西北大学、京东集团、光大银行等进行供销合作,将平利县的农产品专柜成功设立在了北京,积极争取校企采购,最大限度保障了农民群众收益。

图6　线下会场集中展销地方特色农产品

(图片来源:陕西省人民政府)

## 三、实践成效

### (一)脱贫攻坚质量高

由于自然环境恶劣、地理位置偏远、经济发展落后、基础设施建设匮乏等原因,曾经的平利县贫困状况十分严重,致贫原因复杂,贫困程度深重,难以通过常规帮扶手段奏效,农村群众生计十分困难,返贫现象十分普遍。在相关部门的通力合作下,平利县的79个贫困村在2019年全部脱贫,贫困人口由60760人减少到2369人,贫困发生率下降到1.2%,实现了贫困人口参合、大病保险、一站式结算全覆盖,使得农村的医疗健康得到极大保障。在教育方面,平利县全面完善了学前教育到高等教育的全方位资助体系,大大提高了义务教育的普及率。县内的62个集中安置区,成功解决了13490户易地搬迁户的居住问题,使农户们的居住环境焕然一新,再也不用担心遭受自然灾害的侵袭。

## (二)经济效益有效提升

平利县在从前荒废的茶田上共发展了20万亩富硒茶、5万亩绞股蓝。2019年,本地茶产品产量1.38万吨、产值15亿元,带动贫困户人均年增收1000元以上,保障了贫困户的可持续收入。自2016年以来,平利县发展了10.06万亩富硒粮油种植、10.28万亩中药材种植,促进了1450户贫困户增收。围绕社区工厂和农村合作社扶贫,该县利用劳务用工收薪金、订单种养收现金、土地流转收租金、入股分红收股金等方式,实现了贫困户收入来源的多元化。最终,平利县的集体经济"空壳村"在全省率先清零,2021年,农村居民人均可支配收入增长10.3%,达到12978元。

## (三)就业机会不断增多

曾经的县城根本留不住人才,年轻的劳动力都会选择外出务工。现在的平利县政府积极出台返乡创业就业政策,累计吸引返乡创业人员5000余人,兴办新社区工厂83家,开发就业岗位3万余个,月均工资达2000余元。同时,相关部门积极组建青年创业协会,主要为有意愿返乡创业的优秀青年提供相关的创业培训,累计培养优秀青年创业者1000余名。为了"授人以渔",平利县开展免费技能培训38期,培训2087人,其中贫困劳动力1772人,同时还为村里的贫困劳动力发放创业担保贷款72万元用于产业发展,真正实现"扶上马、送一程"。为了长远发展,平利县还全力帮助本地潜力企业做强做大,培育一批农产品加工龙头企业,并且修建工业园区,吸引龙头企业入驻,为当地贫困户就业增收提供了坚实保障。

## (四)农村面貌焕然一新

随着脱贫攻坚战的全面胜利,平利县再也不是曾经那个坐落于秦巴山区最贫困地带的小县城了。如今的平利县,安全饮水、电网改造、通信网络、标准化村卫生室等大量基础设施建设完成,硬化道路直接修到村民门口,公交线路全面覆盖,农村环境焕然一新,大家的出行变得更方便了,与外界的联系也更紧密了,生活品质得到极大提升。

## 四、经验启示

### (一)人才是减贫与乡村振兴的关键

西部地区的贫困人口普遍受教育程度低下,几代人从未走出过大山,根本不具备自主脱贫致富的条件,因此需要借助优秀人才的力量。首先,政府应在本地引进人才方面出台具有吸引力的政策,并大力改善农村发展环境,以此来积极引进对减贫与乡村振兴具有促进作用的实用型人才,聚集大量贤士投身于中国乡村的建设。其次,要关注到本土人才的培养,尤其重视那些已具备良好基层实践基础的干部。比如,政府可以与省内高校合作,组织当地优秀的技术人才、企业家和基层干部参加对外交流、研修培训,提升本土人才的专业知识水平和创新能力。

### (二)破解精神贫困,才能从根本上脱贫致富

"扶贫先扶志",要激发扶贫对象脱贫致富的意识,让他们明白小康不是等来的而是奋斗来的,国家救济得了一时,救济不了一世。因此,政府要鼓励人民群众积极加入脱贫攻坚与乡村振兴的时代洪流中,主动参与自己村子的治理工作,切实做到每个村民都参与其中,用自己的双手脱贫致富,奔向小康。可以从以下几点来破解贫困地区的精神贫困:第一,发展壮大村级集体经济,让贫困户们多多参与农村合作社和社区工厂的活动,帮助他们掌握实用的劳动技能,鼓励他们树立生活目标,增强对美好生活的期盼,改变不利于自主脱贫的观念。第二,表彰自立自强标兵,发挥正向榜样的激励作用,帮助村民们树立坚定的脱贫信念。第三,驻村干部应深入百姓生活,留意农户们的想法,重视对村民们的思想教育,要在群众中宣传当地的扶贫政策,增强村民们的脱贫信心。

### (三)产业扶贫是增强农村"造血"能力的重要手段

平利县积极发挥产业扶贫带给农村的造血效应,以股份合作为手段,充分利用农村土地、支农资金和农村劳动力三大资源,探索出一条通过产业扶贫促进当地经济增长的新模式,持续地为乡村振兴注入新活力。与此同时,平利县的特色产业发展也极大地提高了贫困户自主脱贫的积极性,吸引了许多在外务工的村民返乡,为当地乡村振兴工作的深入开展留住了主要的劳动力。由此可见,在大力发展乡村产业过程中,应着重从以下几个方面入手。首先,应实现产供销一体化才能最大限度地发挥产业扶贫的效果,要做到"有人供、有渠输、有人买",打通产业上、下游,最大限度地延伸拓展产业链条。其次,要尽早创建产

业品牌并提升其价值,统一标准管控品质,发挥"明星产品"的宣传效应。此外,还应该注重培育新型农业经营主体,推动乡村产业规模化、农业发展模式现代化。

### (四)搭好科技的顺风车,让脱贫致富之花绚丽绽放

现代种植技术、无人机施肥、电子商务扶贫、云农场等新手段的出现,都让我们深刻地意识到科技力量对减贫与乡村振兴的积极影响。我们要把共同富裕之路走好、走稳、走巧,就要顺势而为,创新性地将新技术和新产品运用于减贫与乡村振兴工作中,要让科技为脱贫致富护航。因此,相关部门应当在本地积极推广更高效的农作物种植技术和农业机械设备,采取集中培训、入户面授、技术咨询等形式帮助种植户学习先进技术,全面提高生产效率,促进欠发达地区传统农民向新型职业农民的转变。

作者:向志丹,西南大学国家治理学院社会学专业硕士研究生,研究方向为应用社会学;罗晨曦,西南大学外国语学院副教授,西南大学外国语学院西班牙语国家研究中心主任,研究方向为中拉关系。

# "小"苹果，"大"产业

## ——陕西省延安市洛川县乡村产业振兴典型案例

---

**内容提要**：洛川县位于陕西中北部，闻名于"洛川会议"，驰名于"苹果之乡"。洛川地处黄土高原沟壑区，土层深厚，质地优良，气候十分适宜苹果生长。20世纪90年代，苹果产业成为该地区的主导产业，但其发展并不是一帆风顺，而是历经了几代探索。现如今，通过"互联网+苹果"、产业化道路、技术创新、人才培养与政府主导等举措，洛川苹果产业实现了质的飞跃，现已成为农民的"致富果"，苹果产业已成为富民强县的大产业，在打赢脱贫攻坚、助力乡村振兴过程中起到了重要作用。独具洛川特色的乡村产业振兴样板值得其他地区学习和借鉴。

---

## 一、基本情况

### （一）地区概况

洛川县位于历史文化积淀厚重的陕西省中北部，北部紧邻革命圣地延安，一条洛河从中穿流而过，故而得名洛川。洛川区位优势显著，国道、省道纵贯南北，多条高速公路、铁路穿境而过，交通十分便捷。洛川地处黄河流域，具有悠久的农业开发历史，属黄土高原沟壑区，土层深厚，塬面平坦，土壤质地优良，是黄土高原面积最大、土层最厚的塬区。气候方面，洛川属暖温带湿润大陆性季风气候，冬季寒冷干燥，夏季温热，降雨量集中，昼夜温差大，适合农作物养分的聚集。

全县辖8个镇、1个街道、3个便民服务中心、196个行政村，总人口数为22.06万人，农业人口数为16.1万人，耕地面积64万亩，其中苹果总面积为53.47万亩，农户人均3.3亩，居全国之首，是国内著名的"苹果之乡"。在中国共产党的光辉革命历史中，洛川因"洛川会议"显耀于史册之中，被世人知晓。不过现如今，洛川又留下了一张新名片——洛川苹果（见图1），使其再次闻名，享誉中国，走向世界。

图1　洛川苹果
（图片来源：洛川县人民政府）

## （二）与苹果结缘

1947年之前，本地农民不种植苹果，种植的源头要追溯到洛川县永乡镇阿寺村一个名叫李新安的农民。当年，李新安从河南带回来200多棵苹果树苗，从此苹果树在洛川扎下了根。洛川自然条件优越，气候适宜，黄土肥沃，是苹果最佳优生区。可是，与苹果的结缘并没有让洛川人民顺利走上脱贫致富的道路。在后续很长一段时间，大多数农民并没有将苹果作为主要作物种植，直到20世纪90年代初，洛川苹果完成品种革命，苹果产业才逐渐成为洛川的主导产业。然而，苹果产业的后续发展也并没有一帆风顺。洛川农民通常采取密集化种植，且不善管理、技术落后，外加果树老化，生产的苹果产量低，品质不高，甚至"三毛五毛都没人要"。

时过境迁，历经70多年的发展，小苹果已完成华丽转身，成为洛川农民的"致富果"，苹果产业也成为当地富民强县的大产业。现如今洛川苹果种植面积稳定在53万亩，"洛川苹果"品牌价值达687.27亿元，产业综合产值超过100亿元，这串数字背后蕴含着洛川农民脱贫致富、乡村振兴的财富密码。

习近平总书记高度重视乡村产业发展，强调"产业振兴是乡村振兴的重中之重"。要立足当地特色资源，精准发力，关注城乡居民多样化的消费需求，发展当地特色优势产业，持续延伸产业链条，加快一二三产业融合发展，带动广大农民群众增收致富。洛川县可谓是乡村产业发展的示范模板，其背后的成功经验值得研究和学习。

## 二、主要做法与经验

### (一)"互联网＋苹果"

#### 1."电商＋苹果"

果农摆摊自销、批发商上门收购等传统的苹果销售模式难以掌握实时的市场信息,生产效益不佳。随着互联网技术的不断成熟,网络电商应运而生,洛川县政府审时度势,抓住互联网电商机遇,从2013年开始全力发展电商产业,积极打造"洛川苹果"电商品牌,促进苹果产业销售模式的转型升级。

据数据统计,洛川县已成功培育729家电商企业,建立3600余家网上销售店,并开设5000多家微店,电商销售总额从最初的400万元增长至2021年的12.5亿元,成功创建"全国电子商务进农村综合示范县"。搭上电商快车的洛川果农,从"面朝土地背朝天"到"眼观六路耳听八方",手机变成了"新农具",数据变成了"新农资",直播变成了"新农活"。凭借电商,洛川果农不仅打破了传统的销售模式,拓宽了销售渠道,还可以直面消费者需求,减少中间环节,精准营销,做好预售与生产,降低仓储成本,提升果农收益。

"洛川苹果与电商平台深度融合,人才、资本等要素充分流动,电商平台带来的供应链和价值链的有效衔接,都大大提升了产业参与者的收益,使洛川苹果产业实现螺旋式的上升。"洛川县委书记张继东说道,电商点燃了洛川苹果产业转型升级的第一把火,进一步提升了洛川苹果的国内知名度。

#### 2."短视频＋苹果"

洛川苹果通过"互联网＋"的模式,开辟电商销售渠道尝到甜头后,仍在继续深挖"互联网＋苹果"的潜在可能。当前短视频市场火热,不断催生出销售新模式:短视频引流带货、短视频直播带货等。

在引流端,洛川县政府积极抓住短视频带货风口,同抖音短视频平台合作,将"洛川苹果"作为抖音官方热点话题,不断为洛川苹果引流造势,为进一步的流量变现奠定基础。先后开展了"农投杯"延安市首届农产品电商直播带货创新创业大赛等一系列宣传推广活动,引导动员全县短视频爱好者拍摄发布洛川苹果产业发展等方面的短视频作品,进一步提升"洛川苹果"的品牌知名度。2021年7月以来,洛川苹果始终位居抖音苹果单品类前列,"洛川苹果"抖音热点话题播放量已超过4.7亿次。在流量变现端,洛川县已成功培育出"延美洛川苹果"等一批企业营销账号,涌现出了平哥、平嫂等一系列本土农民网红,他们通过短视频平台直播带货的方式,拓宽了洛川苹果销售的新赛道,发展成电商销售的新兴力量。

"2021年9月,我们开始在抖音平台直播销售洛川苹果,日销售量最高达5000多单,销售额达20多万元,累计销售额已达2000多万。"延美生鲜旗舰店的负责人赵会琴谈道。

## (二)走产业化发展道路

洛川县建立了电子商务孵化中心、电子商务"双创"园区,吸引企业入驻,累计孵化电商企业115家,其中王掌柜、顶端果业等品牌已被国内消费者熟知。引进果品包装企业26家,对标市场需求差异化设计果品包装,推动电商产品向精致化、商品化升级。(见图2)大力整合快递物流资源,吸引46家快递物流企业入驻园区,建成县级电商物流集配中心,构建集储存、理货、分拣"一站式"的仓储快递物流配送系统,有效

图2　洛川苹果包装车间
(图片来源:洛川县人民政府)

提高存货周转率。现如今,洛川苹果业态更加多元,产业加速细分,链条不断延长,一批懂市场、脑子活的新农人应运而生。在国家级苹果批发市场洛川苹果现代产业园,52家规模企业与300多家小微企业入驻于此,为5000余人提供就业机会。

洛川县委书记张继东表示:"以鲜果种植为代表的一产,以果网、果筐、纸箱加工为代表的二产,以农资配送和仓储物流为代表的三产之间正在日益加速融合,带来聚合效益。凭借苹果这个'铁杆庄稼',万千果农圆了小康梦。"

## (三)重视技术创新

### 1.推行矮化密植

地处世界苹果最佳优生区,但因技术创新跟不上产业发展,洛川苹果给外地人的印象一直是"好的不多、多的不好"。2018年,洛川县开始大力推行高产量、高优果率的矮化密植园。(见图3)

栽培技术更新换代的过程充满了质疑和阻力。被誉为"中国苹果第一村"的洛川县永乡镇阿寺村也成为第一个"吃螃蟹"的村,率先挖除低效益的老果园,建立起全县第一个大规模、高标准的新型矮化密植园。起初,阿寺村的果农们对于建设新型矮化密植园感到不可思议,因为挖掉老果园,将使果农失去稳定收益,新果园投入大且见效慢,前面几年几乎是砸钱不见利。洛川县政府顺势而动、主动作为,通过提供果园建设补贴、号召企业带头

示范、组织果农外出学习、免费提供新果园建设材料等举措,逐渐消除果农们的疑虑。果农们认识到矮化密植栽培模式的优势后,均踊跃加入矮化密植栽培的行列。现如今,高效益的矮化密植果园(见图3)已实现乡镇全覆盖,面积超过10万亩,成为苹果种植"升级版"的标志。

图3　矮化密植苹果园
(图片来源:洛川县人民政府)

### 2.丰富优化品种

洛川建成了国家级苹果种植资源区,当前拥有苹果种植资源5000多种、品种资源600多个。此外,洛川苹果研发中心围绕红富士品种优系提纯建成了20亩芽变提纯选优区,初筛出2个具有竞争力的优系品种。红色的富士、黄色的瑞雪、绿色的澳洲青苹……依托"院校＋试验站＋基层服务机构"体系,越来越多适生优生品种在黄土地"安家"。

### 3.完善冷链存储与智能选果线

洛川县的冷气储藏和智能选果线位居全国苹果生产基地县之首。2017年以来,在延安市委、市政府的支持帮助下,洛川先后建成68万吨级的冷气库,储藏能力可达67%,冷链物流运输则可以达到35吨/天。同时,还引进36条配套智能选果线,选果能力可达240吨/小时,能够满足60%的果品分选,这得益于冷链冷贮设备广泛应用,洛川苹果渐渐从"论堆卖"变为"论个卖",身价倍增,消费者也可四季尝鲜。

"过去苹果在采摘季集中上市,经常卖不上好价钱。现在如果行情不好,苹果可以存在冷库保鲜保质,一直卖到来年秋天。"洛川县旧县镇洛阳村果农张永亮说。

### 4.实施"地下革命"

"地下革命"是洛川县推动苹果产业提质增效的有力探索。洛川县先后进行了三次土壤改良:首次是测土配方施肥,第二次是化肥减量增效,第三次则采用有机肥替代化肥。三次"地下革命"的土壤改良效果显著,使2008年前仅含0.8%~0.9%的土壤有机质到2022年已提升到1.5%~1.8%。

"提高土壤有机物成分,可以使苹果外皮轻薄鲜艳,水分含量适中,果肉更厚,口感更加酸甜可口,营养价值也更高。"洛川县高级农艺师霍百全解释道。

### 5.坚持产业链创新链"两链"融合

洛川县坚持以科技创新为主导,加强同科研机构的合作,加快相关科研成果的有效转化,增强科技赋能苹果产业发展的关键作用,让科技创新成为洛川苹果产业可持续发展的不竭动力。同时,洛川县高度重视科技成果的有效转化,同产业链紧密对接,提升科技成果的变现能力。

经过数年的规划与建设,西北农林科技大学延安市洛川试验站、延安苹果研发中心、洛川苹果研发中心、国家级苹果产业科技创新中心、苹果试验基地相继建成投用,挂牌成立了苹果产业技术成果(洛川)转移转化服务中心,聘请56名全国知名的苹果科学家组建专家顾问团,建立院士专家工作站4个,设立了苹果研究院,开展重点技术攻关研究,选育出"秦脆""秦蜜"两个新优品种,科技示范引领作用不断显现。科技成果又同产业链紧密衔接,培育出的新品种进行试种植,效益稳固后则大规模种植推广,将科技成果转化为现实收益,让果农的钱袋子鼓起来。

## (四)注重人才培养

"人才是第一资源",洛川县格外重视洛川苹果产业链上的人才培养和技能水平提高。在种植端,洛川县已连续多年组织果农技术培训,培训方式多种多样,线上线下结合。加强对果农的技术培训,培养了一大批种植能手,也催生出许多职业农民。据估计,洛川县职业农民已达1578名,其中中高级职业农民超过200名。

在营销端,洛川县聚焦创业大学生、社会待业青年、大学生村干部、驻村干部中的年轻力量,围绕电商直播带货、网络销售技巧等内容,开展多层次、全方位、多渠道的电商知识培训,增强他们的电商直播带货能力,拓展销售渠道。据悉,洛川县已累计开展电子商务培训120余场,参训人员共计11179人次。

## (五)坚持政府主导

思路决定出路。从1947年苹果的首次扎根到现在,洛川先后经历了引进推广、专业县建设、产业强县建设及高质量发展等阶段,始终坚持一张蓝图绘到底,不断围绕苹果产业做文章。1947年,洛川县阿寺村农民李新安的200株苹果苗在洛川扎根。20世纪80年代,洛川县委、县政府进行了示范推广,到1985年,洛川县苹果种植达到3.6万亩。到了20世纪90年代,洛川县委、县政府审时度势,在全县大力推广苹果种植,到1995年底,苹果基地已建成15万亩,达到人均1.2亩苹果。后续的历届领导班子同样高度重视苹果产业发展,一任接着一任干、同念一本经、共唱一台戏、上下一股劲,咬住苹果产业不放松,在不同发展阶段,充分抓住机遇,促进苹果产业转型升级。在洛川县委、县政府的有力领导下,洛川苹果的种植规模不断扩大,产品质量不断提升,品牌知名度有了质的飞跃,成了强县富民的核心产业。

# 三、发展成效

近年来,洛川县委、县政府以实施乡村振兴战略为总抓手,以增加农民收入为核心,把发展现代果业作为工作重中之重,始终把苹果产业作为脱贫致富奔小康的根本之策,立足自然资源禀赋,紧紧围绕果畜产业结合,促进村级集体经济发展壮大,千方百计增加农民收入,实现了"果业强、果农富、果乡美",走出了一条稳固长效的产业富民之路,扎实推进了巩固拓展脱贫攻坚成果同乡村振兴的有效衔接。

## (一)脱贫大能量

苹果产业发展带动了大多数果农脱贫致富。脱贫攻坚战打响以来,洛川县按照"果业富民、产业兴村"的思路,将苹果产业与脱贫工作相结合,有效助力脱贫攻坚。

洛川县超过八成的贫困户有苹果园,但是大多由于果树老化、品种落后、缺乏管理等因素,果园经济效益低下,收入仅为好果园的1/10。"只要解决好洛川县贫困户的果园产业发展问题,那就能够消除县内80.4%的贫困。"洛川县前县委书记彭安季说道。

实施脱贫攻坚以来,洛川县累计投入1.2亿元产业扶贫资金,帮助贫困群众新建6081亩果园、改造10087亩老果园、搭建3752亩防雹网,全县有劳动能力的贫困户基本实现苹果产业全覆盖。2018年以来,为贫困群众免费储存2.7万吨苹果、分选2.48万吨,平均每斤增值1元,人均收入增加7812元,引导483名贫困群众在电商产业链创业,年人均增收1.8万元。苹果收入占到贫困户总收入的95%以上,贫困人口年收入增幅保持在20%以上,通过产业扶持帮助贫困户实现"造血式"脱贫,持续性增收。[1][2]

对于峡谷川道地带的集中贫困区,洛川县则采取易地搬迁扶贫,搭上苹果产业红利的"便车"。从2012年起始,洛川县共投入9.9亿元移民搬迁资金,35个村组整村搬迁,3507户12536人被集中安置,其中包含2280户10538人搬迁贫困户。紧接着,县委、县政府将搬迁贫困户引导至苹果产业的发展方向上,帮助贫困户实现可持续的脱贫增收。[3]

2018年,全县73个贫困村达标退出,2020年年底,全县贫困发生率归零,3487户10724名贫困人口全部脱贫,脱贫攻坚战取得决定性胜利。洛川县先后获得陕西省脱贫攻坚工作先进县、全国脱贫攻坚交流基地等荣誉,其中县苹果产业管理局更是荣获"全国脱贫攻坚先进集体"荣誉称号。

### (二)致富奔小康

洛川县乡村振兴局表示,如今,洛川县95%以上的农民从事苹果种植,他们95%的收入也来自苹果产业。截至2021年年底,苹果总产量近101.1万吨,苹果产业综合产值达到110亿元。根据官方统计,洛川县4万多户果农中,88.3%的果农年收入在10万元以上,仅有11.7%的果农年收入在10万元以下,且连续11年洛川农民仅苹果一项纯收入一年超万元,洛川苹果已成为名副其实的"致富果"。

2020年,在省委、市委支持下,洛川县被确定为"全省苹果产业高质量发展先行示范区"。洛川县委、县政府以此为契机,继续坚持以苹果为引领,深化再造苹果产业生产体系、流通体系、组织体系、科研体系,致力将洛川苹果产业发展推向新高,让果农的"金扁担"挑得更稳,让果园的"金果子"长得更多,真正绘制出"果业强、果农富、果乡美"的瑰丽蓝图,走出一条独具洛川特色、强县富民的康庄大道。

## 四、经验启示

### (一)敢破敢立勇于创新

洛川县的苹果产业发展,在于抓住机遇,敢破敢立,尤其受益于两次重要突破:2013年抓住电商的风口;2018年大力推行矮化密植园。电商的风口丰富了洛川苹果的销售模式,

---

① 杨桦、白利民:《陕西省洛川县:"苹果之乡"脱贫奔小康》,《党建》2020年第12期。

② 杨桦:《"苹"什么?洛川苹果为脱贫攻坚立功!》[EB/OL].(2021-02-25)[2021-12-13].https://mp.weixin.qq.com/s/vuQJQM7sZwasxLcNftStmw.

③ 肖力伟、胡明宝:《洛川:"摇钱树"助力永脱贫》,《农民日报》2016年11月16日第1版。

极大扩展了销售渠道,同时发挥互联网优势,不断提升洛川苹果品牌知名度,实现"名利双收"。2018年,大力推行矮化密植栽培技术,种植更科学,产量更高,让洛川苹果在产品品质上有了很大提升,加上后续的品种优化改良,甚至还飞上了太空。[①]

## (二)政府始终起着主导作用

20世纪90年代以来,苹果产业成为主导产业。政府领导班子拧成一股绳,上下齐心,坚定不移地发展苹果产业,始终坚持苹果产业发展大方向不动摇,与时俱进,实事求是地改进优化具体实施措施,推动苹果产业走向高质量发展道路。

## (三)人才是第一资源

经济竞争归根到底是人才的竞争。洛川县对人才的重视和培养,为苹果产业发展增添了不竭动力。首先,培训种植能手。开办苹果栽培培训班,培养职业化果农。其次,培养电商达人。抓住电商机遇后,开办电商培训课堂,培养电商新农人。最后,吸引科研人才入驻。洛川县与众多科研院校合作紧密,吸引许多科研人才投身于洛川苹果产业发展当中,为苹果产业发展贡献力量。

## (四)积极参与市场化竞争

自从党和国家提出实施脱贫攻坚和乡村振兴战略以来,产业脱贫、产业振兴一直被视为发展的主抓手,不同地区都结合自身特色发展相关产业。然而,一些地区为追求短期效益,盲目上马了"短平快"的项目,对政府的相关扶持政策依赖较重,参与市场竞争的能力不足,无法实现长足发展。洛川县结合自身资源优势和产业发展基础,准确研判,合理规划,政府、企业、农户齐心协力,围绕着苹果产业做好文章,让洛川苹果走向了千家万户,脚踏实地走出了一条洛川特色的产业发展路子,为乡村产业振兴提供了较好的模板。

*作者:杨平,西南大学国家治理学院公共政策专业硕士研究生,研究方向为"一带一路"与贫困治理;罗晨曦,西南大学外国语学院副教授,西南大学外国语学院西班牙语国家研究中心主任,研究方向为中拉关系。*

---

① 截至2021年底,洛川苹果作为航天员营养补给品,已两次登上太空。

# 陕西省合阳县减贫经验总结与反思

**内容提要**：作为曾经的国家扶贫开发工作重点县，拥有9万余贫困人口的陕西省合阳县在减贫过程中利用其独特资源和产业优势，融合文旅创新、金融创新、农业技术创新和非公力量，走出了一条特色脱贫之路。本文选取陕西省渭南市合阳县作为研究对象，通过总结合阳县脱贫攻坚经验，深刻理解"脱贫摘帽不是终点，而是新生活新奋斗的起点"，为后续各地区巩固拓展脱贫攻坚成果提供参考和借鉴。

## 一、基本情况

合阳县地处渭北煤炭"黑腰带"东部，自然资源极为丰富，水草丰腴，生态环境良好，有全国最大的芦苇荡，栖息着国家一、二级珍稀鸟类丹顶鹤、大鸨、白天鹅、野鸭等，洽川风景区、天柱山、天合园、黄河湾景区、徐水河国家湿地公园、武帝山森林公园、黄河魂、处女泉、福山景区更是远近闻名，开发潜力巨大。与此同时，该地区拥有十碗席、过"桥"、拴马桩、上锣鼓、五圆鼓、上梁、撂锣、跳戏、线戏等陕西风俗文化以及三池刀削面、同家庄水鲜饸饹、辣子豆腐、羊肉糊饽、拔丝红薯、党氏铁锅炖和合阳踅面等众多陕北特色小吃。

曾经的合阳县也是脱贫任务艰巨的国家扶贫开发工作重点县之一。全县有贫困村（社区）104个，其中深度贫困村3个，建档立卡贫困户27056户97081人。渭南市仅有的6个深度贫困村里，有3个都在合阳县内。与此同时，合阳县面临着农业技术落后、第二三产业缺乏资金和知名度、扶贫形式主义官僚主义突出等一系列问题。合阳县把握重点定向发力，有效补齐短板弱项。2019年5月，合阳正式退出贫困县序列，告别绝对贫困历史。2019年年底，104个村（社区）全部退出贫困县序列，25713户94612人实现脱贫，贫困发生率降至0.97%，脱贫攻坚取得决定性胜利，昂首阔步地走出了一条特色脱贫之路。

## 二、主要经验与做法

### (一)文旅创新

陕西省合阳县坚持以社会主义核心价值观为文化发展指导思想,以文化促振兴、文明带振兴、文旅强振兴来带动合阳县的综合发展。在帮助合阳县文旅创富的过程中,首先,让党的二十大精神深入基层,积极开展各种党的二十大精神主题教育活动、组建"六团"、开展"六讲",提高村民的思想素质水平,为乡村减贫振兴提供理论支撑。同时,举行红色文化活动,组织党员参观合阳县委旧址、杨荫东故居等红色教育基地,增强合阳县党员的自觉性,更好地发挥党员模范带头作用。其次,合阳县一方面深入挖掘当地历史文化,赋予传统文化新时代气息,推出《孔雀牡丹图》《好人馆里扬正气》《诗经合阳》等一系列文创精品、经典曲目和全媒体栏目等;另一方面,不断加大非物质文化遗产传承力度,对当地特色面花、剪纸进行二次创作,以文艺的形式激发乡村振兴内生动力。最后,推动文旅深度融合。合阳县境内旅游资源丰富,有梁山、武帝山、魏长城遗址、处女泉温泉景区等一系列自然与历史景观,合阳县将旅游资源与文化优势结合起来举办文旅融合户外讲堂,推进乡村文化与旅游产业的特色融合与协调发展。

### (二)金融创新

在中国人民银行合阳县支行积极引导下,邮储银行合阳支行与合阳县某农产品专业合作社合作,将"订单+金融"工作与扶贫工作紧密结合,专业合作社与贫困户签订收购协议,引导贫困户从事谷子种植,包干收购,全链条解决产业扶贫"产购销"难题,让贫困户收入有可靠的保证,从根本上激活贫困户"造血"功能。银行根据带动脱贫成绩,为脱贫龙头企业提供信贷支持及优惠,同时合作社推出各种优惠措施,确保贫困户稳步增收脱贫。其主要举措有:将带动贫困户脱贫的企业确定为信贷重点支持对象;根据收购协议总体情况核定对企业的贷款额度;根据收购订单履约情况进行信贷激励;建立富硒谷子生产基地,吸收贫困户入社;建立贫困户扶贫档案,签订收购订单降成本;对贫困户给予贴补,以高于市场20%的价格收购谷子;合作社将运营收益向贫困户社员分红(见图1);为贫困户提供务工机会,增加其收入。

图1　合阳县扶贫产业分红大会

（图片来源：《渭南日报》）

## （三）农业技术创新

合阳县农业占比高，特色产品多。首先在农业规律把握上，以合阳苹果为例。苹果是合阳县农业上的一张特色名片，但是在渭北苹果产区，几乎每一个县都认为本县的苹果口感是最好的，值得扩大种植、提高产量。这种先入为主的价值评判，在全省、全国的苹果消费市场上毫无说服力。作为鲜食农产品，其市场价值不仅来源于口感，更来源于品质的安全健康。为此，合阳县经过合理研判，把握现代农业发展的新规律，从"品牌=质量=效益"的新特征上去谋划农业项目的重点方向，集中在生产制造等中端环节谋划项目，进而建设特色化、精细化的市场平台，突破发展路径的"围墙"。（见图2）

图2　合阳县现代化农业基地

（图片来源：渭南青年网）

此外,在农业产品销售方面,顺应"互联网＋"的时代风潮实施创新举措,由合阳县副县长原向勇在直播间带货,30多家媒体在线直播,帮助网友了解合阳葡萄等一系列优质农产品。同时,对农民、销售人员、电商人员等进行培训,真正把电商服务贯穿于一供一销各个环节,拓宽合阳农产品的销售渠道,助力更多农产品出村进城。

### (四)社会力量助力

首先,合阳县响应国家号召并且结合当地实际,将企业与脱贫攻坚事业紧密结合起来。社会力量积极融入贫困村、社区、学校等一系列需要帮扶的地点。陕西本土企业秦晋集团对合阳县北蔡村进行全面帮扶,首先从基础设施入手建造安置房、更新变压器。其次,增强农村造血功能,帮助建设产业园区,让贫困户获得工作和稳定的收入。农村医疗资源落后,合阳县虹桥医院为了方便对贫困家庭进行及时有效的服务,对患病老人的贫困家庭都进行了一对一的签约服务,确保每个人的生命安全受到保障。同时,针对贫困家庭,上门讲解健康知识,帮助其预防疾病。最后,助力解决农村留守儿童问题。本地学校育才中学留守儿童占据70%,学校涌现出一批以梁彩虹为代表的优秀教师,坚持"党建＋"的教育模式,给予留守儿童关心和关爱。

## 三、合阳县脱贫经验的初步成效

文化方面,深入基层广泛提高村民们的思想素质和文化水平。合阳县通过党的二十大宣讲入社区等活动向普通群众宣传与老百姓息息相关的政策,通过组织参观红色基地加深群众对红色文化的理解和学习。正因这一系列举措,合阳县成功创建"全国文明村"1个、"省级文明村"3个、"陕西省文明家庭"2户、市级文明村镇6个。此外,合阳县重视对艺术人才的常态化培训,参训人员累计达4000人次,文化艺术作品百花齐放。

旅游业发展方面,合阳县大胆创新了与特色农业结合的旅游新模式,坊镇荣获2022年陕西旅游特色名镇,甘井镇荣获公共文化高质量发展示范镇,黑池镇被列为"天下粮仓"农耕体验之旅首站,乡村旅游线路入选陕西省25条精品路线之一等。旅游业的蓬勃发展不断吸引游客,为当地人民增加丰盈的经济收入,帮助巩固拓展脱贫胜利成果。

金融方面,合阳县通过"订单＋金融"方式助推脱贫攻坚,由中国人民银行合阳县支行积极引导,以农业产业化龙头企业为依托,为其提供信贷优惠解决企业融资难的问题。通过合作社与贫困户提前签订收购协议,破解产业链中生产销售不匹配的难题。从龙头企业角度看,银行根据实地调查了解其带动贫困户脱贫的情况,实行多种贷款优惠措施,从而拓宽企业融资渠道,保证企业运行的资金需求。从贫困户角度看,一方面,贫困户入社可以将分散的种植户集中起来,减少传统农户生产的盲目性,降低交易成本,实现专业化、规模化生产,从而达到增收目的。另一方面,合作社通过为入社贫困户建档立卡,实行种植贴补,将贷款利息作为红利发放给贫困户,向其提供务工机会等优惠措施,增加了贫困户的收入来源。这既有利于增加贫困户的种粮收入,实现稳步脱贫,也有利于促进农业产业化龙头企业自身的发展,更有利于起到良好的示范带动作用。

农业方面,顶层设计路线明确突出特色农产品苹果、红提葡萄等营销,鼓励村民进行种植。以合阳县南沟村为例,主要以种植合阳红提葡萄为主,辅之建设产业服务中心保护展示厅、交易市场和智慧农业。整个村庄提前实现整体脱贫,贫困人口清零。同时,网络直播带货风头正劲,以副县长直播带货为例,两小时吸引36万顾客,农产品一抢而空,且没有中间商赚差价,远超传统销售渠道。特色农业资源也是促进旅游业发展的手段之一,农业旅游业相互交融、相得益彰,打造合阳特色农业品牌。

社会力量的加入让合阳县的脱贫之路走得越发坚定,焕发生机和活力。秦晋集团的加入让北蔡村产业园区2018年就实现了纯收入130万元,帮助76户贫困户实现增收。虹桥医院的帮助不仅在医疗服务上保障了贫困村民的身体健康,而且从根本上增强了当地群众的健康意识和健康理念。(见图3)留守儿童教育方面,育才中学探索建立"党建+校园文化+留守儿童+

图3　合阳县家庭医生下乡
（图片来源:渭南青年网）

保育精细化管理"工作模式,先后帮助了214名贫困留守儿童,累计减免学杂费2.78万元。

## 四、探讨评论

### (一)精准找出致贫源头,实施脱贫拔点战

扶贫开发贵在精准,重在精准,成败之举在于精准。合阳县政府以此为工作的主要思路开展工作,取得了卓有成效的成绩。精准扶贫首先要精准找到致贫源头,合阳县驻村人员收集填写贫困户登记册317册,了解每一户贫困家庭的基本情况。同时,编写《合阳县精准扶贫政策一本通》,发放扶贫资料3000余份,尽力做到让脱贫政策家喻户晓,提高贫困

户、低保户等的思想认知水平。其次,精准加强领导班子建设。让领导班子真正做到深入基层,采取走访与人民群众同吃同住等方式帮助村民们解决扶贫过程中存在的问题。再次,精准监测水平,每月开展月度汇报,每年开展贫困户重新识别核对工作,及时掌握脱贫进度和脱贫人员是否有返贫的趋势。最后,精准制定帮扶政策,宏观层次上认真贯彻国务院颁布的扶贫文件精神,政府人员与驻村干部们具有"四个意识"与高度的政策敏锐度。微观层次上认真对接适合合阳县的每一项帮扶工作,结合本土资源与特色,选择适合合阳发展的特色产业园区与特色产业,打造合阳新名片。

### (二)发展乡村产业,实现造血式扶贫

扶贫需要扶根,输血更要造血。实业兴国,和合阳县最为匹配的一种扶贫方式就是发展农村产业。合阳县在乡村产业方面的主要举措集中在发展现代农业、培育农产品交易和电商产业、加强基础设施建设、推动乡村旅游等几个方面。现代化农业推动一二三产业的融合发展、促进基础设施的完善,电商的加入,更方便了农产品顺利走出村庄走向城市。旅游与新农村建设相结合,促进产业结构调整与生态旅游发展。

要想真脱贫,最重要的就是提供稳定的就业机会。合阳县青壮年大多选择外出务工,导致了老人无人赡养、儿童留守、家乡建设缺乏人才等一系列问题,究其原因主要是家乡没有稳定合适的工作。合阳县构建了"四项机制"稳定岗位,并建设扶贫园,覆盖了全县215个村庄,不仅为老人提供就业机会,更是为年轻人才建设家乡提供了更多可能。

### (三)长效机制保障,衔接乡村振兴

为了防止脱贫后再次返贫,合阳县城关街道通过举办主题报告会议、进行培训、发放问卷调查、入户走访谈心、线上线下的答题活动等形式进行了防返贫动态监测和帮扶工作,加大政策宣传力度,掀起学习乡村振兴相关知识的高潮,让政策深入人心。脱贫工作成功地完成之后,下一步就是强化巩固拓展脱贫攻坚成果同乡村振兴有效衔接。合阳县出台了一系列政策,同时提出了20项具体衔接任务,包括"四项举措""五抓措施"等措施,力求以饱满的热情和咬定青山不放松的精神沿着脱贫致富的道路不断前行。

*作者:王肖寒,西南大学国家治理学院社会工作专业硕士研究生,研究方向为社会政策与乡村振兴;罗晨曦,西南大学外国语学院副教授,西南大学外国语学院西班牙语国家研究中心主任,研究方向为中拉关系。*

# 后 记

　　回望8年来极不平凡的脱贫攻坚历史进程,沧桑巨变,让人心潮澎湃、感慨万千。脱贫攻坚是乡村振兴的重要前提和优先任务,乡村振兴是巩固拓展脱贫攻坚成果接续向前发展,最终实现共同富裕的必然要求。党的二十大报告指出,全面推进乡村振兴,坚持农业农村优先发展,巩固拓展脱贫攻坚成果,加快建设农业强国,扎实推动乡村产业、人才、文化、生态、组织振兴。这既为我国奋力谱写新时代乡村振兴新篇章指明了方向,也为广大哲学社会科学工作者提出了一道道亟须作答的时代命题。

　　为贯彻落实党的二十大精神,研究团队向西部地区各省(自治区、直辖市)乡村振兴局征集各地减贫与乡村振兴战略实施过程中有特色、有亮点、有成效的典型案例,以期为各地提供可学习参考、可借鉴复制、可交流推广的经验材料。只有真正沉入生活深处、扎根新时代的山乡大地、投身山乡巨变的火热生动实践,才能写出有时代温度的精品力作。为深入一线获取案例素材,长期从事减贫和"三农"问题的我和我的研究团队,走遍了曾经的14个连片特困地区和"三区三州"深度贫困地区,抽样访谈数万名基层百姓和干部,查阅了大量的脱贫资料和文件。案例的遴选与编辑工作烦冗复杂,耗时费力,责任重大,意义非凡。在脱贫攻坚与乡村振兴战略实施的过程中,广大"三农"工作者殚精竭虑、夙夜在公、驰而不息、接续奋斗。从各地征集的上百个案例谱写出了一幅幅勠力同心、攻坚克难的时代画卷,自强不息、奋斗脱贫的精气神在广阔的神州大地上充盈激荡,生动诠释了共产党人的初心使命,无一不是精品之作。受本书篇幅所限,在案例遴选过程中我们对西部各地区之间的差异性以及案例内容的创新性、时效性、典型性、全面性进行了优先考虑,本着全面涵盖减贫和乡村振兴主要内容、对不同区域均有借鉴价值、内容相近择优入编等原则,通过数十次团队讨论和专家评审,最终选出37个经典案例编入本书,全方位、多角度展现出乡村时代变迁,生动讲述了感天动地的山乡故事,塑造了有血有肉的人民雕像,为广大人民群众捧出带着晶莹露珠、散发泥土芳香的优秀作品,激发新时代减贫与乡村振兴的昂扬斗志与坚定信念。

由本人担任首席专家的先导计划之"中国减贫与乡村振兴西部案例"研究团队由多个学院的中青年学者组成,涵盖经济学、管理学、社会学、政治学、语言学、教育学、艺术学等学科专业,多人具备高级职称,是一支充满创新活力、学科专业交叉、理论基础扎实、凝聚力强的队伍,近十年来已先后主持国家社科重大、重点、青年、西部、后期资助等十几项以及国家多项自科项目,专注"三农"问题研究,研究经验丰富,这为完成本书奠定了坚实的基础。本书从提出构想到制定写作提纲再到今年的面世,前后经过了一年多的时间,反反复复召开了二十余场研讨会,凝聚了团队成员的大量心血。本书的研究撰写任务为:四川省和宁夏回族自治区案例由孙晗霖副教授完成;内蒙古自治区案例由刘新智教授完成;西藏自治区案例由黄菊副教授完成;新疆维吾尔自治区案例由范雨竹博士后完成;云南省案例由郝志超副教授完成;陕西省案例由罗晨曦副教授完成;贵州省案例由王超教授完成;重庆市案例由张海燕教授和兰剑副教授完成;甘肃省案例由孙晗霖副教授和临夏州政府共同完成。论著合成后,由我和孙晗霖副教授负责统稿,并几经修改形成定稿。本科生、硕士生和博士生刘芮伶、杨志红、林倩、肖燕、方子奇、刘小琳、李姣姣、向志丹、王肖寒、杨平、刘亚鹏、向维、彭欣、曾先兰、李永雪、唐丽霄、蒲彦鑫、何虹豆、侯青青、刘袁、邓语鑫、杨雅捷、夏万琪、张卓雯、程博、张宇、张海霞、韩晓会、郭娜、杨敏、崔华清、李玥、蒋芹琴等负责了一些基础性工作。

在此,首先,我要感谢学校"西南大学创新研究2035先导计划""澜湄合作乡村振兴研究中心",感谢学校领导,以及社会科学处、国际处各位领导和老师们的大力支持。我要感谢本团队的所有成员和为本书顺利完成付出努力和辛劳的所有老师和同学。其次,我要感谢研究减贫和乡村振兴领域的专家,你们大量的前期成果为本书的完成贡献出了智慧,有的在参考文献中列出,如有遗漏,恕见谅。最后,本次案例征集与编辑工作得到了西部各省(自治区、直辖市)乡村振兴局、临夏州政府领导和工作人员、西山坪村李辉书记和冯飞翔书记、素心村尹翔飞书记及其他村委领导班子的大力支持,得到了西藏大学胡洁教授、伊犁师范大学高伟处长的大力支持,在此一并表示感谢。老实说,需要感谢的人还有很多,恕不一一列举了。

作为长期研究减贫和乡村振兴的团队,我们将一如既往根植于祖国田野大地,聚焦新时代日新月异的山乡巨变,回望天翻地覆的史诗性变革,踔厉前行,奋发有为,在全面推进乡村振兴、建设社会主义现代化强国中贡献更多学术智慧,彰显学者担当,向伟大的时代、伟大的人民、伟大的土地、伟大的实践致敬!

由于作者才疏学浅,本书在案例征集、评选以及编辑过程中难免存在疏漏与不足之处,恳请各位专家学者和读者不吝指正,不胜感激。

王志章

2023年1月1日于紫云台